国家社科基金
后期资助项目
GUOJIA SHEKE JIJIN HOUQI ZIZHU XIANGMU

唯物史观视域中的
当代资本主义金融化

康翟 著

上海人民出版社

国家社科基金后期资助项目
出版说明

　　后期资助项目是国家社科基金设立的一类重要项目,旨在鼓励广大社科研究者潜心治学,支持基础研究多出优秀成果。它是经过严格评审,从接近完成的科研成果中遴选立项的。为扩大后期资助项目的影响,更好地推动学术发展,促进成果转化,全国哲学社会科学工作办公室按照"统一设计、统一标识、统一版式、形成系列"的总体要求,组织出版国家社科基金后期资助项目成果。

全国哲学社会科学工作办公室

目　　录

前　　言

　　金融化是自 20 世纪 70 年代末期以来资本主义世界发生的最为深刻的变化之一。宏观层面,它意味着虚拟经济相对于实体经济过度膨胀,金融资本占据了相对于产业资本的主导权;微观层面,它意味着企业自身的重心转向金融服务业并依靠后者来获取大部分利润,与此同时,家庭生活及个体也被卷入金融化机制,金融思维及金融文化向整个社会蔓延。不同于 20 世纪初的金融垄断资本的扩张,当代资本主义金融化建立在实体经济长期停滞的基础上,表明金融活动已经很大程度上脱离了它服务于实体经济的本质属性。列宁和希法亭(Rudolf Hilferding)曾在马克思政治经济学批判的基础上,对 20 世纪初的金融垄断资本进行了分析。然而,当代金融资本相比于 20 世纪初已发生深刻变化,直接融资取代间接融资的支配地位,虚拟经济趋向非理性繁荣。在此背景下,列宁和希法亭等人的理论努力亟待向前推进,本书正是在这方面所做的尝试。

　　资本主义自诞生以来,经历了多次转型和形态变迁,对相对剩余价值的追求以及资本与劳动的斗争态势都在有力推动着技术变革及组织变革的加速演进,只有深入把握资本主义出现的各种变化及其本质,才能更好地应对这种变化带来的挑战和机遇,服务于中国式现代化的高质量推进。以此观之,研究金融化问题具有以下三个方面的重要意义:首先,它有助于把握资本主义在当代的最新发展趋势。20 世纪 80 年代以来,世界性的经济危机越来越频繁地以金融危机的形式发生,这一点深刻地反映了当代资本主义内在结构的调整与发展的新动向。西方马克思主义理论家约翰·贝拉米·福斯特(John Bellamy Foster)认为,金融化、新自由主义的兴起与全球化是上述新动向的基本方面,其中,金融化是最为深刻的,新自由主义与全球化很大程度上是金融垄断资本在全球扩张的后果。[①]其次,它有助于进一步

---

① 　约翰·贝拉米·福斯特:《资本主义的金融化》,王年咏、陈嘉丽译,《国外理论动态》2007年第 7 期,第 9—23 页。

深化和发展马克思主义政治经济学批判。马克思曾在《资本论》第三卷中专题讨论过生息资本问题,后来的马克思主义理论家希法亭与列宁,虽然较马克思的生息资本理论有所突破,但都没有超出银行主导金融体系的视域。在当代以金融市场为主导的金融体系下,展开对金融化现象的批判性研究,是对深化和发展马克思主义政治经济学批判这一时代要求的有力回应。最后,它有助于我国从以往的金融危机中吸取教训,防范系统性金融风险的发生。近年来中国的金融体系发展变化十分迅速,但也暴露出诸多制度层面的问题,2015 年中国股市的剧烈跌停即是明证。随着中国在世界金融体系中的参与度越来越高,受到冲击的可能性及受危害程度都大大增强,1997~1998 年亚洲金融危机中遭受重创的泰国和印度尼西亚仍然是中国金融发展改革道路上的前车之鉴。研究资本主义金融化,总结和吸取发达资本主义国家以及后发经济体在金融化道路上的经验教训,对于我们防范金融风险、保持经济健康快速增长具有重要的实际应用价值。

20 世纪 70 年代末以来,新自由主义的理论和实践实现了在全球范围的扩张。按照大卫·哈维(David Harvey)在《新自由主义简史》中的判断,新自由主义的兴起过程本质上是以金融资本集团为核心的上层阶级力量重建的过程。法国著名马克思主义经济学家迪梅尼尔(Gerard Duménil)和莱维(Dominique Lévy)强调,新自由主义作为一种意识形态服务于建立金融霸权的阶级目标。在新自由主义去除管制的大背景下,一系列有利于金融创新、金融开放及金融投机的政策相继出台,极大地促进了虚拟经济的繁荣及金融泡沫的周期性生成。美国 1999 年《金融服务现代化法案》废除了银行、保险、证券等机构的边界,结束了美国长期以来的分业经营历史。紧接着,美国 2000 年《商品期货现代化法案》为金融衍生品的泛滥打开了制度上的空间。不仅如此,信息技术革命也为金融业的繁荣发展起到了推波助澜的作用。移动互联网的普及应用使得民众参与金融交易的便利度空前提高,数字基础设施的全球联通消除了金融活动的时空界限,大量的金融创新产品和工具也在运算能力大幅提升的基础上被设计出来。可以说,正是因为有了信息技术的革命性突破,金融资本才能向日常生活领域全面渗透,在重塑资本积累过程及结构的同时,也改变了人们的生活方式及社会文化。

从马克思主义总体性的视角出发,本书不仅聚焦于金融化对资本主义经济结构及运行规律的深刻重塑,同时也关注金融化带来的社会政治效应。卢卡奇(György Lukác)指出:"不是经济动机在历史解释中的首要地位,而是总体的观点,使马克思主义同资产阶级科学有决定性的区别。"①作为一种把握社会现实的方法论原则,总体性方法要求突破对待社会现实的直观态度,通过把握直接性事实背后的"中介",进而将社会生活的各个方面理解为历史性地处于有机统一之中的总体。就社会效应而言,一方面,金融化极大地加剧了收入分配不公的问题,使得阶级冲突与社会极化越来越尖锐。以美国为例,经济金融化深刻地重塑了既定的社会结构,与制造业发展深度绑定的社会阶层在金融化的时代利益受到很大冲击,而从事金融行业相关职业的阶层则收入大幅度提升,由此带来的结果是贫富差距日益显著。另一方面,随着金融资本积累逻辑向日常生活领域的渗透,个体越来越懂得用金融思维、金融理念审视自己的生活,教育被视作人力资本投资,房产和养老金被看作投资组合的一部分,人际交往则被视为社会资本。就政治效应而言,金融化以及全球化进程削弱和抑制了一个特定民族国家的宏观经济政策效果,主要资本主义国家控制金融机制及其宏观经济的能力受到了威胁。哈特(Michael Hardt)和奈格里(Antonio Negri)在《帝国》中提出当今时代民族国家的主权已经被一种新的全球性的主权形式所取代,威廉·罗宾逊(William Robinson)则在《全球资本主义论》中提出民族国家的分析框架应当被全球国家所取代。总体来看,金融市场、金融机构已经成为各国政府在实施经济治理时不得不考虑并给予回应的制约性因素。

本书的基本框架如下:

第一章和第二章分别从垄断资本的积累过剩与新自由主义转向角度阐明当代资本主义金融化的生成机制。第一章借鉴马克思主义经济学家巴兰(Paul Baran)和斯威齐(Paul Sweezy)对垄断资本主义的分析,探讨了垄断资本主义条件下资本过剩趋势的形成及解决方案。20 世纪 70 年代以来发达国家经历的滞胀危机,很大程度上即是这一趋势的反映。当已有的解决方案都无法克服"滞胀"之时,金融化便承担起吸收过剩资本、带动经济复苏的使命。而新自由主义的兴起则使得抑制金融资本积累的种种管制被去除,从而极大地推动了金融创新、金融交易以及金融资本积累的爆炸性增长,这是第二章阐述的重心。

第三章通过分析金融资本的积累机制及其矛盾来把握金融资本运行的内在逻辑。马克思虽然没有使用金融资本的术语,但从他的相关论述中,可以看出他是将金融资本理解为一种以信用体系为中心的特殊的资本流通过

---

① 格奥尔格·卢卡奇:《历史与阶级意识:关于马克思主义辩证法的研究》,杜章智、任立、燕宏远译,商务印书馆 2009 年版,第 77 页。

程。后来的希法亭与列宁很大程度上放弃了从过程出发的观点，转而将金融资本理解为资产阶级内部对一般的积累过程施加了巨大影响的权力集团。本章通过分析表明，只有从过程出发，才能识别出金融资本内在矛盾的真实性质。同样，马克思对金融资本运动过程的理解也会让我们对金融资本的积累机制和危机的形成过程获得一些深刻的见解，这是从权力集团的角度理解金融资本无法达到的。

第四章将在第三章对金融化资本主义内在矛盾揭示的基础上尝试构建一种面向当代资本主义现实的危机理论。随着金融资本主导的资本积累结构的生成，资本主义经济危机的表现形式发生了显著变化。传统的生产过剩危机被金融危机取代，金融危机既反映了产业资本与金融资本的矛盾，又反映了金融体系与其货币基础的矛盾。在产业资本主导资本积累的时代，货币危机、金融危机只是生产过剩危机的伴生物，换言之，它们是被实体经济领域的危机驱动的。但在今天金融资本主导资本积累的条件下，金融危机表现为驱动性的力量，实体经济的危机及衰退则表现为派生性的后果。

第五章将聚焦于金融化的社会政治效应。金融处于现代社会分工的高端，这也就决定了金融是影响人类经济活动及利益分配的主要杠杆和力量。《21世纪资本论》的作者皮凯蒂（Thomas Piketty）力图证明，资本收益率大于经济增长率（$r > g$）是社会贫富分化的主要原因。不言而喻，通过金融投资获得财产性收入的富裕阶层更关心资本收益率，而工薪阶层则往往受到经济增长率更深的影响。一旦狂热的金融投机导致金融泡沫的破灭，危机时刻得到救助的也是"大而不能倒"的金融机构，大量普通民众则不得不承受财富的缩水甚至于因为丧失房屋的赎回权而流离失所。由此可见，金融化进程不仅拉大了贫富差距，激化了社会矛盾，而且还在危机关头使得大众阶层蒙受巨大损失。相比于希法亭和列宁讨论的20世纪初的金融垄断资本主义，当代资本主义金融化的突出特点在于，金融化不仅波及经济过程，而且也渗透到了政治、文化乃至于社会生活的方方面面。如今，我们正在见证金融化的个体成为当代社会的基本现实。本书试图在金融化的政治经济学研究基础上，结合日常生活批判的相关理论，构建一个理解个体卷入金融化机制的分析框架。深入开展对日常生活金融化的政治经济学批判，无论对于科学把握当代资本主义的本质特征，还是丰富发展马克思主义基本理论，都具有重要意义。

本书的章节安排遵从唯物史观的阐释原则并尝试在分析当代资本主义金融化时给予具体化运用。一方面，抓住历史性这一唯物史观的核心原理，从资本主义生产方式的内在变化及其矛盾入手，深入解读当代资本主义金融化的历史生成机制。金融化虽然表现为虚拟经济脱离实体经济过度膨胀,但其深层次根源仍在于实体经济自身发展演变过程中遭遇的变化及困境。另一方面,立足于"物质生活的生产方式制约着整个社会生活、政治生活和精神生活的过程"①这一唯物史观的基本原则,试图从经济基础的金融化变迁(主要反映在资本积累结构的金融化)来分析与之相适应的社会、政治及意识形态层面的效应,换言之,是将金融思维及其意识形态对日常生活的渗透看作资本积累结构金融化变迁的产物。值得一提的是,在分析金融化的社会效应时,也尝试从阶级分析的角度对其进行阐释。与传统对于劳资对立的强调不同,本书既着重分析金融化条件下资产阶级内部金融资本家与产业资本家的矛盾,又凸显由职业经理人阶级与金融资本家(大股东)的结合所带来的阶级结构的复杂性。

马克思、恩格斯创立的唯物史观继承了黑格尔对主观主义和形式主义的批判性超越,将历史性和社会性作为新世界观的轴心原理。但与黑格尔的绝对唯心主义不同的是,唯物史观坚决拒斥绝对精神的本体论立场,从而真正站在了一切意识形态的对立面。黑格尔哲学由于将绝对精神把握为"实体-主体",进而将其看作本体论意义上的无限基质和无限机能,换言之,思想、观念等的统治权并没有被消解,而是被发挥到极致。在批判一切意识形态幻觉和观念统治权的基础上,唯物史观力图从物质生产实践出发解释观念的形成与演变,由此真正把握意识形态的本质。正如有学者指出的:"唯物史观阐释原则的建立,不仅在于它同一般意识形态立场(现实世界是观念世界的产物)相对立,而且在于它要求批判地把握意识形态的本质。为了能够把握这样的本质,就必须深入意识形态的世俗基础之中,亦即深入各种社会—历史现象在其上展开的现实基础之中。"②

需要指出的是,唯物史观的阐释原则并不是放之四海而皆准的抽象普遍历史哲学,相反,其生命力在于面向事物本身的具体化运用。对马克思而言,这里的事物本身即是指历史性的社会现实。就本书的研究对象而言,唯物史观阐释原则的具体化运用意味着必须深入当代资本主义金融化的现实,研究和把握这一既定资本主义发展阶段的运行规律及其限度。在这个过程中,作为研究对象的既定社会始终是作为前提存在的。由于既定社会总是构成有机的整体,因此,只有通过思维的综合才能导致对这一整体的具体再现,从而能够真正把握自我运动着的既定社会。这种从抽象上升到具

---

① 《马克思恩格斯选集》第 2 卷,人民出版社 2009 年版,第 32 页。
② 吴晓明:《黑格尔的哲学遗产》,商务印书馆 2020 年版,第 276 页。

体的方法也被马克思称为"科学上正确的方法"："具体之所以具体，是因为它是许多规定的综合，因而是多样性的统一。因此它在思维中表现为综合的过程，表现为结果，而不是表现为起点，虽然它是现实的起点，因而也是直观和表象的起点。"①基于以上的分析，不难发现，第三章对当代金融资本运行规律及内在矛盾的揭示，既是对当代资本主义金融化深层次现实的分析和把握，又是唯物史观阐释原则具体化运用的尝试。由于"资本是资产阶级社会的支配一切的经济权力"②，马克思在分析现代资产阶级社会时始终抓住的关键范畴即是资本。金融化了的当代资本主义并不意味着对资本主义生产方式的超越或扬弃，而是资本主义生产方式由于自身矛盾衍生出来的新形式和新阶段。因此，本书在分析和探讨当代资本主义金融化时，延续了马克思以资本为中心的研究方法，既关注了当代金融资本的运行规律，又特别探讨了金融资本与产业资本的相互关系。事实上，只有从金融资本与产业资本的关系入手，才能真正把握到金融资本的拜物教本质。

金融化过程与国家主权关系构成本书研究的难点。这首先是因为，对于国家主权的认识，学界仍旧存在着很大分歧：一方认为当代全球秩序仍然由国家之间的关系决定，美国的霸权衰落将会带来另一个霸权国家的崛起；另一方则认为，应当摆脱国家的分析框架，而立足于超越国家的视野，以此来把握形塑当今全球秩序的核心力量。本书关注的另一大难点是如何从剩余价值的获取方式入手，考察当代金融资本积累所表现出的本质特征。马克思对金融资本积累方式的分析大体可以分为两个方面：分割价值与博取价值。当代资本主义金融化表现出的剩余价值获取方式包括三个方面：通过跨时分割剩余价值实现金融资本积累、通过跨时配置劳动力价值实现金融资本积累，以及通过金融服务创造价值实现金融资本积累。

本书对金融化的研究所处理的重点问题是：一、从资本过剩与新自由主义的兴起两方面来把握当代资本主义金融化的生成条件。20 世纪 70 年代以来资本过度积累的问题日益严重。为了克服这一难题，金融化成为除大卫·哈维所说的资本的"时间-空间修复"之外的另一种选择。新自由主义的兴起则使得抑制金融资本积累的种种管制被去除，从而为金融资本的爆炸性增长奠定了基础。二、以资本积累为线索考察当代金融资本的积累机制，从而把握当代资本主义金融化的本质。资本主义在不同历史时期的演变，都突出反映在资本积累模式的转变上，反过来说，对把握资本主义处于

---

① 《马克思恩格斯全集》第 30 卷，人民出版社 1995 年版，第 42 页。
② 同上书，第 49 页。

特定阶段的形态,从资本积累问题入手不失为一种合适的路径。在当今金融化的时代,金融资本的积累占据了资本积累的重心,利润的获取渠道集中在金融领域,甚至于很多非金融企业开始把发展重心转向金融业,而其所成立的金融子公司也成为拉动企业发展的主力。三、从阶级分析的角度把握当代资本主义金融化,并探寻超越资本主义金融化的替代性方案。作为对资本主义金融化的批判性分析,本书的研究不仅要考察其前提,也要揭示其限度。但是,无论是金融化的兴起还是新的替代性方案的产生,都与阶级斗争及其妥协有关。从阶级分析的角度来看,新自由主义意味着资产阶级与经理人阶级的联盟(通过给予经理人阶级的优先认股权),而替代性方案或者说左翼的方案则要求经理人阶级与大众阶级的重新联盟,正如战后的福利国家时代一样。

　　本书的研究是在借鉴和吸收前人研究成果的基础上展开的,目前国外的相关研究主要表现出对以下三个趋势的关注:一、金融化的根源。科茨(David M. Kotz)将金融化理解为新自由主义转向的必然后果。巴兰与斯威齐从实体经济的停滞入手探寻金融化的根源。布罗代尔(Fernard Braudel)指出,金融资本主义将会随着商业资本的兴起和资本积累超过正常投资渠道而周期性出现。[1]阿瑞基(Giovanni Arrighi)继承了布罗代尔的上述看法,认为金融化的根源在于主导国家在实体经济领域霸权地位的周期性衰落。二、金融化对实体经济的影响。福斯特指出,不管经济金融化如何发展,从长远来看,过度金融化将会拖累实体经济的发展。法国调节学派学者阿格利塔(Michel Aglietta)、博耶(Robert Boyer)等人则认为,金融化将会导致"股东价值"在企业诸多目标中占据支配性的地位,从而使得非金融公司在投资决策方面更注重资产的流动性和更多涉足金融业务。[2]三、金融危机的反思:大卫·哈维认为,金融危机的频繁发生表明资本主义的基本矛盾已经从物质生产领域转移到了金融领域,并采取了新的危机表现形式。诺贝尔经济学奖得主罗伯特·希勒(Robert J. Shiller)指出,非理性的动物精神加剧了金融脆弱性并引发了危机。

　　与之不同,国内学者的研究主要表现为三种路向:一、金融化与实体经济的关系:新古典经济学基于金融发展理论更多强调了金融化对经济发展

---

[1]　费尔南·布罗代尔:《15至18世纪的物质文明、经济和资本主义　第二卷:形形色色的交换》,顾良、施康强译,生活·读书·新知三联书店1993年版,第469—473页。

[2]　Michel Aglietta, *A Theory of Capitalist Regulation*, NLB, 1979, p.14; Robert Boyer, "Is a Finance-led Growth Regime a Viable Alternative to Fordism?: A Preliminary Analysis", *Economy and Society*, Vol.29(1), 2000, pp.111—145.

的正向作用。激进政治经济学从资本积累矛盾与危机的角度入手对金融化的经济后果展开了批判性反思。二、当代金融资本的形态与运动规律：杨长江认为，当代金融资本是由金融领域各类金融资本相互转化、相互依存所构成的整体，其与产业资本等其他资本之间也不再是传统的单一融合，而是表现出了"总体性融合"的特点。三、金融化的社会后果：杨典认为，金融化的重要社会后果在于，金融市场获得了凌驾于整个社会生活的支配性力量，导致发达资本主义国家面临着贫富差距扩大、社会极化等多重矛盾。张雄则指出，金融化不仅表现在社会生活的外在方面，而且对人的精神、思维等内在方面也带来了深刻影响。逐利的金融意志主义的蔓延，直接导致个体生命的"金融内化"和人类整体主义精神的日趋衰减。

马克思、希法亭和列宁等人已经对他们身处时代的金融化现象做了深入的研究，本书之所以要继续对这一问题的研究，根本上是因为当代金融体系相比于19世纪末20世纪初已经发生巨大变化。大体而言，金融体系的当代变革主要在三个方面显示出来：一、商业银行的衰落与投资银行的兴起，以及与之紧密关联的间接融资向直接融资的转变。二、金融市场的地位提升，以及与之相适应的金融体系权力结构的转型。与列宁分析的金融寡头统治十分接近的摩根财团、洛克菲勒财团等美国八大财团，在二战后纷纷解体，取而代之的是金融市场的统治地位的确立。三、金融领域不再仅仅与实体产业、生产过程发生关系，而是将触角伸向了消费领域或者说个人生活领域。当今时代，银行信贷的主体已经不是面向企业的信贷而是面向个人消费的信贷，并且出现了信贷资产证券化的新情况，众所周知，2008年的全球金融危机也正是与此有关。就商业银行的衰落而言，其主要原因在于商业银行的传统业务吸收存款与发放贷款为新兴的金融机构尤其是投资银行所挤压，后者绕过商业银行直接通过金融市场进行融资。罗伯特·希勒在《金融与好的社会》一书中对此解释道："发生这种情况的原因是针对证券的公开信息越来越多，道德危害及选择偏见等问题发生的概率已被大大降低。"①换言之，银行的存贷业务之所以能够在很长一段时期中占据优势地位，一个很重要的原因即是它掌握了企业经营相关的大量信息，从而能够对企业的还款能力、投资价值等等做出有效评估，帮助投资者降低潜在的风险。随着信息技术的发展及金融体系的逐步完善，投资者获取专业信息的渠道极大地拓宽了，这使得绕过银行的中介直接投资变得可行。另外，由于股权关系相比于债权关系在降低和分散风险方面具有明显的优势，因此，企

---

① 罗伯特·希勒：《金融与好的社会》，束宇译，中信出版社2012年版，第58页。

业也更倾向于通过金融市场而非银行融资。

金融体系权力结构的转型可以看作商业银行衰落及金融寡头统治弱化的伴随结果。与商业银行衰落一同发生的是,金融市场权力的崛起以及股东价值至上主义的盛行。希法亭和列宁笔下的金融寡头主要是指大型银行的控制者,今天,金融寡头的内涵发生了明显变化,取而代之的是以共同基金、养老基金为代表的机构投资者占据了金融体系的主导地位。我们知道,马克思在《资本论》中从不同层次探讨了银行资本与产业资本的关系,比如说从利润与利息的关系、利润率与利息率的关系、生产关系的本质与形式(资本拜物教)、货币资本(银行借贷资本)的积累与产业资本的积累的关系等多个层次展开分析,但却从来没有触及银行资本对产业资本的统治这一维度。在这个意义上,银行资本对产业资本的统治可谓希法亭金融资本理论的独特贡献,有学者甚至将其视为“希法亭与马克思本人在金融资本理论上的分水岭”①。而列宁的金融资本理论则在很大程度上延续了希法亭的思路,这突出体现在他将希法亭强调的通过信贷实现控制的方式进行了拓展,即控制不再仅仅意味着“用扩大或减少、便利或阻难信贷的办法来影响它们(指产业部门——引者注),以致最后完全决定它们的命运,决定它们的收入”②,而是包含着另一个重要的层面即建立在“参与制”基础上的控制。这种控制模式与垄断组织的高级形式康采恩十分相似,即首先控股一个巨大的母公司,然后以此为前提通过股权融合依次控股其他公司,形成一个层次严密的大型财团。这方面最为典型的代表就是 20 世纪初美国出现的摩根财团,当时以摩根为首的银行家几乎控制了美国全部主要的产业。

就金融体系向个人消费以及生活领域的渗透而言,商业银行的衰落也在其中扮演了至关重要的角色。按照著名激进政治经济学家考斯达斯·拉帕维查斯(Costas Lapavitsas)的解释,正是因为 20 世纪 70 年代以来,企业日益绕过银行从资本市场获取融资,银行才不得不转向个人生活及消费领域以求开辟新的利润来源。这一趋势受到住房、医疗、教育等政府公共服务缩减的推动。换言之,金融服务从企业转向个人的基本背景是商业银行为求生存而不得不进行的业务拓展或者说转型。个人消费的金融化不仅涉及住房上的支出,也包括教育、医疗等其他方面的支出。但仅个人房屋按揭贷款一项,所占 GDP 比率就从 1980 年的 34% 上升到 2007 年金融危机爆发前的 79%。另一方面,流入证券市场的资金很大程度上来自居民的收入以

---

① 杨长江:《略论当代金融资本》,《政治经济学评论》2015 年第 5 期,第 127—151 页。
② 《列宁选集》第 2 卷,人民出版社 1995 年版,第 601—602 页。

及养老金,据统计,美国股市资金的 70％来源于养老金等投资机构,而美国普通家庭的资产三分之一以上也投在了以华尔街为代表的金融市场,因此,金融体系的末端连接的是每个普通人的日常生活,影响着每个普通人的命运。2008 年金融危机之后,美国普通居民家庭资产平均缩水四分之一,很多人也在金融危机中失去了工作甚至于无家可归,民众对于以华尔街为代表的美国金融体系的仇视心理由此可见一斑。

2008 年金融危机对全球经济的带来的重大冲击及伴随其后的经济衰退,时至今日依然没有完全消弭。在经历危机之后,许多人不禁思考,金融到底在整个社会经济运行的过程中能够扮演什么样的角色,它是否恰恰促成不平等的根源。罗伯特·希勒认为,如果我们能从以往的金融危机中吸取教训,改造现有金融体系并加强金融监管,将金融的发展引导至服务实体经济、服务大众多元需要满足的轨道上来,那么,金融仍然有望发挥出造就平等、繁荣、共享的美好社会的潜力。尽管现有的金融体系远远没有实现"民主化",即它没有惠及大多数民众,现实中也存在诸多阻碍个体将才能转化成财富的条件。但是,这并不意味着金融体系已经无可救药,人类必须彻底地摆脱对金融体系的依赖。相反,这恰恰证明现有的金融体系仍然存在很大的改进空间。金融体系不应当成为富人掠夺穷人的工具和手段,而应当服务于公共善的实现,因为社会利益始终应被视为更具优先性的。推进金融体系的改革,无疑会受到既得利益者的阻碍,甚至于引发激烈的冲突和斗争,但是,既然现有金融体系已经显露出如此多的缺陷,而我们又无法离开金融体系去推动经济的发展和个人目标的实现,那么这种改革就是十分必要的。不过,在对金融体系进行任何必要的改革之前,首先需要对当代金融体系的动力、本质与未来可能性有所认识,这正是本书力图进行的工作。

第一章 当代资本主义金融化转型的 生成机制:垄断与资本过剩

当代资本主义金融化是不同于列宁、希法亭等人分析的金融资本的新现象,无论是希法亭意义上作为产业资本与银行资本融合的金融资本概念,还是列宁所强调的以生产集中和垄断为基础的金融资本概念,都无法直接用于解释今天的金融化现象。作为过去三十多年来资本主义经济所经历的系统性转变,金融化不仅体现在宏观层面资本积累结构的变化上,而且体现在微观层面非金融企业治理机制的变迁乃至于日常生活的金融化上。囿于时代条件的限制,列宁和希法亭等人看不到微观层面金融化的种种现象。尽管如此,就如何理解当代资本主义金融化转型的内在机制这一关键问题,马克思主义传统的金融资本理论仍然能够为我们提供诸多有益启示。特别是,列宁从马克思历史唯物主义的方法论出发,将金融资本的统治与帝国主义的政治、文化及意识形态表现联系起来,体现出对单纯经济学分析视角的超越。本章将在继承马克思主义金融资本理论分析思路的基础上,借助 20 世纪著名的马克思主义经济学家巴兰与斯威齐的垄断资本理论,从垄断资本主义资本过剩的角度探索当代资本主义金融化转型的内在机制。

第一节 垄断资本主义及其资本过剩趋势

与古典经济学家不同的是,马克思充分认识到了竞争中必然蕴含资本积聚和集中的趋势。但是,在马克思所生活的时代,自由竞争仍然占据支配地位,对垄断资本主义的研究还缺乏充分的经验材料作为支撑,因而无法在理论上加以提炼和概括。按照列宁的分析,垄断组织在 19 世纪末期开始逐步成长为全部经济生活的基础。其后,先是在二战之后出现了国家垄断资本主义,20 世纪 70 年代之后则出现了国际垄断资本主义。可以说,垄断在后来的资本主义历史发展中并没有消失或被削弱,而是不断发展出新的、更为复杂的表现形式并在更大范围内呈现出来。巴兰与斯威齐在《垄断资本》一书中高度评价列宁的贡献:"毫无疑问,列宁在分析第一次世界大战告终的时期的国内和国际政治时,对于发达的资本主义国家中垄断所占的统治地位给予了足够的重视。这的确是马克思主义理论中的一个决定性的进步。"①但是,他们同时也指出列宁没有试图探讨垄断占统治地位的情况下,资本主义的运行规律发生了怎样的变化。那么,垄断资本主义究竟具有怎样的不同于自由竞争资本主义的规律呢?时至今日,垄断资本对技术创新的抑制、对消费者权益的损害等已充分暴露,作为社会主义国家,中国应该积极引导和规范资本的运行,通过严格监管化解垄断资本的上述负面效应。而这首先要求对垄断资本的运行规律有充分的认识。

一、马克思论垄断资本其方法论启示

严格来说,在马克思写作《资本论》的时代,垄断现象还只是处于萌芽阶段,马克思构建的理论模型仍旧是以自由竞争作为基础的。尽管如此,他仍然很好地把握到了垄断形成的基本机制,并且为系统分析垄断资本主义提供了科学的方法论指导。在马克思看来,资本主义在积累的过程中总是伴随着资本积聚与资本集中,从而必然蕴含着走向垄断的趋势。就资本积聚而言,它总是受到剩余价值量的限制。就资本集中而言,它要求把已经存在的资本合并在一起。集中与积聚的区别在于,前者仅仅意味着现有资本的重新分配。换言之,资本在一个人手中的集中,必然对应着在另一个人手中的丧失。相比于资本积聚,资本集中在促成现实的垄断形成方面显示出更大的威力。种种力量推动资本主义垄断程度的不断加深,结果就是,典型的资本主义经济单位不再是为无法预测的市场生产微不足道部分的小作坊、小商号,而是能够控制价格、产品数量并在产业中占据支配地位的大规模企业。

首先,竞争要求企业不断扩大自身规模,并通过淘汰小企业,促成垄断的出现。"竞争斗争是通过使商品便宜来进行的。在其他条件不变时,商品的便宜取决于劳动生产率,而劳动生产率取决于生产规模。"②在竞争中落败的资本难逃被更有效率资本吞并的命运,因此,竞争导致集中。随着小企

---

① 保罗·巴兰、保罗·斯威齐:《垄断资本:论美国的经济和社会秩序》,杨敬年译,商务印书馆1977年版,第10页。
② 马克思:《资本论》第3卷,人民出版社2004年版,第722页。

业逐步在竞争中被淘汰，现在的竞争已经不再是在强者和弱者之间进行，而是在势均力敌的强者之间展开。大企业为了避免自己的巨额固定资本贬值，只能努力坚持斗争，这种斗争长期无法分出胜负，斗争各方都遭到同样的牺牲。最终的结果是，大企业为了提高利润率水平并结束内耗，选择进行垄断联合，各种各样的垄断组织由此产生。

其次，信用体系也成为促进垄断形成的重大推动因素。一方面，信用制度使得企业的扩张能够摆脱自身剩余价值积累的限制；另一方面，企业的规模不同也决定了企业融资能力、融资成本的差异，从而使得大企业更容易在竞争中占据优势地位。"起初，它（信用——引者注）作为积累的小小的助手不声不响地挤了进来，通过一根根无形的线把那些分散在社会表面上的大大小小的货币资金吸引到单个的或联合的资本家手中；但是很快它就变成了竞争斗争中的一个新的可怕的武器；最后，它变成一个实现资本集中的庞大的社会机构。"[1]在资本主义历史变迁的过程中，信用制度不断演化出新的形式，以便更好地适应现实经济发展的需要。信用体系一开始仅仅限于发挥支付中介的作用，后来随着银行券的发行产生了银行信用，进而产生了股份制、证券交易所等直接融资的新方式。

股份制的出现意味着信用制度的发展进入了一个新的阶段。马克思在《资本论》中详细阐述了股份制给资本主义经济带来的多重后果，他指出，正是股份制使得"生产规模惊人地扩大了，个别资本不可能建立的企业出现了"[2]。同时，股份制作为在资本主义范围内对资本主义生产方式的扬弃，在现象上必然会表现为垄断的出现："它（股份制——引者注）在一定的部门中造成了垄断，因而引起国家的干涉。"[3]一方面，由于筹措资本变得容易，股份制企业可以按照纯粹技术的要求来装备自己的企业，而私人企业家则受到自身资本量的限制。另一方面，股份公司由于自己的构成，只需要支付较低的股息便可，在价格竞争中也具有优势。换言之，它可以承受较低的利润率，而不至于危及自己的生存。总之，股份制由于使一部分大公司具备了强大的市场竞争能力和竞争优势，从而加速了资本的集中。不仅如此，从资本控制权的角度来看，股份制对资本集中的促进作用将会更为巨大。表面上看，股份公司的控制权掌握在全体股东手里。但事实上，股份超过半数的所有者，完全可以控制总资本包括其他股东的资本。不仅如此，"控制一个

---

① 马克思：《资本论》第3卷，人民出版社2004年版，第722页。
② 同上书，第494页。
③ 同上书，第497页。

股份公司的巨额资本,如果它不仅涉及单个的股份公司,而且涉及互相依存的公司的体系,那它的重要性还要大得多"。①这意味着,一个资本家可以通过层层控股的方式将数倍于自身资本的资本量置于自己的支配下。换言之,尽管股份所有权与企业经营权是分离的,但是一定量的股权却可以带来对数倍规模的生产的控制。从实际效果来看,它与通过合并实现的资本集中是一样的。

最后,资本主义经济危机也为资本集中及垄断的形成贡献了自己的力量。每当危机爆发,总会有大批抵抗能力较弱的中小企业破产倒闭。这时候,在危机中存活下来的大企业就可以用极低的价格买入中小企业大幅贬值的资产,当资本积累周期逐渐从危机时期走向复苏,大企业就能够在较低成本的基础上开始一轮新的周期。这意味着,剥夺不仅发生在资本与劳动之间,而且也出现在大资本与小资本之间。马克思指出:"在这里,剥夺已经从直接生产者扩展到中小资本家自身……但是,这种剥夺在资本主义制度本身内,以对立的形态表现出来,即社会财产为少数人占有。"②通过牺牲小企业,大企业扩大了自己的市场份额并降低了自身的成本,垄断正是在一次又一次的经济危机中为自己开辟道路。

自从亚当·斯密(Adam Smith)开始,正统的经济思想始终坚持竞争是资本主义优越之所在,而将垄断视作不幸的异常现象。"无论在通俗读物还是比较严肃的著作里,我们都可以看到资本主义的这个'伟大成功故事':资本主义理解人类的竞争天性,把它从社会的束缚中解放出来,然后以市场驾驭它,创造出一个充满活力和进步的社会体制,为所有人的利益而运转。"③但事实上,正如前文分析的,垄断趋势蕴含在资本主义的本性中。那种只将垄断看作异常现象的自由主义经济学观点,阻碍我们正视垄断并对其本性做出正确的认识。大卫·哈维指出,正是自由主义经济学的标准叙事"掩盖了阶级权力的垄断基础(资产阶级垄断私有财产),轻易地回避阶级权力和阶级斗争的问题(一如几乎所有经济学教科书)。这种标准叙事把资本的运作理想化,说成是个别资本家在经济活动的混乱海洋里自由游走,寻找获利机会,因此产生一连串奇妙的竞争碰撞"。④

---

① 鲁道夫·希法亭:《金融资本:资本主义最新发展的研究》,福民等译,商务印书馆 2012 年版,第 118 页。

② 马克思:《资本论》第 3 卷,人民出版社 2004 年版,第 498 页。

③ 大卫·哈维:《资本社会的 17 个矛盾》,许瑞宋译,中信出版社 2016 年版,第 140 页。

④ 同上书,第 145 页。

二、垄断资本主义的历史发展

随着资本主义从自由竞争转向垄断，越来越多的研究者将注意力转向了对垄断现象的分析。垄断在现象层面的充分展开使得列宁与希法亭能够对19世纪末20世纪初的金融垄断资本主义给予深刻透视。列宁指出："对垄断组织的历史可以作如下的概况：(1)19世纪六七十年代是自由竞争发展的顶点即最高阶段。这时垄断组织还只是一种不明显的萌芽。(2)1873年危机之后，卡特尔有一段很长的发展时期，但卡特尔在当时是一种例外，还不稳固，还是一种暂时现象。(3)19世纪末的高涨和1900～1903年的危机。这时卡特尔成了全部经济生活的基础之一。"[1]在列宁看来，垄断是帝国主义最为重要的经济基础。"如果必须给帝国主义下一个尽量简短的定义，那就应当说，帝国主义是资本主义的垄断阶段。"[2]

生产领域的集中与垄断表现为卡特尔及托拉斯等垄断组织的出现。卡特尔无疑还是垄断组织的较为初级的形式，它本质上是一种利益共同体。托拉斯则通过兼并使得参与的企业丧失了更多的独立性，换言之，它意味着垄断的组织形式达到了更高级的状态。"企业可以保持自己形式上的独立性，而只是通过协定来规定它们的共同行动。我们这时涉及的是利益共同体。而如果各企业融合为一个新的企业，这就叫作兼并。"[3]与生产的集中与垄断同时发生的是银行业的集中与垄断，这导致银行本身的角色发生了变化，亦即从中介人变为势力极大的垄断者。虽然不同国家由于具体情况不同，在垄断的发展程度上有所区别，但是，资本主义的集中和垄断趋势却是在各个国家同样有效。

尽管希法亭《金融资本》一书的论述重点在于金融资本，但是他同样表现出对垄断现象的重视。在希法亭看来，垄断是金融资本加强自身权力的最后一个环节，换言之，垄断的作用在于它使金融资本走向完成，"金融资本随着股份公司的发展而发展，并随着产业的垄断化而达到它的顶点……随着卡特尔化和托拉斯化，金融资本达到了它的权力的巅峰"[4]。希法亭把垄断形成的原因归结为克服利润率下降趋势。在他看来，随着企业资本有机构成的提高，利润率必然呈下降趋势。为了阻止利润率下降，需要施行联合

---

① 《列宁专题文集：论资本主义》，人民出版社2009年版，第112页。
② 同上书，第175页。
③ 鲁道夫·希法亭：《金融资本：资本主义最新发展的研究》，福民等译，商务印书馆2012年版，第220页。
④ 同上书，第253页。

和垄断以提高利润率。当垄断组织形成对市场一定程度的控制,这种较高的利润率由于免除了竞争的威胁而得以长期保持。

值得一提的是,希法亭在论述垄断的形成过程时,重点分析了银行集中和产业集中的相互促进关系,从而为我们理解垄断的形成过程提供了新的思路,有力地补充了马克思主义传统中关于生产集中形成垄断的单线条式论述。正如希法亭所言:"资本主义产业的发展引起银行的集中,而集中的银行制度本身是达到资本主义集中的最高阶段——卡特尔和托拉斯的重要动力……卡特尔化的进一步发展,从一开始就沿着使银行为了不依赖于卡特尔或托拉斯也进行联合和扩大的方向发生影响。这样,卡特尔本身助长了银行的联合,正像银行的联合反过来助长了卡特尔化一样。"[1]由于产业资本的垄断意味着银行提供的贷款更安全,垄断利润也使得银行能够从企业分割更多的利息,所以,银行对促成行业垄断有着强烈的动机和热情。另一方面,银行还可以利用自己同许多企业的关系促使受自己影响的企业相互间达成协议,乃至可以通过胁迫或购买的手段促成垄断。总体来看,希法亭和列宁都将垄断视作19世纪末20世纪初资本主义所发生的深刻变化,不同之处在于,列宁将垄断作为论述金融资本的基础,而希法亭则把垄断和金融资本作为平行的现象,并以此为基础讨论两者的相互关系。

第二次世界大战之后,西方资本主义国家进入一个新的发展阶段。垄断现象在这一阶段并没有消失,而是展示出与19世纪末20世纪初的金融垄断资本主义相比迥然不同的特征。其中,最为明显的就是金融资本控制产业资本的局面已不复存在。巴兰和斯威齐指出,这主要是因为大型垄断企业从内部开辟了源源不断的资金来源,而降低了对外部资金的需求。"每一家公司都企图通过内部资金来达到财务上的独立,并且通常都能达到这个目的,这种资金继续处于经理部门的支配之下。作为一种政策,公司仍然可向金融机构借款或通过金融机构借款,但它通常并不是非如此不可,因而能够避免那种对金融控制的屈服,金融控制在50年以前的大企业界是十分普通的事情。"[2]换言之,19世纪末20世纪初兴起的以金融资本为核心的利益集团在二战之后逐渐解体了,在斯威齐描绘的垄断资本主义图景中,金融资本不再占据支配地位,取而代之的是产业资本恢复了自身的权力和地位。除此之外,随着股份制的充分发展,大型垄断企业的控制权逐渐掌握在公司

---

① 鲁道夫·希法亭:《金融资本:资本主义最新发展的研究》,福民等译,商务印书馆2012年版,第250页。
② 保罗·巴兰、保罗·斯威齐:《垄断资本:论美国的经济和社会秩序》,杨敬年译,商务印书馆2021年版,第21页。

内部的经理人阶级，所谓对股东全体负责实际上是一句空话。这意味着，权力不再存在于公司外部，而是存在于公司内部。"控制权掌握在经理部门即董事会加主要行政人员手中。外部利益常常（但并不总是）在董事会有其代表，以便使公司的利润和政策同顾客、供应商、银行家等各方的利益和政策取得协调；但实权是操在内部的人——把全部时间花在公司身上并把自己的利益和事业同公司的命运连在一起的那些人的手中。"①

　　作为国家垄断资本主义典型组成部分的巨型公司，既然具有上述基本特点，那么，它们的行为模式会是怎样的呢？首先，最大限度追求利润这一点没有改变，即使是依靠经理人阶级经营的巨型公司依然在自觉追求利润最大化。巴兰和斯威齐指出："而在这里，毫无疑问的是，利润的形成和积累，在今天也同在过去一样，居于统治的地位。"②区别在于，巨型公司在追求利润时具有更长的时间视野，而且往往更富于理性。其次，巨型公司的经理人阶级不同于 19 世纪末 20 世纪初的金融寡头，后者将公司视作发财致富的手段，而前者则致力于促进公司本身的事业。金融寡头的主要兴趣是："以廉价购入证券，而以高价售出，借以获得资本增长，为了达到这个目的，有时可以创办一个公司，有时又可以使之倒闭。"③与之相反，国家垄断资本主义条件下的公司经理将公司本身视作目的，并努力维系公司的长久繁荣。最后，就股息政策而言，巨型公司的经理人阶级更多站在大股东一方，在支付的股息率方面向较低水平倾斜。这是因为，经理人阶级本身就出自最富有的人群，他们在利益上与上层所有者是一致的。当然，巨型公司的股息政策也不能完全忽视小股东的诉求，小股东因其数量众多，在民主社会中往往也能发挥相当大的影响力。最终的结果是，股息率尽管更偏向于大股东，但同时也受到小股东利益的牵制。

　　从宏观层面来看，垄断资本主义意味着一种高度组织化、社会化的生产方式，并且，它能够在一定程度上克服资本主义的无政府状况。但是，这并不意味着垄断资本主义条件下不存在竞争，而只是意味着竞争将会以不同于价格竞争的形式表现出来。就商品价格而言，垄断条件下的价格要明显高于自由竞争时期的价格。但是，由于规定供给与价格的权力都由生产者掌握，所以，很难从理论上来确定垄断价格会确定在何种水平。就利润而言，垄断企业无疑会获取更高的利润，这也是从竞争转向垄断的目的所在。

---

① 保罗·巴兰、保罗·斯威齐：《垄断资本：论美国的经济和社会秩序》，杨敬年译，商务印书馆 2021 年版，第 21 页。
② 同上书，第 53 页。
③ 同上书，第 36 页。

但是,这种更高的利润主要是建立在对其他资本家的损害之上的,并且,这将会促使遭受损失的部门也建立起垄断组织。于是,结果就是"利润率的级差制,它的起讫限界是:最高的是大规模生产的产业,那里要建立严密的、保护得很好的组合比较容易;最低的是生产规模很小的产业,那里有许多企业同时并存,而且容易打入,使组合无法稳定"。①最后,就垄断对流通的影响而言,它会显著提高流通费用。这是因为,垄断企业无法再依靠价格战来扩大市场份额,而只能诉诸销售方法的改进。在此背景下,20世纪晚期的历史见证了销售和广告技术的巨大发展。依据马克思对于商业资本与商业利润的分析,可以发现,流通费用的提升将会削减产业资本的利润率,并提高消费率。这对于资本过剩、生产过剩等资本主义的危机状况具有一定的抵消作用。

进入20世纪70年代,战后经济高速增长的黄金时代逐步走向终结,西方主要发达资本主义国家普遍陷入了滞胀危机,在危机之下,资本主义开启了新的转型之路。随着经济全球化及跨国公司的兴起,斯威齐等人分析的国家垄断资本主义逐步向国际垄断资本主义转变。美国学者道格拉斯·多德(Douglas Dowd)把这一阶段界定为"垄断资本主义的第二阶段",以此来跟1945～1975年的"垄断资本主义第一阶段"②区别开来。在他看来,这一时期垄断资本主义最大的特点在于金融资本的复归,金融经济的重要性远远超过了实体经济。尽管多德的分析也涉及技术变迁以及企业运行方式的变化,但由于缺乏对于生产过程、跨国公司运行方式等等的系统分析,他最终仍然无法阐明金融化的兴起与生产方式变化的关联。相较于此,美国政治经济学家赖克(Robert Reich)的分析更值得我们重视,他将分析的重点放在了全球化条件下企业运行模式的变化上。赖克区分了高质量企业和高产量企业,在他看来,国家垄断资本主义时期的企业只能称得上是高产量企业,20世纪70年代以来的全球网络条件下的企业则可以被视作高质量企业。高产量企业采用标准化生产的组织方式,而高质量企业则出现了生产资料所有权和经营权被分享的新特点。③总体来看,尽管生产资料所有制的实现形式、管理技术乃至资本增值的受益主体方面都发生了显著的变化,但

---

① 保罗·斯威齐:《资本主义发展论:马克思主义政治经济学原理》,陈观烈、秦亚男译,商务印书馆1997年版,第299页。

② 道格拉斯·多德:《资本主义经济学批评史》,熊婴等译,江苏人民出版社2008年版,第250页。

③ 罗伯特·赖克:《国家的作用》,上海市政协编译组编译,上海译文出版社1994年版,第101页。

是,具有行业支配地位的巨型公司仍然是当代资本主义的典型特征,而对垄断现象的分析也依然是我们理解当代资本主义的关键。

三、垄断资本主义的资本过剩趋势

巴兰和斯威齐基于对美国垄断资本主义基本情况和运行规律的分析,指出垄断资本主义存在着经济剩余增长的趋势。这里所说的经济剩余是指"一个社会所生产的产品与生产它的成本之间的差额"[①]。具体来说,经济剩余不仅包括利润、利息、地租等财产性收入,而且包括了买卖过程中的浪费、广告费用、金融与法律服务部门从业人员的报酬以及政府吸收的剩余。巴兰和斯威齐之所以特别强调流通费用、广告费用、国家的收入等等,是因为在垄断资本主义面临剩余吸收困难的条件下,这些费用能够在吸收剩余方面发挥越来越重要的作用。

按照巴兰和斯威齐的分析,垄断资本主义条件下的经济剩余不断增长主要有两方面的原因:首先,垄断资本主义具有很强的动力降低生产成本,成本的降低意味着更高的利润,从而会带来更高的积累率。"我们可以得出结论:垄断资本主义经济强加在它的成员身上的成本纪律,同它的前身竞争资本主义经济是同样严厉;此外,它还产生了新的和强大的从事技术革新的推动力。所以,对于垄断资本主义下生产成本下降的趋势不可能有任何怀疑。"[②]其次,垄断资本主义条件下产品价格本身存在上升倾向,而价格上升有利于提高经济剩余。"在寡头垄断下,价格在下降方面比在上升方面倾向于更不易动;这个事实使得垄断资本主义经济中一般价格水平具有明显的上升倾向。"[③]其所以如此,是因为如果某一垄断企业主动降低价格,将会被同行业的其他企业视作进攻性行为,有可能引发价格战并带来两败俱伤的局面。而垄断企业往往已经达成默契,尽量避免陷入这种境地。相反,"如果一个出售人提高他的价格,这不可能被解释为进攻的举动。对他能够发生的最坏的事情,也只是其他的人坚持不动,因此他不得不撤销自己的提议(或者接受市场的较小份额)"[④]。除此之外,通过限制新增投资,垄断组织可以控制供给,以便价格不致跌落。斯威齐指出,垄断者的投资决定并不取决于总资本的利润率,而是取决于追加资本的边际利润率。"说得更恰当

---

① 保罗·巴兰、保罗·斯威齐:《垄断资本:论美国的经济和社会秩序》,杨敬年译,商务印书馆 2021 年版,第 14—15 页。

② 同上书,第 81 页。

③ 同上书,第 72 页。

④ 同上。

一点,支配他的行动的,一定是我们可以称之为边际利润率的东西,也就是在估计到新增投资会增加产量和压低价格,因而会使旧投资的利润受到削减这一事实以后,追加投资还能得到的利润率。当边际利润率低微,甚至是负数时,总利润率还可能是高的。"①这意味着,即使总利润率很高的时候,垄断者也会做出停止追加投资的决定。

剩余的吸收可以通过种种方式来实现,如果不考虑国家在吸收剩余方面发挥的作用,那么,剩余的吸收首先有赖于资本家的消费与投资。资本家的消费在绝对量上无疑会增加,但是,把资本家的消费作为吸收剩余的主要方式显然是不适当的。事实上,资本家的消费"作为剩余的一部分将会下降,而作为总收入的一部分则会下降得更多"②。这里的下降当然是相对意义上的。由此带来的结果是:越来越多的经济剩余需要依靠投资渠道来吸收。当寻找投资出路的那部分剩余超过投资渠道所能吸收的剩余时,资本过剩就会出现。投资渠道可以分为两类:内源性投资和外源性投资。卢森堡(Rosa Luxemburg)在《资本积累论》中所批判的杜冈-巴拉诺夫斯基(Tugen-Baranowski)的危机理论实际上就代表了那种认为内源性投资可以吸收全部剩余资本的观点,与杜冈-巴拉诺夫斯基不同,卢森堡坚持认为只有不断开辟国外市场创造出新需求,剩余资本才能够被吸收。事实上,认为必须把数量越来越大的生产资料生产出来,其唯一目的就是供在将来生产数量更加越来越大的生产资料之用,这种观点显然是荒谬的,而设想小心谨慎和精心算计的垄断企业会不断地"为扩大生产而扩大生产"则是愚蠢的。

那么,是否可以通过外源性投资来吸收日益增长的剩余资本呢? 在经济学文献中,主要有两种外源性投资被广泛讨论过:(1)人口增长所带来的投资需求的增长;(2)技术变革对剩余资本的吸收。首先,人口的增长只有转换成有效需求的提升才能带动投资的增加,因此人口增长与投资增加并不是正比例关系。尽管在使劳动力变得便宜的意义上可以说人口增长有利于投资增加,但是,其对吸收资本所起到的作用毕竟是有限的。事实上,按照古典经济学理论,人口增长恰恰是投资增长的结果,而不是相反。其次,技术变革被人们寄予了厚望,期待着可以由此推动经济的无止境进步。按照支持这一观点的经济学理论,最先进行技术革新的企业将会享受超额利

---

① 保罗·斯威齐:《资本主义发展论:马克思主义政治经济学原理》,陈观烈、秦亚男译,商务印书馆 1997 年版,第 300—301 页。
② 同上书,第 92 页。

润,其他想要分享超额利润的企业一旦加入进来,供给就会快速增加,价格由此下跌。最后的结果是,那些先进企业只能获得普通利润,而在技术更新方面行动缓慢的企业将会被淘汰,它们的旧设备将会丧失价值。在这个过程,新的投资产生了,而旧的资本毁灭了。因此,技术革新看起来提供了一种吸收过剩资本的出路。但问题在于,这里的分析是建立在竞争的基础上的,在垄断资本主义条件下,这一分析就不再适用了。在需求不变的情况下,当采用新技术会增加生产能力时,垄断资本家一般会避免采用。巴兰和斯威齐指出:"在垄断资本主义下,在技术进步速度和投资出路之间,不存在像在竞争制度下存在的那样一种必然的关联。"①

以上的分析表明,寻找投资出路那部分资本的增长,并不会带来投资出路本身的同比例的扩大。结果就是,资本过剩成为垄断资本主义的必然趋势。由于寻找投资出路的资本构成了巴兰与斯威齐所说的经济剩余的主体部分,因此,经济剩余过剩的实质是资本过剩。希法亭也看到了垄断条件下的资本过剩问题:"卡特尔化意味着异常的超额利润。我们已经看到,这些超额利润怎样被资本化,怎样作为被积聚的资本量流入银行。但是同时,卡特尔化也意味着投资的缓慢化。这在卡特尔化产业中,是因为卡特尔的最初措施是限制生产;在非卡特尔化产业中,是因为利润率的下降威胁了进一步投资。因此,一方面用于积累的资本量迅速增大了,而另一方面投资的可能性却减少了。"②在资本过剩的条件下,产能利用率必然会缩减,开工不足将会导致人力和物力的经常性使用不足,因此,垄断资本主义的基本趋势是停滞。

值得一提的是,尽管主要是从自由竞争出发分析资本主义经济运行规律,马克思也对资本过剩问题给予了关注。"所谓资本过剩,实质上总是指利润率的下降不能由利润量的增加来抵消的那种资本——新形成的资本嫩芽总是这样——的过剩,或者是指那种自己不能独立行动而以信用形式交给大经营部门的指挥者去支配的资本的过剩。"③换言之,资本过剩在自由竞争条件下也会存在,而且资本过剩总是与人口过剩、生产过剩相伴相生。在资本过剩的条件下,现有资本的贬值、生产过程的混乱和停滞将会走向前台。如何克服这种过剩状态,使资本主义再生产过程得以平衡地进行下去

---

①　保罗·巴兰、保罗·斯威齐:《垄断资本:论美国的经济和社会秩序》,杨敬年译,商务印书馆 2021 年版,第 109 页。

②　鲁道夫·希法亭:《金融资本:资本主义最新发展的研究》,福民等译,商务印书馆 2012 年版,第 264 页。

③　马克思:《资本论》第 3 卷,人民出版社 2004 年版,第 279 页。

呢? 马克思指出:"解决的方法已经包含在这里所说的要加以解决的冲突的表现本身中。这个方法就是:把在价值上与全部追加资本⊿C或其中一部分相等的资本闲置下来,甚至使它部分地毁灭。"①这里隐含的意思在于,危机及其带来的资本闲置、资本毁灭恰恰构成克服资本过剩的办法。在自由竞争的条件下,生产力无限制发展与生产关系的矛盾在周期性的资本过剩及危机中表现出来,而每次危机的爆发又是使资本积累得以重启的手段。在资本主义从自由竞争走向垄断之后,生产力的无限制发展仍然在发挥自己的作用,但是,生产力与生产关系的矛盾却以新的形式表现了出来。通过资本输出、帝国主义以及政府民用支出的增加,过剩资本在一定程度上得到了吸收,危机得以暂时被延缓,资本主义的矛盾发生了转移并在新的层次上被再生产出来。总之,在资本主义从自由竞争走向垄断之后,一方面是资本过剩的难题变得更加尖锐,另一方面是垄断资本找到了新的克服资本过剩的解决方案。由于马克思的分析建立在封闭经济体的假设之上,所以,通过资本输出、帝国主义等等暂时延缓危机爆发的做法是在马克思视野之外的。

第二节　资本输出、帝国主义与金融资本的统治

当大量资本在本国找不到有利的投资出路时,各主要资本主义强国便将目光瞄准了落后的东方国家,力图在非资本主义地区寻找廉价劳动力及原材料,以便重启资本积累的进程。资本输出不同于商品输出的地方在于,它意味着与输入国更大的利害关系,同时也意味着更大的风险。"在外国修铁路、获取土地、建港口、创办和经营矿业等等的风险,比单纯的商品买卖的风险要大得多。"②不仅如此,资本输出还要求借助国家权力将落后地区置于资本主义国家的规治之下,各种有利于资本主义关系成长的条件,也必须强行建立。所有这些要求的实现,都有赖于强有力的国家力量进行干预。对实现上述要求来说,建立殖民地是最好的选择。由此可见,资本输出与帝国主义实践存在必然关联,正是资本输出为帝国主义的兴起提供了主要推动力。

一、资本输出与帝国主义的兴起

19世纪末20世纪初资本主义从自由竞争向垄断的转变,为资本输出

---

① 马克思:《资本论》第3卷,人民出版社2004年版,第282页。
② 鲁道夫·希法亭:《金融资本:资本主义最新发展的研究》,福民等译,商务印书馆2012年版,第372页。

提供了额外动力。表面上看，资本输出的动因在于克服关税壁垒，因而只是一时的权宜之计。但从深层次来看，资本输出是由垄断资本主义资本过剩的基本趋势决定的。由此带来的结果是，资本输出成为垄断资本主义时期一国经济政策的主要内容之一。由于资本输出与殖民主义政策紧密关联，这就极大促进了帝国主义的兴起。"垄断刺激资本输出——我们已知这是完全可信的——垄断就会在同一程度上，通过这种途径和以前讨论过的其他途径，来助长新的殖民政策，这应当是显而易见的了。"①无论是希法亭、列宁还是后来的斯威齐，都将资本输出视作帝国主义的基本特征之一，这不是偶然。

自由竞争时期的经济政策主要包含两个方面：一方面，对于技术水平远远超过其他国家的英国来说，它有充足的理由奉行自由贸易政策；另一方面，对于除英国以外的资本主义国家来说，必须给予它尚未成熟的产业以一定程度的保护，否则它就无法快速成长起来。换言之，这一时期大部分资本主义国家采取了保护关税政策。垄断的出现并没有废除保护关税政策，但却改变了关税政策的内涵。如果说自由竞争时期的保护关税主要是一种培育型关税，其目的在于保护本国产业的发展，那么，垄断时期的关税则很大程度上走向了自己的反面。垄断者的目的在于维持高价格，从而获取超额利润。如果外国竞争者能够进入本国市场，那就不可能达到这个目的。因此，保护关税现在对垄断者来说成为不可或缺的东西。"卡特尔化的产业对保护关税额度的大小有着直接的、极大的利害关系。关税越高，国内价格也就越能提高到世界市场价格以上，因而也就由培育关税变成高额保护关税。"②之所以说保护关税在垄断时期走向了自身的反面，是因为存在着如下的可能性，即，垄断者可以利用在国内市场获得的超额利润对出口进行奖励，以此来达到"倾销"的目的。正是在此意义上，希法亭写道："随着奖励制度的发展，保护关税的职能便发生了彻底的变化，实际上走到了自己的反面。从抑制外国产业占领国内市场的手段变成了国内产业占领外国市场的手段，由弱者手中的防御武器变成了强者的进攻武器。"③

以获取超额利润为目的的保护关税政策，的确能够有效排除国外竞争，但与此同时，它也为本国产品输出到其他国家造成了特别的阻碍。可以设

---

① 保罗·斯威齐：《资本主义发展论：马克思主义政治经济学原理》，陈观烈、秦亚男译，商务印书馆 2016 年版，第 376 页。
② 鲁道夫·希法亭：《金融资本：资本主义最新发展的研究》，福民等译，商务印书馆 2012 年版，第 355 页。
③ 同上书，第 358 页。

想,其他国家也会相应地建立保护关税制度。如何克服这种阻碍呢？这时候,需要的不是输出商品,而是输出资本,换言之,需要在外国投资设厂。这样一来,本国垄断企业的产品就可以绕过他国关税壁垒进入其市场。这里所说的资本输出由于银行与产业的密切联系而得到了极大促进,股份制度在提供可供输出的资本的意义上也起到了相同的作用。更为紧要的是,资本输出对于克服垄断资本主义的停滞趋势来说,无疑是十分有用的。通过资本输出,落后地区的生产力得到迅速发展,新市场的消费能力得到显著提高,"因而,它成了资本主义生产的强大动力。随着资本输出的普遍化,资本主义生产进入了一个新的狂飙与突进运动的时期,在这一时期内,似乎繁荣和萧条的周期缩短了,危机也缓和了"①。随着生产规模的扩大,对劳动力的需求增加了,工会的力量得到加强。在进行资本输出的老牌资本主义国家中,无产阶级的斗争声浪似乎缓和了,而人们对资本主义的未来充满了乐观的期待。

如果以上所述涉及的是资本输出的"文明面",那么,资本输出所带来的破坏性力量可谓更加令人瞠目。首先,随着资本输出的逐渐扩大,加之由投资产生的剩余价值本身的资本化,生产能力得到爆发式的增长。这种增长在落后地区遭遇了劳动力缺少的阻碍,为了解决这一问题,似乎只有采用暴力的方式。马克思所言的资本原始积累过程,在这些落后地区得到生动体现。"强制劳动的方法是多种多样的。主要的手段是对原住民的剥夺,夺走他们的土地,即夺走他们迄今为止的生存基础","在其初期阶段,这种无产阶级可能是欧洲农民、墨西哥和秘鲁的印第安人;今天,则是非洲的黑人"。②为了能够以暴力的方式创造"自由"劳动者,必须借助国家政权推行殖民政策,设想没有暴力的殖民政策,正如设想没有无产阶级的资本主义一样,是空洞而无意义的。但是,这样一来,便意味着资本输出蕴含着帝国主义的倾向。其次,资本输出所要求的不是新的销售地点,而是新的投资场所。这就对被输出国的经营环境提出了更高的要求。法律关系的滞后成为不可忍受的,同时,争夺投资场所的竞争,也使得发达资本主义国家之间的冲突日益尖锐。不仅如此,被输入国家在资本输出的冲击下也激发起强烈的民族意识,开始寻求对入侵者的反抗。所有这一切,共同要求加强输出国的权力,否则,所输出的资本及其收益便无法得到保障。于是,与资本输出

---

① 鲁道夫·希法亭:《金融资本:资本主义最新发展的研究》,福民等译,商务印书馆 2012 年版,第 368 页。
② 同上书,第 369 页。

有直接利益关系的资本家,便呼吁建立强大的国家政权,为了能够把商业的旗帜竖立在最遥远的国度,便需要把战争的旗帜随处举起。对于资本家来说,建立殖民地是最令人满意的,因为它意味着完全的统治,意味着彻底排除了其他国家的竞争。即使从这一角度来看,资本输出同样是导向帝国主义政策的。

回顾历史,与垄断取代自由竞争同时发生的,是英国在世界舞台上的霸权地位受到美国和德国的挑战。南北战争对于英国和美国关系具有转折点的意义,正如普法战争也使得德国以强大的工业国姿态成为英国的挑战者。这种挑战由于美、德的保护关税制度对于出口的奖励而变得危险,当美、德在技术上部分地超过英国时,后者感受的压力就更加巨大。英国再也不能泰然自若地继续奉行自由贸易制度了,它必须利用保护关税制度参与竞争。"一国关税的提高,必然立即为其他国家所仿效,以避免竞争条件恶化,不致在世界市场上遭到失败。"①但是,一旦英国也参与到竞争中来,一旦资本输出取代商品输出,竞争的激烈程度必然达到新的高度。直接的结果,就是帝国主义的扩张冲动变得强烈。"非洲,在 1875 年,受外界统治的地区还不到百分之十,而在其后的 25 年中,几乎完全为欧洲各国所瓜分。"②换言之,经济斗争演变为依靠政治国家进行的权力斗争。殖民扩张活动往往带有先发制人或保护性质。当一个国家占领了新的地区之后,其他国家也不甘落后,尽管占领本身要付出的代价完全有可能高出可望获得的收益。斯威齐指出:"在 19 世纪末争夺地球上无主区域的斗争中,保护性的和先发制人的并吞是十分重要的一个方面。"③

在将资本输出确立为帝国主义实践的基本动力之后,列宁进而分析了帝国主义在政治上的主要表现,即对世界的经济瓜分以及对领土的直接瓜分。历史进入 20 世纪,世界上无主的领土基本上已被瓜分完毕。与此同时,资本主义在世界范围却呈现出愈加强烈的不平衡发展倾向,不平衡发展所带来的后果是,各资本主义强国在其实力与所拥有的殖民地之间必然会存在着不匹配的状况。正是由于这一点,无休止的帝国主义战争表现为不可避免的。和平当然会出现,但毕竟是短暂的。列宁对考茨基(Karl Kautsky)的"超帝国主义"观念的批判,正是基于上述基本论断展开的。总

---

① 鲁道夫·希法亭:《金融资本:资本主义最新发展的研究》,福民等译,商务印书馆 2012 年版,第 375 页。
② 保罗·斯威齐:《资本主义发展论:马克思主义政治经济学原理》,陈观烈、秦亚男译,商务印书馆 2016 年版,第 372 页。
③ 同上书,第 373 页。

体来看,列宁对帝国主义的分析强调整体性思维,反对将经济现象与政治现象割裂开来。在列宁看来,割裂的态度恰恰构成了考茨基的主要缺陷:"关键在于考茨基把帝国主义的政治同它的经济割裂开了,把兼并解释为金融资本'比较爱好'的政策,并且拿同一金融资本基础上的另一种可能有的资产阶级政策和它对立。照这样说来,经济上的垄断是可以同政治上的非垄断、非暴力、非掠夺的行动方式相容的。"①从这一割裂的态度出发,考茨基最终陷入了改良主义、和平主义与机会主义,从而在理论立场上完全背离了马克思主义的基本原则。

除此之外,列宁也探讨了帝国主义在意识形态方面的后果,回答了考茨基所代表的改良主义、和平主义与机会主义思潮何以会在工人群众中获得成功的问题。金融资本的统治助长了各帝国主义国家的食利性和寄生性,列宁认为:"这不能不影响到这种国家的一切社会政治条件,尤其是影响到工人运动的两个主要派别。"②具体而言,这种影响意味着,帝国主义国家能够通过建立殖民地来获取高额垄断利润,并用这种利润来收买上层无产阶级,从而培植、形成和巩固机会主义。这样一来,帝国主义国家内部的阶级斗争就能够很大程度上得到抑制,而资产阶级则可以专注于对海外殖民地的剥削和压迫。列宁坦言,写作《帝国主义是资本主义的最高阶段》一书时,英国经济学家霍布森(John Atkinson Hobson)给了他很大启发。根据列宁引用的霍布森的相关论述,可以看出,霍布森已经敏锐地把握到了 20 世纪初期金融资本崛起所带来的去工业化或者金融化趋势。"主要的骨干工业部门就会消失,而大批的食品和半成品会作为贡品由亚非两洲源源而来……这些国家的上层阶级从亚非两洲获得巨额的贡款,并用这种贡款来豢养大批驯服的家臣,他们不再从事大宗的农产品和工业品的生产,而是替个人服务,或者在新的金融贵族监督下从事次要的工业劳动。"③值得一提的是,当代资本主义金融化也催生出十分明显的经济寄生性,以美国为例,这种寄生性表现在国内大批工业向外迁移,金融业在国民经济中所占的比重日益上升,美元霸权为美国带来越来越多的收益。如果说人类历史上的第一次金融化浪潮出现在列宁意义上的帝国主义时代,那么,20 世纪 70 年代以来的资本主义转型则可以被视作第二次金融化浪潮。

总体来看,垄断倾向于推动资本输出,而资本输出则成为帝国主义转向

---

① 《列宁专题文集:论资本主义》,人民出版社 2009 年版,第 179 页。
② 同上书,第 188 页。
③ 同上书,第 189 页。

的强大推动力。不可否认的是,扩大市场的要求、对廉价原料产地的渴求都会刺激资本主义国家建立殖民地,甚至于资本主义国家的不平衡发展所导致的冲突加剧,也会起到同样的效果。但是,把资本输出视为帝国主义的主要推动因素,在理论上是可以得到辩护的,也能够获得垄断初期历史中经验证据的支持。正是在这个意义上,我们可以理解,何以列宁将"和商品输出不同的资本输出具有特别重要的意义"①视为帝国主义时代的基本特征之一。由于资本输出与帝国主义的内在关联,重商主义时代具有侵略性的扩张政策、殖民政策等等随着垄断出现而复活了。

二、帝国主义与金融资本的统治

我们已经澄清了资本输出与帝国主义的关系,并将资本输出视作垄断资本主义的自然倾向。不过,对于理解 19 世纪末 20 世纪初的帝国主义现象,仅仅抓住资本输出,甚至于对产业垄断及银行业垄断进行分析,仍然是不够的。事实上,金融资本的统治取代一般资本的统治构成帝国主义最为重要的特征之一。随着资本输出以及金融收益在各资本主义国家的经济增长中占据越来越重的分量,一方面,食利者阶层的崛起成为金融资本统治条件下的现实:"于是,以'剪息票'为生,根本不参与任何企业经营、终日游手好闲的食利者阶级,确切些说,食利者阶层,就大大增长起来。帝国主义最重要的经济基础之一——资本输出,更加使食利者阶层完完全全脱离了生产,给那种靠剥削几个海外国家和殖民地的劳动为生的国家打下了寄生性的烙印。"②另一方面,世界上其他国家差不多都成了少数几个主要资本主义国家金融资本的债务人和进贡者。

如果以马克思的生息资本理论作为参照,那么,列宁和希法亭的金融资本理论的最大特点便是强调了金融资本对于产业资本的统治权力。这种统治权力建立在金融资本与产业资本联系的密切化之基础上。希法亭以货币作为基本范畴开始他的论述。他首先分析了资本主义最新的发展情况,阐明了商业信用、银行信用等的区别与联系,指出,随着资本主义的发展,银行职能的重心偏向了资本信用特别是固定资本信用。银行的这种转变使银行和产业的关系发生如下变化:"由暂时的利害关系变为长远的利害关系;信用越大,特别是转化为固定资本的比重越大,这种利害关系也就越大和越持久。"③

---

① 《列宁专题文集:论资本主义》,人民出版社 2009 年版,第 176 页。
② 同上书,第 186 页。
③ 鲁道夫·希法亭:《金融资本:资本主义最新发展的研究》,福民等译,商务印书馆 2012 年版,第 89 页。

换言之,希法亭认为,银行资本与产业资本的融合以及利益高度绑定是当时资本主义发展基本趋势。

随着银行和产业的联系越来越紧密,产业资本也越来越依赖银行资本,反过来说,银行由此建立起对于产业的统治。具体来说,银行通过以下几种方式逐步掌握了对于产业的控制权。首先,银行通过为企业办理票据贴现、支付信用等业务,以此来增强自己的影响力。表面上看,银行为自己的客户企业办理贴现、贷款及支付中介等业务,并不会影响企业本身的自主性。但是,当银行与特定企业长期合作,银行就能够对客户企业的运营状况有十分透彻的了解,凭借着这种了解,再加上银行本身雄厚的资本实力,结果就会是银行越来越能够影响和控制企业。其次,这种联系表现在信贷业务上,而由此种业务建立起的债务联系同样起到了使银行支配产业的效果。因为,银行可以"用扩大或减少、便利或阻拦信贷的办法来影响它们,以致最后完全决定它们的命运,决定它们的收入,夺去它们的资本或者使它们有可能迅速而大量地增加资本等等"。[1]最后,银行也通过占有股票以及派驻监事或董事的方式与企业建立起联系,换言之,通过"参与制"的方式实现对于产业部门的控制。列宁指出:"'参与制'不仅使垄断者的权力大大增加,而且还使他们可以不受惩罚地、为所欲为地干一些见不得人的龌龊勾当,可以盘剥公众。"[2]总之,银行与产业部门发生联系的种种形式,共同塑造了银行对产业的支配。正是这种支配关系构成了金融资本的实质。

如果说强调金融资本对产业资本的统治权力,是列宁和希法亭金融资本理论的共同点,那么,他们之间的差异则体现在对金融资本与垄断关系理解的不同上。按照希法亭的定义,金融资本指那种由银行支配而由工业家使用的资本:"愈来愈多的工业资本不属于使用这种资本的工业家了。工业家只有通过银行才能取得对资本的支配权,对于工业家来说,银行代表这种资本的所有者。另一方面,银行也必须把自己的资本越来越多地固定在工业上。因此,银行越来越变成工业资本家。通过这种方式实际上变成了工业资本的银行资本,即货币形式的资本,我把它叫作金融资本。"[3]列宁不满于此种定义,他认为,这种定义没有指出最重要的因素之一,即生产和资本的集中发展到了会导致而且已经导致垄断的高度。换言之,在列宁看来,金融资本的真实含义是银行垄断资本在与产业垄断资本的融合中支配了后

---

① 鲁道夫·希法亭:《金融资本:资本主义最新发展的研究》,福民等译,商务印书馆 2012 年版,第 125 页。
② 同上书,第 138 页。
③ 同上书,第 234 页。

者。基于此，他对金融资本给出了如下定义："生产的集中；从集中生长起来的垄断；银行和工业日益融合或长合在一起……这就是金融资本产生的历史和这一概念的内容。"①但是，这样一来，是否可以说没有垄断就不存在金融资本？如果答案是肯定的，那么，资本主义在自由竞争阶段的银行借贷资本和股份资本就没有资格被称为金融资本。这一结论与我们对金融资本的常识性理解，甚至与马克思的生息资本理论都存在冲突②，由此引发了认识上的困惑。那么，究竟应该如何看待列宁的金融资本概念？这里，问题的关键在于，列宁《帝国主义论》一书的讨论对象是资本主义的特定阶段——帝国主义，这就决定了他不是在一般意义上谈论金融资本，而是立足于帝国主义，历史地、具体地来谈金融资本。既然在列宁看来，帝国主义的经济基础主要是指垄断，那么，他的金融资本概念自然也要以垄断为基础。换言之，列宁并不是在讨论经济学意义上的金融资本，而是在唯物史观的视野下讨论资本主义特定阶段的、与特定生产方式相适应的金融资本。

　　不过，这并不意味着希法亭对金融资本的理解缺乏历史感，或者说违背了历史唯物主义的基本原则。应当说，希法亭对于金融资本的理解体现出更长的历史视野，并致力于从银行资本对产业资本权力不断发展巩固的角度，梳理金融资本的生成史。对希法亭而言，银行从支付信用转向资本信用，股份制的出现，垄断的形成，都不过是金融资本成长史的不同阶段。这一成长史的最终结果是金融资本在垄断阶段达到了权力的巅峰，其所以如此，是因为垄断组织通过对价格的控制，很大程度上克服了行情的波动所带来的经营风险。对于银行来说，也就更有动力向产业部门提供融资，从而使得银行与产业的融合以及银行对产业的支配达到顶峰。希法亭致力于从更加长时段的视角来呈现金融资本及其代表的权力的成长史，这一点决定了他的金融资本概念更加具有普遍性和包容性。与之不同，列宁则致力于分析帝国主义时代的金融资本，他的金融资本实质上是金融垄断资本。尽管列宁的金融资本定义在帝国主义时代的语境下无疑是正确的，但是，金融资本并不是在资本主义进展到帝国主义阶段才有的现象。因此，希法亭的金融资本概念也有其合理性。总之，在对金融资本这一概念的理解上，希法亭和列宁的差异并非本质性的，而更多是由分析问题视角的不同带来的。

---

① 《列宁选集》第 2 卷，人民出版社 2012 年版，第 623 页。
② 马克思虽然没有使用金融资本这一概念，但从其生息资本理论的内涵来看，他所谓生息资本与希法亭的金融资本都是以银行借贷资本为基本内核的，这一点体现了马克思与希法亭等人在金融现象理解上的共通性。

列宁有关金融资本的论述之所以成为经典,显示出历久弥新的理论价值,关键在于,他运用了马克思主义辩证法的总体性原则,将经济基础的变化与政治、文化、意识形态等方面的变迁统一起来,从生产方式的变化入手解释了 19 世纪末 20 世纪初各主要资本主义国家对外政策的转变。换言之,作为一种扩张性、进攻性的对外政策,殖民主义并非仅仅来自对领土的野心,而是有着深刻的经济基础。不仅如此,在列宁的解读视域,帝国主义意味着生产社会化与生产资料私人占有之间的矛盾表现出了新的形式,正是这种矛盾决定了帝国主义的过渡性和暂时性。正是在这一点上,列宁决定性地超出了希法亭:"从表面上看,希法亭在金融资本问题上的解读水准似乎达到了列宁的解读水准。他既看到了垄断条件下生产的社会化现象,又看到了生产关系层面帝国主义国家之间的斗争越来越尖锐化……但遗憾的是,在他的思路中,生产力与生产关系的线索是相互分离的而不是内在统一的。当他在思考金融资本问题时,他的脑海中是浮现不出生产的集中与垄断这一生产力发展的线索的。正因为如此,他从上述生产的社会化分析中得出的结论只是帝国主义在经济上的崩溃是不可能的。"①换言之,对希法亭来说,帝国主义的崩溃要依靠无产阶级的政治斗争,而不是由其自身蕴含的内在矛盾必然决定。

三、列宁帝国主义理论的批判性反思

列宁曾将帝国主义视作资本主义的最高阶段,认为资本主义将会随着帝国主义的终结而终结。后来的历史发展并没有按照列宁的预期而展开,事实上,在经历了两次世界大战的惨痛教训之后,旧式的以殖民扩张为典型特征的帝国主义很大程度上被抛弃。取而代之的是一种新型的更加隐蔽的帝国主义,这种帝国主义与垄断资本主义及其资本过剩趋势的关系也更趋复杂。帝国主义与帝国不同,它不仅包含着领土扩张和殖民占领的逻辑,同时也包含着资本积累和资本扩张的逻辑。因此,对各种类型的帝国主义的分析应着重关注上述两重逻辑的辩证关系。正如哈维指出的:"以这两种截然不同但相互交织的权力逻辑的交集为根据,它们之间的辩证关系为分析资本主义的帝国主义奠定了基础。"②事实上,历史上不乏陷于国内危机的政府为了应对危机,试图通过寻求海外扩张或制造外部威胁以巩固国内团结。冷战结束之后,美国已经没有明显的敌人,9·11 事件之后,美国通过

---

① 唐正东:《当代资本主义新变化的批判性解读》,经济科学出版社 2016 年版,第 52 页。
② 大卫·哈维:《新帝国主义》,付克新译,中国人民大学出版社 2019 年版,第 19 页。

发动伊拉克战争正好可以转移民众对于国内矛盾的注意力。

从马克思主义的理论传统来看,卢森堡是较早将帝国主义与资本积累矛盾联系起来的思想家。在卢森堡看来,只有从消费不足的角度才能把握帝国主义的经济根源。马克思所设定的讨论社会总资本积累问题的前提,无助于理解帝国主义时代的特定现实。因此,必须考虑资本主义世界与非资本主义的互动,只有这样才能理解资本积累的历史进程。卢森堡认为,不管如何解释帝国主义的经济结构,有一点是很明显的,即帝国主义的基本现象是:资本统治从老牌资本主义国家向新地区的扩张以及这些国家为了争夺世界的新地区而进行的经济和政治竞争。换言之,作为历史进程的资本主义积累,是在一个具有资本主义之前的各种结构的环境中,在一个经常性的政治斗争中以及在经济互惠关系中发展的。马克思在《资本论》第二卷中建立的积累模型,是以资本主义生产方式支配全部经济领域以及将整个社会分解为无产阶级与资产阶级为前提的,但是,如果从上述前提出发,资本积累的问题便无法解决。事实上,帝国主义的扩张最后带来的结果恰恰是马克思所预设的前提成为现实,结果却是资本主义积累无法进行下去,资本主义生产方式将会崩溃。从这个意义上来讲,帝国主义可谓是资本主义的最后阶段,这一观点同列宁的观点保持一致。在卢森堡看来,帝国主义阶段意味着资本主义进入了充满暴力、战争、革命的灾难状态,与此同时,资本主义强国内部的阶级斗争也会日趋激烈。尽管从经济角度来看,资本积累的不可持续性最终会摧毁资本主义,但是,在这一问题爆发之前,资本主义很有可能先已在战争和革命中灭亡。

无论是卢森堡、希法亭还是列宁的帝国主义理论,分析的都是 19 世纪末 20 世纪初的帝国主义现象。对于理解当代帝国主义实践,他们的理论是存在局限性的,这种局限性表现在三个方面:第一,19 世纪初 20 世纪末的帝国主义是在一个多元竞争的世界格局中展开的,但二战以来特别是冷战结束之后的历史却见证了美国作为超级帝国主义国家对资本主义世界秩序的领导和支配。因此,对 20 世纪晚期乃至于今天的帝国主义实践的分析需要将美国置于中心地位。第二,19 世纪末 20 世纪初的帝国主义理论,大都强调了资本逻辑的主导作用,换言之,国家权力以及殖民扩张都服务于资本积累的需要。但是,20 世纪下半期以来特别是冷战期间的种种现实表明,领土/政治逻辑有时候也会变得更为主要,甚至以牺牲资本积累为代价。美国在战后支援欧洲复兴和重建,最主要的动机是政治性的,即遏制苏联。而美国深陷朝鲜战争和越南战争的泥潭,也很难说这种举措对于资本积累起到了积极的促进作用。第三,19 世纪末 20 世纪初的帝国主义背后都有着种族主义意识形态的支撑,而对于当代新帝国主义来说,种族主义意识形态显然是一种政治不正确。20世纪初期,当主要的资本主义国家面临着日益严峻的过剩资本积累难题时,对外扩张就成了合乎逻辑的解决之道。但是,若没有种族主义培植起来的种族优越感,以及将人类划分为高等人种和低等人种的做法,对落后民族进行残酷压迫和剥夺的帝国主义行径就缺乏必要的意识形态辩护。

以上三个方面的局限性,促使我们面向当代现实重新建构具有解释力的新的帝国主义理论。这一理论将主要关注美国在二战后的帝国主义实践,并思考帝国主义的领土/政治逻辑与资本主义逻辑在当代呈现出怎样的新的形式。

首先,从权力的领土逻辑来看,美国对资本主义世界的主导和控制是在美苏争霸的背景下形成和发展的,为了应对苏联的竞争和苏联革命的影响,美国选择了支持非西方民族的民族自决运动,并且将国民的福利权提升至统治权之上。"美国是一个由许多种族构成的移民社会,这使得它不可能出现存在于欧洲和日本的那种狭隘的种族式民族主义。"[1]这意味着,权力的领土/政治逻辑在美国的帝国主义实践中处于隐而不彰的境地。尽管美国的帝国主义实践放弃了直接的殖民占领,但是,这并不意味着放弃对暴力和强制手段的使用。在过去半个多世纪的时间里,美国在伊朗、伊拉克、危地马拉、智利、印度尼西亚和越南等国家策动政变。与此同时,美国中央情报局和特种部队在全球各地采取军事行动,通过扶植代理人,美国实现了间接的领土控制。"美国必须发展出帝国统治的一些手段,从而在名义上维持这些国家的独立性,但通过运用特权贸易、经济援助、庇护主义和隐蔽的胁迫等混合手段支配这些国家。"[2]

其次,从权力的资本主义逻辑来看,美国更多地依靠对世界货币以及国际货币基金组织、世界银行等国际组织的控制来服务于资本积累。如果说资本输出是20世纪初帝国主义的典型表现,那么,金融资本的剥夺性积累则构成当代新帝国主义的典型特征。在国际货币基金组织的支持下,美国的金融机构和美国财政部促成东亚和东南亚国际及地区的资产猛烈贬值,导致这一地区大规模失业和经济萎缩就是这方面的一个例子。与此同时,债务危机被用来强迫特定国家接受新自由主义的制度安排,这为跨国资本进行剥夺性积累创设了条件。

---

[1]　大卫·哈维:《新帝国主义》,付克新译,中国人民大学出版社2019年版,第27页。
[2]　同上书,第28页。

最后,为了消除以欧洲为基础的帝国主义,必须攻击为旧的帝国主义实践提供合法性的种族主义意识形态。联合国《人权宣言》和联合国教科文组织的许多研究都否定了种族主义的合法性。通过构建文化霸权主义,好莱坞、流行音乐、文化形态甚至政治运动都被组织起来刺激其他国家效仿美国道路的欲望,由此,美国为其帝国主义实践构建了全新的意识形态基础,抽象的普遍主义取代了种族主义,美国将自身包装为自由的灯塔与全世界有产者利益的守护者。

美国自 20 世纪 70 年代以来陷入了滞胀危机,并且欧洲和日本在制造业领域的竞争力提升也挑战了美国在生产领域的主导地位,种种迹象表明美国的霸权地位正在动摇。随着 21 世纪以来资本主义世界经济的深入扩展,美国所拥有的规模和资源已经不足以管理和驾驭资本追逐无限积累的进程。正如在 20 世纪早期,霸权角色对像英国那样大小和资源量的国家来说也变得太大了。换言之,上述两重逻辑在历史进程中将会展现出内在的张力:"权力的领土逻辑倾向于固定在空间中,它如何应对资本积累无休止的开放性空间动力? 无休止的资本积累对权力的领土逻辑又意味着什么?反过来说,如果全球体系中的霸权是某个国家或国家联合体的属性,那么资本主义逻辑如何运作才能支撑这一霸权?"[1]2008 年金融危机之后,美国经济遭受重创,衰落态势越发明显。为了避免世界范围资本积累的进程陷入混乱,新形式的国家联合应运而生,类似于七国集团、八国集团等国家联合形式正在发挥日益重要的作用。

帝国主义在当代呈现出的新特征意味着权力的资本逻辑与领土逻辑的辩证法以新的方式表现了出来。资本和劳动的不同的机动性塑造了不平衡发展的地理格局,这种格局与权力的领土逻辑存在着显著的矛盾。资本在这个基础上的迅速积累导致了独立的、区域性的积累中心的创造,这些区域性的积累中心倾向于成为自给自足的体系。但是,资本积累所塑造的区域性积累中心与权力的领土逻辑并不总是相互适应的,事实上,资本的全球性积累恰恰对国家的权力构成了挑战。权力的资本逻辑与权力的领土逻辑的矛盾为帝国主义的演化提供了动力,反过来说,帝国主义正是在上述二重逻辑的辩证展开过程中不断重塑自身。

四、资本输出的悖论

无论帝国主义具有怎样的经济基础,客观来看,帝国主义的资本逻辑都

---

[1] 大卫·哈维:《新帝国主义》,付克新译,中国人民大学出版社 2019 年版,第 20 页。

曾被视作解决资本过剩问题的出路。商品输出、资本输出使得过剩商品及过剩资本找到了赢利的市场和渠道,与此同时,伴随着商品输出、资本输出的地理扩张也将开启物质性和社会性的基础设施的长期投资,换言之,空间关系的生产和重新配置也是帝国主义实践的题中应有之义。大卫·哈维由此提出:"帝国主义的资本主义逻辑(与领土逻辑相对)应当在为剩余资本难题(在这里我再重复一遍,必须作为分析重点的是剩余资本而不是剩余劳动)寻求'空间-时间修复'的背景下加以理解。"①但问题在于,以资本输出为核心的帝国主义的资本逻辑究竟能为解决资本过剩问题发挥多大的作用?事实上,资本输出及其帝国主义实践在解决资本过剩问题的效果方面是值得怀疑的。

黑格尔在思考市民社会陷入的内在难题时,曾将目光转向对外商品输出及资本输出。黑格尔发现,市民社会在其进展过程中,必然一方面带来财富的积累,另一方面带来贫困的积累。这种两极分化以及贱民的出现,无法通过市民社会的内在转化来克服,必须在其外部寻求解决之道。"市民社会的这种内在的辩证法,把它……推出于自身之外,而向其他民族去寻找消费者,从而需求必需的生存资料,这些民族或者缺乏它所生产过多的物资,或者在工艺等方面落后于它。"②在随后的论述中,黑格尔也提到了"成熟的"市民社会有建立殖民地的冲动,以便在殖民地为过剩的劳动者找到新的"劳动园地"。黑格尔的上述观点表明,他将市民社会内在难题的解决寄托于帝国主义和殖民主义的实践。这里,自然包含着通过资本输出消化过剩资本的要求。尽管提出了上述解决方案,但黑格尔并未指明空间扩张是否能一劳永逸地彻底解决市民社会的难题。可以说,这一问题在黑格尔的法哲学中是尚未得到有效解决的。

针对黑格尔所遭遇到的上述问题及其解决方案,马克思在《资本论》第一卷最后的部分即"现代殖民理论"一章中给予回应。在马克思看来,空间层面的扩张不仅没有解决资本积累的矛盾,反而成了问题所在。资本输出只会"把矛盾推入更广的范围,为这些矛盾开辟更广阔的活动场所"。③换言之,资本输出只是把最初引起问题的条件复制出来了。一旦殖民地被卷入资本主义的生产方式,最终将会成为过剩资本的生成地。另外,即使我们假定资本输出可以解决上述难题,这种方式也会随着世界上的所有非资本主

① 大卫·哈维:《新帝国主义》,付克新译,中国人民大学出版社 2019 年版,第 53 页。
② 黑格尔:《法哲学原理》,范扬、张企泰译,商务印书馆 1979 年版,第 246 页。
③ 马克思:《资本论》第 2 卷,人民出版社 2004 年版,第 408 页。

义地区被卷入资本积累的轨道而遭遇自己的极限。对马克思而言，资本积累难题的解决并不能依靠外在的方式，而必须彻底打破资本逻辑的统治。因此，唯一的解决方案是用一种新的扬弃了资本统治的社会生产方式取而代之，或者用马克思的话说，要实现从"必然王国"向"自由王国"的跨越。

不仅如此，由于资本的输出以高额收益为目标，所以，一开始的资本输出必然伴随着持续的长期的大量利润、利息以及股息的回流。事实上，除了历史上短暂的资本输出特别高的时期之外，发达国家的对外投资反而加剧了资本过剩的困境。英国在 1870 年至第一次世界大战期间，海外投资收入大大超过了资本输出总额。美国的情况也是如此，二战之后的繁荣时期，虽然每年有资本流出国外，投资收入的回流总是要大得多。斯威齐基于美国在 1950 年以后的政府官方统计数据进行分析，得出结论："即使在输出大量资本的那些场合，随后的扩张一般都是利润再投资来进行的；利息和股息的回流（更不用提支付服务等形式伪装起来的汇款）不久就超过了原有投资的许多倍——并且还在继续把资本输入美国母公司的金库。"[①]总体来看，资本输出在解决资本过剩这一难题方面存在着明显的悖论，因此，不能将希望简单地寄托在资本输出这一解决方案上。

回顾 20 世纪上半期的垄断资本主义历史，可以发现，存在诸种其他力量驱动资本主义走出资本过剩与经济停滞的困境。如果说 19 世纪末期的资本积累之所以能够顺利进行得益于铁路的发明，那么，20 世纪上半期出现的资本积累停滞则很大程度上被两次世界大战所扭转。19 世纪末期，铁路网的修建直接吸收了大量的资本。在这一时期，私人投资的很大一部分都是在铁路方面。不仅如此，铁路的出现也深刻地改变了经济活动的地理位置和产品的构成，从而创造了大量的投资出路。尽管铁路的修建对克服资本过剩起到了十分显著的作用，但是，铁路时代毕竟会过去，当铁路带来的对于经济的外部刺激逐渐失去力量，经济停滞的趋势就会显露。如果此种趋势继续下去，很有可能在 1910～1920 年间经历一次严重的萧条。然而，1914 年的世界大战扭转了经济停滞的趋向，为经济的繁荣提供了新的刺激，避免了严重萧条的出现。但是，事实证明，战争只是延缓了停滞和危机的出现：20 世纪 30 年代的大萧条是资本主义有史以来最为严重的经济危机之一，这一危机很大程度上直到二战爆发才得以克服。

在 19 世纪的大部分时间里，尽管帝国主义的侵略战争以及帝国主义国

---

① 保罗·巴兰、保罗·斯威齐：《垄断资本：论美国的经济和社会秩序》，杨敬年译，商务印书馆 2021 年版，第 117—118 页。

家为争夺利益而爆发的战争为数甚多,但是,这些战争的规模及涉及的国家都十分有限,造成的经济影响相当小。因此,当第一次世界大战爆发时,很多人会认为战争只是对于历史发展进程的一种扰动,不会起到重要作用。但是,若是在理解 20 世纪的经济史时,仍旧抱着此种态度看待战争,那就无异于把社会现实中起作用的主要力量抽去。事实上,应当把战争和划时代的发明放在一起,将它们共同视作解决资本过剩问题的外部手段。战争一旦爆发,军事需求必然会急剧增长,很多民用生产资源也会被转移到军用生产上,这就会带来社会总体投资的增长。当战争结束后,由于很多用于军事生产的生产资料太过专门化,无法被再次用于民事用途,只好被废弃不用。为了解决民用消费资料供给与需求的矛盾,只有新增投资才能做到。

总之,垄断资本主义的历史即是资本过剩问题日益严峻的历史,由于资本输出的悖论性质,战争和新的技术发明曾在历史上充当了解决问题的办法。但是,当世界大战过去而和平与发展成为时代的主题,当跨时代的技术发明刺激经济增长的效应逐渐减弱,资本过剩的阴影又会重新笼罩垄断资本主义。20 世纪 70 年代以来西方发达资本主义国家陷入的滞胀危机即是明证。

第三节　金融化作为克服资本过剩的新方式

既然资本输出并不能克服资本过剩,已有的解决方式也已经耗尽或正在耗尽自身的力量,那么,垄断资本主义就必须为自己寻求一种新的应对资本过剩及与之相伴随的停滞趋势的方案。20 世纪 70 年代以来,在滞胀危机的巨大压力之下,这一次垄断资本主义找到的应对方案是依靠金融扩张吸收剩余资本,资本主义由此开启了金融化转型的历程。金融化重塑了金融资本与产业资本的关系格局,并为经济、政治、文化、意识形态等社会生活的诸方面带来了深远的影响。

一、金融化与实体经济停滞的辩证关系

在《垄断资本》问世 30 周年之际,斯威齐意识到他与巴兰这一著作的严重缺陷在于未能预见到 20 世纪 70 年代以来的金融大发展。在《垄断资本》一书中,他们旗帜鲜明地指出,希法亭和列宁意义上的金融寡头或者说金融资本对产业资本的统治在新的时代条件下已经消失不见了。当时他们做出这一判断的基本依据在于,大型垄断企业在二战之后主要依靠内部融资来

解决资金需求，因此很大程度上摆脱了对银行的依赖。但是，20 世纪 70 年代以来的金融业蓬勃发展和金融创新的泛滥，使得金融资本、金融市场对公司的影响力和支配力不断加强。斯威齐不得不承认，经济金融化的发展对《垄断资本》一书中的许多观点构成了挑战，有些判断已经落后于时代的发展。具体而言，斯威齐认为，经济金融化表现出两方面的特征：一方面，金融企业在垃圾证券的支持下开始并购大型企业，一旦吞并大公司，就可以通过使公司大量负债和卖空股权来掠夺既得公司。这种针对大公司的吞并虽然案例较少，但是其产生的影响却是巨大的。这意味着，金融投机冲击了公司主导的资本主义旧秩序，金融市场取代了管理阶层掌握了经济的控制权。另一方面，金融业的繁荣发展也带动了诸如房地产、建筑、办公设备等行业的增长，不过，需要指出的是，这种对实体经济的带动作用是有限的。而且，大量金融资本实际上并未流入实体经济，而是参与到了包括衍生品在内的各类金融产品的投机。这意味着，金融业的大发展对于实体经济的直接带动效应是极其有限的。[①]

斯威齐对金融重要性的重新发现并不是个案，事实上，大量解读 1973 年之后资本主义新变化的著作都强调了金融维度。美国学者道格拉斯·多德基于 20 世纪八九十年代的统计数据，证明了金融经济的重要性已经远远超过实体经济。他指出："80 年代，货币投机开始引起人们的重视，那时投机的规模已经很令人惊讶。于是，1986 年，据国际清算银行（全世界的'清算中心'）估计，每日货币交易量达 1 860 亿美元，重要的是，其中用于实际投资或贸易的部分不足 10％。90 年代初，这个数字跃升至 8 000 亿美元/日，其中大约有 250 亿美元（占 3％左右）用于贸易和投资；现在这一数字达到 2 万亿美元/日，用于贸易与实际投资的比率不足 2％。其余都是投机。"[②]换言之，大量资本流向了金融领域，尽管为过剩资本找到了投资出路，但金融领域的膨胀也反过来削弱了实体经济增长的潜力。在恰好相同的意义上，福斯特分析了金融在整个经济体系中重要性的提升，他试图在金融化与实体经济停滞之间建立起因果关系。"公司/资本家由于不能在生产性经济领域为其投资找到有利可图的出路，它们试图通过金融投机扩大其货币资本。金融体系对它们的'产品'需求上升趋势的反应是引入一系列令人迷惑的新的金融工具——包括股票期货、期权、衍生物、对冲

---

① 参见约翰·B. 福斯特：《垄断资本的新发展：垄断金融资本》，云南师范大学马克思主义理论中心译，《国外理论动态》2007 年第 3 期，第 7—12 页。

② 道格拉斯·多德：《资本主义经济学批评史》，熊婴等译，江苏人民出版社 2008 年版，第 280—281 页。

基金等。结果就是到了 20 世纪 90 年代,金融上层建筑崛起并获得了自己的生命。"[1]

为剩余资本寻找出路构成垄断资本主义生死攸关的问题,但是,解决这一问题的困难在于:一方面由于垄断资本主义获取的是高额垄断利润,所以资本积累速度较快;另一方面,高额垄断利润是以压低工资从而抑制有效需求为前提的,这反过来又会对寻找有利可图的投资渠道产生严重制约。在有效需求不足的条件下,为了避免商品价格受供需关系影响而下降从而降低企业利润率,削减产能成了大型垄断企业的必然选择。面对垄断资本主义的资本过剩积累困境,20 世纪晚期资本主义国家采取的主要应对措施是,放开金融管制,让金融领域成为吸收过剩资本并实现增殖的主要渠道。一时之间,金融业的发展高歌猛进,金融投机甚嚣尘上。金融部门的迅速扩张也引发了部分主流经济学家的担忧,诺贝尔经济学奖得主詹姆斯·托宾(James Tobin)1984 年在题为《金融体系的效率》的演讲中指出,由于金融投机吸引了大量资本,实体领域的投资遭遇了"抽血效应",从而对实体经济的发展产生了明显的抑制作用。为了重建实体经济与虚拟经济的平衡,抑制虚拟经济过度膨胀并推动实体经济健康发展,托宾建议对国际外汇交易征税,这就是后来广为人知的"托宾税"。[2]

20 世纪 70 年代以来的金融化相比于 20 世纪初的金融扩张有了显著的变化,这主要体现在金融资本开始脱离产业资本过度膨胀。既然金融膨胀不再来自产业繁荣,那么,这就表明金融膨胀已经与实体经济的运行相脱离,并具备了一定程度上的独立性。福斯特指出:"基于'储蓄者从企业家手中购买实物资产的金融所有权,企业家运用所筹集的资金扩大生产规模'的简化假定,正统经济学家一直认为,生产性投资与金融投资紧密相联。但这一假定早就被证明是错误的。生产性投资和金融积累之间没有必然的直接联系。两者的背离有可能达到相当大的程度。在缺乏成熟金融体系的条件下,这种背离的恶果就是导致在资本主义进程中时常出现的通常标志着经济繁荣终结的投机性泡沫。"[3]不仅如此,非金融企业无论是出于规避风险的角度参与衍生品交易,还是为了获取高额收益积极参与金融交易,都加深了与金融市场的联系。即使是非金融企业,其利润获取及资本积累也有很

---

[1] 约翰·B. 福斯特:《垄断资本的新发展:垄断金融资本》,云南师范大学马克思主义理论研究中心译,《国外理论动态》2012 年第 3 期,第 7—12 页。

[2] 约翰·贝拉米·福斯特:《资本主义的金融化》,王年咏、陈嘉丽译,《国外理论动态》2007 年第 7 期,第 9—32 页。

[3] 同上。

大比重是依靠金融渠道获得的。

不过，金融脱离实体经济的独立性只是相对的，它不可能完全摆脱生产基础的限制，而金融泡沫必然是会破灭的。明斯基（Hyman Minsky）所谓"金融不稳定性假设"直到今天依然具有解释力和有效性，按照明斯基的理论，金融资本的无序扩张、金融创新的泛滥以及金融领域与实体经济的背离等等，最终将催生出一个脆弱而臃肿的金融结构。由于缺乏实体经济的资本积累作为支撑，金融危机在矛盾积累到极限时必然爆发。尽管金融领域暂时为过剩资本提供了盈利渠道，但归根结底，它无法从根本上解决实体经济自身的困境和矛盾。后凯恩斯派学者爱泼斯坦（Gorard Epstein）、托马斯·I. 帕利（Thomas I. Palley）等对金融化过程中生产部门的利润率下降与金融部门急剧膨胀之间关系的研究，也支撑了斯威齐、福斯特等人的判断，他们得出的结论是：(1)金融投资的增加和金融利润机会的增多促使企业把较多的资金投向金融产品，从而减少了对实体经济的投资。同时，金融投资加剧了不确定风险，对实体经济的发展构成潜在冲击。(2)金融部门利润的增加是以工人工资增长停滞和收入分配不平等为代价，从而影响长期的经济增长。因此，在他们看来，金融化作为吸收剩余资本的方式，不仅不能解决经济停滞的问题，而且将会加剧经济停滞和衰退。①

以上的分析表明，金融化与实体经济停滞之间处于一种既相互依存又相互对抗的辩证关系之中。其中，以斯威齐、福斯特等人为代表的每月评论派强调了生产停滞、资本过剩与金融化之间的因果关系，换言之，他们将金融化看作发达资本主义国家采取的克服资本过剩困境的方式。而后凯恩斯学派的思想家则主要关注金融化对实体经济的反作用，在他们看来，金融化尽管带来了金融部门的全面繁荣，但却是以抑制实体经济、加剧收入分化为代价的。需要指出的是，将金融化与资本过剩联系起来是一种解释金融化何以发生的宏观视角，这一视角的优点在于从资本主义生产方式出发解读金融化的生成机制，继承了唯物史观从社会历史角度分析问题的思路和方法，而其缺点在于缺乏对细节的重视。

值得一提的是，拉帕维查斯、博耶等人开启了从非金融企业、金融机构、家庭等微观角度研究金融化转型的视角，拉帕维查斯的观点可以概括为：(1)大型非金融企业对金融机构的依赖性减少，并且逐步具有面向金融市场的独立融资能力；(2)金融机构尤其是大型商业银行的职能开始转向作为开

---

① T. I. Palley，"Financialization：what it is and why it matters"，*Working papers*，no.524，The Levy Economics Institute，2007.

放金融市场和家庭的融资中介;(3)工人、家庭越来越深地被动纳入金融活动。①随着住房、养老金、教育等公共服务的收缩,个人和家庭更迫切地向银行寻求贷款等服务。并且,通过将养老金从固定福利计划转变为被员工持有的 401K 退休计划,个体基本需求的满足日益与金融市场绑定在一起。与此同时,在收购和兼并浪潮面前,企业也不再是一个稳固的、工人可以长期依靠的共同体,而是变成了金融资本眼中的投资组合的一部分。员工和企业之间的长期契约关系已被不稳定的、弹性化的就业模式所取代,个体被要求为自己的财务安全负责,而这就意味着,个体应该主动投身金融市场,通过分散化的金融投资为自己未来的福利提供保障。不言而喻,从微观层面来理解金融化将能够弥补从资本过剩、积累体制转变等宏观角度研究金融化在细节方面的不足,有助于构建更为完善的理解金融化转型的理论框架。

二、金融资本权力的当代复归

当代资本主义金融化突出地表现在金融资本权力扩张的事实中,这一扩张意味着金融资本逐步取得了对包括经济系统在内的整个社会日益增强的影响力和支配力。以往的金融活动主要发生于产业部门与银行之间,金融资本的控制权也相应地局限在产业领域。随着当代金融资本向整个社会的全面渗透,国家治理、企业战略、家庭生活、意识形态等各个方面无不受到金融资本权力的影响和重塑。政府一方面的确能够通过货币供应与债券发行影响金融市场,另一方面,越来越重的主权债务负担以及国家间围绕金融资本展开的竞争又使得它不得不受到金融市场的规训。为了提升每股收益、市盈率等指标,企业战略开始从注重长远利益走向追求短期抬升股价,企业的组织架构也相应发生变化。至于金融资本崛起对家庭生活和意识形态带来的影响,只需看看普通居民家庭债务负担与总财富中金融资产配置比例的不断上升,就可以窥其一般。

为了确保金融资本及金融机构的资本积累顺利进行,金融利益集团通过游说、政治献金、"旋转门效应"等方式对政府施加了强有力的影响。政府的作用被重构,提供流动性以稳住金融资产的价格成为政府的新使命。在金融业兼并浪潮的作用下,涌现出一批"大而不能倒"的金融机构,由于它们会对国家金融稳定与发展产生强大影响,因此,一旦它们陷入困境,政府就

---

① 参见考斯达斯·拉帕维查斯:《金融化了的资本主义:危机和金融掠夺》,李安译,《政治经济学评论》2009 卷第 1 辑,第 50—58 页。

会不惜一切代价出手救市。金融化不仅绑架了核心资本主义国家的政权,而且也通过金融全球化将自己的影响力波及欠发达经济体。巴西过去20年的金融发展历程即提供了这方面的典型事例。"由于全球垄断金融资本的掌控,巴西经济压倒一切的任务是吸引外国投资并清偿欠国际资本的债务。结果,按新自由主义的金融业的标准衡量,巴西'经济的基本面'大为改观,但却引发了利率上升、工业化进程倒退、经济增速缓慢以及国内金融部门因全球金融资本快速流动而脆弱不堪等问题。"[①]

金融资本权力扩张的直接背景是20世纪60年代以来实体经济利润率的不断下降与通货膨胀上升的双重现实。二战之后,发达资本主义国家开启了经济高速增长的空前繁荣时期,经济繁荣使得资本主义国家的生产能力急速扩张,巨量的产品涌向世界市场。但与此同时,劳动市场和原材料市场的日趋紧张也带来了成本价格的不断上升,加之市场容量的相对不足,生产与实现这一资本主义固有的矛盾逐渐凸显出来。结果就是,利润率不断趋于下降,过剩资本大量累积。面对资本积累所遭遇的现实困境,传统的刺激消费和政府增加支出的方式都无法解决问题。为了走出困境,金融化成为西方发达资本主义国家的首要选择,金融资本由此开始强势崛起。从社会权力的角度解读资本是马克思政治经济学批判的重要理论创新,列宁和希法亭继承了马克思的这一分析视角,并将其运用到对金融资本的分析上。在列宁和希法亭看来,金融资本意味着一种相对于产业资本的权力,意味着资产阶级内部派系关系的一种特定结构。与希法亭和列宁不同,马克思强调不能把金融资本与产业资本的权力关系简单化,只有立足于资本积累的动态过程,才能把握金融资本与产业资本权力关系的复杂图景。仔细考察马克思在《资本论》中的相关论述,可以发现,他描绘了一般积累过程的基本模式。在他看来,积累过程会经历如下几个阶段:停滞、复苏、基于信用的扩张、危机。"资本积累的循环表明——假定国家没有进行主动的干预——权力的平衡点在循环进程中会在产业资本与金融资本之间变换。不断变换的平衡点反映了商品与价值的货币表达在积累过程中的相对分量。"[②]换言之,产业资本与金融资本的权力关系会在积累周期中无休止变换。

马克思立足于资本积累动态过程构建的分析框架无疑优越于列宁和希

---

① 约翰·贝拉米·福斯特:《资本主义的金融化》,王年咏、陈嘉丽译,《国外理论动态》2007年第7期,第9—32页。
② 大卫·哈维:《资本的限度》,张寅译,中信出版社2017年版,第495页。

法亭,但面对以金融市场、直接融资为主导的当代金融体系,这一分析框架仍显示出其局限性。就分析金融资本的权力扩张而言,我们需要考察当代资本主义金融化进程如何改变了这一权力的既有运作模式。为了最大限度地获取投资收益,当代金融资本不再固化在某些特定企业之上,而是借助于高度发达的金融市场及各类金融资产的可转换性,不断地调整投资布局和资产持有方式。如果说传统的金融资本权力主要涉及特定的银行和实体企业,那么,当代金融资本的权力则更多体现在金融市场上的各类资产持有者对企业进行的实质控制。换言之,当代金融资本权力的主体不在于银行等金融机构而在于金融市场本身。"在美国形成的基于金融市场的公司治理模式中,股东对企业的控制权主要有内部治理机制与外部治理机制两种途径,前者简单来说就是股东通过行使投票权这一'用手投票'的方式来决定企业重大事务;外部治理机制包括股东通过抛售股票这一'用脚投票'方式以及兼并、收购等行为对企业经营者的外部制衡。"①这一新的控制方式无疑改变了传统的企业治理模式:一种新的以"股东价值最大化"为基本原则的模式正在取代二战后兴起的管理资本主义模式。

不仅如此,当代金融资本的权力扩张也日益体现在其对个体生活领域的渗透上。信用卡、消费金融、住房贷款、养老金等金融业务的兴起充分表明,金融资本已不再仅仅通过分割剩余价值来获取利润,而是将目光转向了对劳动力价值的剥削上。事实上,20世纪80年代以来,与个人相关的金融业务,已经成为金融资本扩张最为重要的增长点之一。发达资本主义国家工人被广泛卷入金融业务,这一点深刻反映了福利国家体制解体以及金融资本权力扩张的现实。消费金融、个人信贷等等的兴起可以看作对于工人实际工资长期停滞的一种补偿机制。正是因为原本由公共财政负担的福利和社会保障的弱化,才催生出个体对金融服务的迫切需要。随着企业日益将公司股价和股东价值看作最高目标,降低原材料、劳动力等方面的成本成为必然选择。在此背景下,工会力量受到打压,劳动力市场趋于弹性化,整个社会的收入分配机制也越来越对公司高管、股东等有利。

最后,金融资本的权力扩张还表现在金融思维和金融文化的盛行上。主流金融学理念对个体行为的塑造、媒体话语对积极承担金融风险的鼓励、债务的规训作用等等,共同造就了当今人们日常生活的金融化。在此背景下,"'教育'不再仅仅被理解为教育,而被称为人力资本投资,家庭住所已不仅仅是传统意义上的房屋,而被称为房地产投资,朋友已不再仅仅是朋友,

---

① 杨长江:《略论当代金融资本》,《政治经济学评论》2015年第5期,第127—151页。

更被当成未来发展的社会资本"①。过去四十年的改革开放，中国经济取得举世瞩目成就的同时，国人也日益培育起金融投资思维，面对正在壮大的金融市场，人们开始学会积极融入和应对，并试图用金融理念和术语来思考和管理自己的生活。从炒股热到炒房热，人们用投资者的自我定位取代了传统储蓄者的定位。在高收益的诱惑下，以高杠杆的方式参与金融活动日益普遍，与此同时，追求短期套利的投机思维正在不断侵蚀务实奋斗的传统价值观。金融市场的发展对促进经济增长无疑具有很大的积极作用，但上述负面现象也应当引起我们的高度警惕。

历史地看，当代金融资本的权力扩张恰恰与二战之后金融资本权力的相对衰落形成鲜明对比。在凯恩斯主义占据支配地位的战后经济秩序中，一方面是资本家与工人阶级的妥协，这带来工人阶级处境的巨大改善；另一方面是对金融资本流动的严格限制，这导致金融部门的发展处于被抑制状态。20 世纪 70 年代以来的新自由主义转向在上述两方面取得突破，从而带来资产阶级力量特别是金融资产阶级力量的崛起。但是，正是在以金融资本权力扩张为核心的新自由主义秩序中，就业危机频现，贫富差距扩大，阶级对抗性不断增强。面对着金融资本与金融市场对于政府、企业与个人生活的冲击和侵蚀，出现了种种保护社会的努力。正是在这个意义上，我们可以理解近些年来甚嚣尘上的民族主义、民粹主义、逆全球化等倾向背后具有怎样深刻的经济根源。

三、金融资本的当代形态

上文的分析提到，当代资本主义金融化是不同于列宁、希法亭意义上金融资本的新现象，那么，是否还能使用金融资本这一概念去分析当代的新现象呢？如果可以，那么，当代金融资本表现出了怎样的形态？斯威齐在《资本主义发展论》和《垄断资本》两本著作中都曾表露出如下观点：由于大型垄断企业能够通过内部资金的形成来达到财务上的独立，因而可以摆脱金融机构对它的控制。换言之，传统的金融控制或者说摩根、洛克菲勒式的"利益集团"已经过时。在《资本主义发展论》一书中，他写道："不和经济机能相联系的经济权势，最后总是要减弱并且归于消失的。银行的权势在何种程度上以控制新证券的发行为基础，这种权势也准是在这种程度上迎来这种结局……银行资本虽曾显赫一时，现在又跌回到从属于产业资本的地位。"②在

---

① 杨典、欧阳璇宇：《金融资本主义的崛起及其影响：对资本主义新形态的社会学分析》，《中国社会科学》2018 年第 12 期，第 110—133、201—202 页。

② 保罗·斯威齐：《资本主义发展论：马克思主义政治经济学原理》，陈观烈、秦亚男译，商务印书馆 1997 年版，第 333 页。

斯威齐看来,既然银行对产业的控制是希法亭赋予金融资本最重要的内涵(列宁继承了希法亭关于金融资本是一种统治权力的观点),那么,随着银行对产业控制的消除,就应该放弃使用金融资本这一概念。"既然如此,看来更好的做法是,把这个词完全抛弃不用,而以'垄断资本'来代替它。"①虽然斯威齐后来承认了自己对 20 世纪晚期的金融现象重视程度不够,但是,以银行为核心的间接融资在金融体系中的地位下降却是不争的事实,从这个意义上来看,传统的金融资本概念的确有理由受到质疑。

不仅如此,面对着当代资本主义金融化的现象,不少理论家也认为马克思主义的金融资本概念不足以涵盖新的现实和趋势。尽管 2008 年金融危机爆发之后,曾经出现了一波研究金融化的热潮。但是,大多数研究者很大程度上忽视了列宁和希法亭共同构建的金融资本理论框架,甚至于出现了种种否定这一理论框架在当代具有生命力的倾向。譬如,西方马克思主义经济学重要代表人物福斯特明确认为,今天的现实是"在性质上有别于金融资本的经济现象"②。而另一位著名激进政治经济学学者拉帕维查斯则指出:"金融化代表了金融资本的回顾吗?简短的答案是'不'。"③从当代资本主义的发展现状来看,银行资本支配产业资本意义上的金融控制的确消失了。但是,正如上文分析所表明的,这并不能构成否定金融资本权力的理由,准确地说,金融控制在今天已采取新的形式,金融市场成为构建金融控制的关键一环。

当代金融体系最大的变化在于银行地位的下降、金融市场的地位上升、直接融资取代间接融资成为主要的融资方式,以及金融活动向消费领域的扩展这几个方面。基于上述情况,理论界出现了种种弥合传统金融资本概念与现实发展之间差距的做法。譬如,福斯特指出:"我在使用金融资本这一概念时,并不是希法亭巨著《金融资本》中被定义的那样意指'由银行控制并由企业使用的资本'。这一名词的含义是更为宽泛意义上的金融市场及投机活动中使用的货币资本。"④法国学者迪梅尼尔和莱维则认为:"我们称其为'金融资本',即由资本所有者的上层和金融机构组成的异质实体,并使

---

① 保罗·斯威齐:《资本主义发展论:马克思主义政治经济学原理》,陈观烈、秦亚男译,商务印书馆 1997 年版,第 334—335 页。

② 约翰·贝拉米·福斯特:《资本主义的金融化》,王年咏、陈嘉丽译,《国外理论动态》2007年第 7 期,第 9—32 页。

③ 考斯达斯·拉帕维查斯:《金融化了的资本主义:危机和金融掠夺》,李安译,《政治经济学评论》2009 年第 1 辑,第 30—58 页。

④ 约翰·B. 福斯特:《垄断资本的新发展:垄断金融资本》,云南师范大学马克思主义理论研究中心译,《国外理论动态》2007 年第 3 期,第 7—12 页。

之与金融业区别开来。"①上述理论努力,或者意在淡化金融资本的原有内涵,或者干脆为金融资本概念赋予新的内涵。它们对于我们今天理解当代金融资本的意义具有重要启发意义。但是,其中也不乏一些需要进一步探讨的地方。在他们对金融资本的定义中,往往预设了金融领域及其现象表征是独立于实体经济的,由此带来的结果是,他们的金融资本概念被斩断了与产业资本的联系。马克思主义的金融资本理论最重要的遗产在于,它始终是从金融资本与产业资本辩证关系的角度来把握金融资本的。马克思在《资本论》第三卷中从不同角度深入讨论了这一关系,并最终将金融资本的本质界定为资本运动(产业资本)本身的形式化或者说资本拜物教。同样,列宁和希法亭也强调金融资本与产业资本的关系,只不过他们将这种关系理解为金融资本相对于产业资本的支配权力。尽管存在着上述区别,关系的视角始终是一以贯之的。

如果我们要继续使用金融资本的概念,就需要在金融资本与产业资本辩证关系的理论框架内,将当代金融体系的变化反映在金融资本新的定义中去。这意味着必须对原有的金融资本概念进行拓展。这种拓展可以分为三个层次:在第一个层次上,应在银行借贷资本的基础上,将金融市场上证券、期货以及各种金融衍生品投资等虚拟资本包含进去;换言之,金融资本首先意味着金融领域各类资本的融合和一体化。"20世纪90年代,美国、英国、德国、法国、日本等主要资本主义国家相继完成了以金融自由化和混业经营为核心的金融改革,在政策上为金融领域资本的一体化创造了条件。当前,不同类型的金融体系彼此趋同、不同形式的金融活动互相融合、不同种类的金融中介业务高度交织,资本在金融领域的不同部门间以非常灵活的方式流动与转换,并以高度一体化的整体方式呈现出来。"②在第二个层次上,应在产业资本的基础上,将交通运输、公用事业和商业等资本包容进去,不仅如此,还应把工资等劳动报酬考虑在内,这是因为,当代金融资本已经越来越多地依靠剥削劳动者来获取收益,住房贷款就是在这方面最为典型的事例。在第三个层次上,应在银行货币资本与产业资本的权力关系的基础上,将当代金融资本与产业资本发生关联的种种复杂的形式包容进去。资本的本性是增殖,为了最大限度地增殖,金融资本需要随时转换资产持有的方式而不是固定在某些特定企业上,由此带来的结果是金融资本与产业

---

① 热拉尔·迪蒙、多米尼克·莱维:《新自由主义与第二个金融霸权时期》,丁为民、王熙摘译,《国外理论动态》2005年第10期,第30—36页。
② 杨长江:《略论当代金融资本》,《政治经济学评论》2015年第5期,第127—151页。

资本的融合表现出整体性融合的特征。

依照马克思的相关理论,金融资本意味着一种特殊的流通（G—G′），即不以生产过程为中介直接实现增殖的流通。当代金融资本呈现出了新的形态,这主要意味着金融领域的各类资本形成高度一体化的整体,并在此基础上实现了与产业资本、商业资本乃至工资的整体性融合。当代金融资本也具有高度垄断性,垄断使得金融领域形成寡头垄断格局,由此增强了金融资本相对于产业资本的权力。尽管如此,金融资本的本质仍然没有超出马克思的定义,也没有脱离资本增殖的本性。

四、如何理解金融扩张的周期性?

马克思曾言:"一切资本主义生产方式的国家,都周期性地患上了一种狂想病,企图不用生产过程作媒介而赚到钱。"[①]这句话暗示出,金融扩张过程本身具有某种周期性。马克思所言的金融扩张周期性是从属于资本主义商业周期本身的,按照他的分析,资本积累过程总是会经历停滞、复苏、繁荣、投机狂热、危机几个阶段。不言而喻,这里所说的周期是以较短的时期为立足点的。与之不同,阿瑞基借助于布罗代尔等人关于"漫长的世纪"的提法,试图构建理解整个资本主义发展历史的长周期模型。在这一模型中,资本主义的历史被分割为依次出现的体系积累周期,在每一个体系积累周期中,金融扩张总是在物质扩张处于危机的时刻开始出现并预示着一个新的体制的崛起。15世纪末金融扩张的结果是热那亚体系积累周期的出现,正如16世纪末17世纪初的金融扩张是荷兰周期的摇篮。阿瑞基在引用了布罗代尔的观点之后写道:"本书的主体本身就取自布罗代尔的观点,即金融扩张标志着资本主义主要发展阶段的'秋天'的到来,因此自然要为'金融资本主义决不是20世纪初的新生儿',而是在热那亚和阿姆斯特丹已有重要先例的观点提供证据。"[②]

从马克思的资本主义商业周期到阿瑞基的体系积累周期,金融扩张从一种阶段性的现象转变为结构性的现象。换言之,在马克思那里,金融扩张始终居于非主导地位,并不构成资本主义自身的结构性变化。相反,阿瑞基则从资本积累结构变迁的角度来把握不同时期出现的金融扩张,他指出:"20世纪七八十年代的金融扩张,确实像是世界规模的资本积累过程中的一个显著趋势。但是,它一点也不像是一个'革命'趋势。这类金融扩张是

---

① 马克思:《资本论》第2卷,人民出版社2004年版,第67—68页。

② 阿瑞基:《漫长的20世纪》,姚乃强等译,江苏人民出版社2001年版,第201页。

资本对于总是出现在世界贸易和生产所有大扩张时期的竞争压力加剧作出的一种典型反应，从 14 世纪以来一直反复发生。当然，这次金融扩张的规模、范围和技术复杂程度都要远远超过以前的金融扩张。"①显然，阿瑞基以一种抽象的态度考察了物质扩张与金融扩张，对他来说，周期性出现的物质扩张没有本质区别，金融扩张亦是如此。实际上，不同时期的金融扩张背后的物质生产过程已经发生了决定性的改变，譬如，对列宁而言，如果没有生产的集中和垄断，那就不会有金融资本的扩张。因此，阿瑞基观点的缺陷在于忽视了社会经济形态的区别，而仅仅从资本积累超过投资渠道的角度抽象地思考金融资本问题。

如果我们承认金融化是周期性出现的现象，那么，问题的关键不在于忽视区别，而正在于通过对比来确认特定时期的金融化现象不同于其他时期的典型性特征。阿瑞基在建立了一个周期性和结构性的金融扩张理论之后，试图以此来分析 20 世纪 70 年代的金融化。在他看来，物质扩张领域竞争的加剧将导致贸易和生产方面的资本赢利减少，这种竞争往往会伴随着激烈的权力斗争，后者进一步刺激了金融活动的赢利，由此，金融扩张开始取代物质扩张。跟历史上所有赢利减少的阶段一样，20 世纪 70 年代所采取的恢复或保持赢利的方法依旧是，赢利不被重新投资到贸易和生产的进一步扩张中去。如果说竞争加剧带来的赢利减少，是历史上所有金融扩张的共同原因，那么，20 世纪 70 年代以来的金融扩张显然也有着自身的特殊原因。对我们来说，这种独特性和新颖性恰恰是问题的关键之所在。

为了把握这里所说的独特性和新颖性，需要将金融化置于全球化的框架之内，思考国家之间的财富转移如何促进了金融化的扩张。20 世纪 60 年代中期，由于美国跨国公司没有把利润投资于扩大再生产，而是把他们投资于伦敦离岸市场，最终促成了欧洲美元市场崛起。这一崛起标志着美国正在失去对世界货币的生产和调节的控制，"欧洲美元市场对'石油美元'的回收使经合组织国家通过迅速增加出口克服了 1974～1975 年的衰退，但是'石油美元'的回收也使众多第三世界国家在长达 20 年时间里背负了沉重的债务。而银行集团向这些国家提供贷款的利息又被转移到发达资本主义国家的金融机构，金融领域因此而得到加强"②。总之，资本收益的跨国流动日益成为金融领域增长的重要推动力，这种收益来自工资和薪金的收入

① 阿瑞基：《漫长的 20 世纪》，姚乃强等译，江苏人民出版社 2001 年版，第 355 页。
② 弗朗索瓦·沙奈等：《金融全球化》，齐建华、胡振良译，中央编译局出版社 2000 年版，第 5 页。

或农民和手工业者的收入,还包含国家通过税收渠道予以征收并以支付利息和偿还本金的名义转移到金融领域的财富流量。

就金融领域而言,全球化意味着尽可能通过操纵在新兴市场国家的金融投资,实现具有经常性和稳妥性的各种形式的金融收益。为此,就需要从制度层面向发展中国家施加压力,以便能够使其打开和放宽金融市场、允许这些国家的银行与国际银行直接联系、允许后者在当地立足。但是,这样做的结果是发达资本主义国家的金融机构大获收益,而诸多发展中国家却为此承担了巨大的损失和灾难性的后果。回顾一下阿根廷、巴西、泰国、印度尼西亚等国的情况,就会明白金融资本的全球扩张带来的破坏性影响。国内交易市场向外国资本开放,最终只会助长本国的金融投机,使本国企业受制于资本市场,并且也不能带来长期产业投资资本,也不能带来高科技和知识。在这一过程中,国际金融资本不仅可以收取巨额收益并将其转移至美国、英国或者日本的金融中心,而且也可以决定其资本已被出售的企业未来。

经济全球化的深入发展为金融机构和金融资本的全球扩张注入了活力,尽管资本主义的漫长历史进程始终伴随着物质扩张与金融扩张的交替,但只有 20 世纪 70 年代以来的金融扩张是在全球化深入发展的背景下展开的。正是这一点,使得当代资本主义金融化进程获得了独特的动力。在金融全球化的条件下,主导今天整个资本积累运动的不再是跨国工业集团,而是以养老基金、互助基金等机构投资者为基础的食利性金融机构。从某种意义上说,今天我们又回到了霍布森、列宁、希法亭曾经描绘过的"剪息票"时代。与此同时,全球经济增长也变得日益依赖金融领域特别是美国资本市场的繁荣,美国扮演了最终消费者的角色。随着世界各地源源不断的资金涌向华尔街,推动着美国股市一路走高。当股市行情好的时候,居民的家庭债务就可以以人为的方式创造有支付能力的需求,从而为美国的国内生产总量和很大一部分世界供给找到出路。既然金融领域的膨胀和扩张以及与世界经济的稳定绑定在一起,那么,金融化进程的可持续性就变得十分重要,在一定程度上成为经济社会稳定发展的内在要求。

在全球化的背景下,当代金融活动呈现出高度复杂化、高度专业化等特点,与之相适应,当代金融资本也具有新的运动规律。希法亭提出的"创业利润"概念为我们揭示了商业银行或投资银行等金融机构通过发行活动获得高额利润的秘密,丰富了我们对金融活动复杂性的认识。列宁在《帝国主义论》中对金融垄断资本主义寄生性和腐朽性的分析,则将金融资本崛起的社会政治后果带入理论思考的视野。尽管当代资本主义金融化展现出不同于 20 世纪初金融资本的鲜明特征,但马克思主义的金融资本理论仍然为我们理解当代金融资本及运动规律提供了必要的理论基础。本章的主题是从生产领域的垄断出发,说明当代资本主义金融化的生成机制。为了完整地呈现这一生成机制的全貌,尚需将目光转向新自由主义以及技术革命与金融化的内在关联。如果说垄断资本主义条件下的资本过剩是当代金融化进程的根本前提,那么,新自由主义转向及技术革命则在很大程度上推动和加速了这一历史进程。

第二章　新自由主义转向、技术革命与当代资本主义金融化

不言而喻,如果脱离了垄断资本主义生产停滞与资本过剩的基本趋势在特定历史条件下的展开,就无法理解资本主义金融化自 20 世纪 70 年代以来的深入发展。但是,如果没有浮动汇率制度的建立、诸种放松管制政策的实施以及新技术革命,金融化的转型同样是不可理解的。就其本质而言,"金融全球化是 15 年来私人资本(产业资本和银行资本)加强自身地位的运动与政府原有的越来越行不通的政策之间的矛盾冲突的结果,这一切发生在'黄金时代'结束的大背景下"[①]。上述冲突的最终结果是西方发达资本主义国家普遍开启了新自由主义转向,正是在这一转向的过程中,金融领域的发展获得了渴望已久的政策支持,金融资本的活力由此得到极大释放,全球化的市场金融空间日益成型。

第一节　新自由主义的兴起及本质

进入 20 世纪 70 年代,发达资本主义国家的战后经济高速增长迎来了历史性的转折点。此后一直持续到 80 年代初,世界处于艰难时期。一方面是通货膨胀达到了战后平均通胀率的三四倍,对于工业化国家来说至关重要的能源——石油的价格从一桶 3 美元涨到 30 美元。另一方面是经济衰退造成失业人数激增,西欧和北美游荡在街头寻找工作的失业者是此前 30 年的两三倍。已经习惯于过去 30 年的增长和繁荣的政府面对由上述两方面共同构成的滞胀危机,显得束手无措。除了通过财政投入来刺激经济之外,似乎想不出更好的办法。发达资本主义国家把他们印制的钱和借来的

[①] 弗朗索瓦·沙奈等:《金融全球化》,齐建华、胡振良译,中央编译局出版社 2000 年版,第 6 页。

钱投入社会经费、失业救济、企业补贴和创造公众就业,发展中国家则把借来的钱用于加速工业化进程,这无疑都增加了政府的公共开支。政府开支的加剧使得赤字问题变得尤为突出,为了克服巨额赤字难题,美国终于在1971年8月单方面宣布废除布雷顿森林体系。

一、布雷顿森林体系解体与滞胀危机

在二战后长达30年的时间内,以美国为中心的西方资本主义国家,总体上经历了一个货币稳定、高增长、低失业率的黄金时期。支撑这一黄金时期的因素有很多,其中最为重要的当属布雷顿森林体系确立的国际货币秩序。布雷顿森林体系意味着,贸易伙伴能够以每盎司黄金35美元的价格把美元自由兑换成黄金,其他货币则通过与美元的固定汇率与黄金挂钩,由此,整个国际货币体系得到了黄金的支撑。在布雷顿森林体系运作下,世界贸易自由化取得了长足进步。虽然建立"国际贸易组织"的条约从未在美国国会通过,但取而代之的机构"关税和贸易总协定"逐渐成为布雷顿森林体系秩序的支柱。与世界银行和国际货币基金组织不同,关贸总协定不是一个独立的组织,而只是一个各方商讨和磋商的平台。借助这一平台,国际贸易中的各国关税显著下降,由此,世界贸易以十分惊人的速度增长:"在1914年以前古典自由主义的辉煌岁月里,世界贸易量每20年到25年翻一番。在二战后第一个25年里,世界贸易量则是每10年就翻一番。"①

布雷顿森林体系既限制了短期资本流动,又促进和支撑了长期国际投资的增长。国际复兴开发银行即后来的世界银行曾被期望大量贷款给欧洲和日本进行基础设施的重建,但由于马歇尔计划和欧洲重建的展开,世界银行的使命一定程度上被取而代之。直到20世纪60年代中期,世界银行才开始恢复向发展中国家大量提供贷款。但是这种贷款推动的投资不同于二战之前的那种私人投资,由于布雷顿森林体系的资本管制限制了私人资本的流动,所以国际投资更多以跨国公司直接投资的形式取得了增长。这种直接投资的方式意味着在国外建立分厂和子公司。虽然早在20世纪二三十年代,许多美国的公司就开始谋求在其他国家建立或收购工厂企业。但是,长期以来,这种投资方式在世界投资中比例一直较小。到了二战之后,这种局面开始改变,1970年美国跨国公司直接投资已经数倍于以股票和贷款等方式实现的间接投资。在每个工业国里,最大的公司多半是跨国经营的——不管是因

---

① 杰弗里·弗里登:《20世纪全球资本主义的兴衰》,杨宇光等译,上海人民出版社2009年版,第265页。

为它们在国外拥有大量产权,还是因为它们的产权由外国公司拥有。

布雷顿森林货币体系走的是一条折衷路线,既不是僵化的金本位制,又保证了币值的相对稳定。事实上,除美国之外的其他国家在必要时都可以改变本国的币值,尽管改变本身并不受欢迎:法郎在战后30年内贬值数次,英镑则在1967年贬值。但是,上述贬值大都发生在国家内部贸易逆差和通货膨胀出现的时期,"英镑之所以发生不稳定,不仅仅因为短期的贸易不平衡,还因为其他国家持有的英镑储备与英国可以用来赎回这些外部结余的美元和黄金之间的全球性不平衡"①。由于此种货币体系允许各国的货币政策具备一定的自主性,所以出现不同国家利率不同的情况就是十分可以理解的了。在整个20世纪60年代,德国的利率指标都高于意大利和法国,对于投资者,这意味着从德国证券赚到的钱要多于从意大利和法国证券。于是,投资者就会把钱从利率低的国家转到利率高的国家。为了避免资本的这种流动扰乱既有的货币秩序,凯恩斯等布雷顿森林体系的设计者要求限制短期资本流动。欧洲国家在战后30年内普遍采取了一系列限制资本为投机目的流动的措施,虽然在50年代有所放松,但是一直未曾取消。总之,布雷顿森林体系的货币规划将促进贸易增长和长期投资作为自己的主要目标,在这方面取得了空前的成功,虽然也在一定程度上限制了各国在货币政策方面的自由度。

尽管布雷顿森林体系有效地支撑了战后资本主义经济的高速增长,但是,资本主义生产方式固有的矛盾也在30年的时间内不断累积,资本收益率的下降迫使政府不断增加开支以保持经济增长,由此带来了政府赤字的增加。不仅如此,美国的贸易地位也受到西欧和日本的挑战,这增加了美元贬值的压力。为了扭转贸易逆差的局面,美元贬值似乎是必要的。但是,如果美元贬值,那么,美国30年来致力于维护的布雷顿森林体系的货币秩序就将毁于一旦。最后,20世纪60年代以来国际金融市场的恢复也在一定程度上推动了布雷顿森林体系的瓦解。到20世纪70年代初,全球金融体系已经有超过千亿美元规模的资本在国家间金融市场上流动,国际借贷也达到数百亿美元的水平。投机者可以方便地根据各国货币状况的差别来流动资金,从而可能威胁到一国的宏观经济政策的独立性。

布雷顿森林体系把处理国内问题的自由与实现国际经济一体化结合起来,但是,随着各国经济关系日益密切,国内政策的目标与国际秩序维持之间的张力就越大。通货膨胀使得美元的真正价值受到削弱,美元的购买力

---

① 詹姆斯·里卡兹:《谁将主导世界货币?:即将到来的新一轮全球危机》,常世光译,中信出版社2012年版,第75页。

实际上已经下降。于是，外国人更愿意用不可靠的美元去购买可靠的黄金。只要世界人民对美元失去信心，并且换购黄金，那么，即使主要的金融大国联手守住美元，似乎也不能完全起到效果。最终，美国将会黄金告罄，美元像黄金一样可靠的诺言无法兑现。

在重重压力之下，美国国内政治经济的紧迫要求压倒了国际秩序的维持。1971 年 8 月 15 日，美国总统理查德·尼克松占用美国最为流行的节目《大淘金》(Bonanza)的播出时间，进行了一场电视直播，宣布美元此后将不能被外国中央银行兑换成黄金，并对进口征收 10% 的附加税。国际社会对尼克松的行动很快作出了反应，9 月上旬，关贸总协定的理事会举行会议，研究美国的进口附加税是否违反了自由贸易准则。美国凭借其制约苏联的超级大国的角色，以及作为日本和西欧的军事保护者的角色迫使其他国家接受美元的贬值。在此过程中，10% 的附加税成为有力的武器，为了取消这一歧视性的关税，各国实际上不得不妥协。[①]

布雷顿森林体系的解体对国际贸易和投资产生了重大影响。布雷顿森林体系原本是美国主导的体系，在美国的压力下，战后的经济一体化才得以实现。因此，当美国朝保护主义转向，全球贸易一体化很可能发生转向。与此同时，跨国直接投资也受到了一定限制，西欧、日本都曾对外国投资有所限制。发展中国家则普遍做出全面的控制，从墨西哥到尼日利亚，从秘鲁到印度，外国公司不得染指许多工业。许多发展中国家对跨国资本做出严格限制，要求只有在外国公司不与本国公司竞争、与本国投资者共享所有权、引进重要的新技术以及同意把大部分利润用于再投资时，才允许其直接投资。与此同时，随着资本过度积累与经济衰退的出现，劳资矛盾日益尖锐。资方希望能够缩减工资来应对利润率下降，劳工阶级则力图利用政治权力保住既有的福利和收入分配秩序。与此同时，浮动汇率进一步加剧了通货膨胀。凡此种种，都表明战后经济高速增长的时期在布雷顿森林体系解体之后走向终结，取而代之的是以滞胀为核心的艰难年代。

布雷顿森林体系的解体意味着以黄金为后盾的美元本位制的解体，货币秩序走向浮动汇率时代。由此，黄金在国际金融中的失去重要性，货币价值开始以政府或市场所期望的水平彼此进行浮动。随着汇率遭受的限制被解除，各国政府在货币政策方面自由度大大提高。为了刺激经济的发展，1970 年到 1973 年间，美国货币供应量增长 40%，英国增长 70%，由此，通

---

① 参见杰弗里·弗里登：《20 世纪全球资本主义的兴衰》，杨宇光等译，上海人民出版社 2009 年版，第 314—315 页。

货膨胀越来越严重,全世界物价节节攀升。货币供应量的增加,短期内的确起到了刺激经济发展的效果,工业国增加了对第三世界出口的农产品和原料的需求,这类产品价格激增。紧接着,石油开始涨价。1960 年,发展中国家里的主要石油生产国——伊朗、伊拉克、科威特、沙特阿拉伯和委内瑞拉——组成了石油输出国组织(欧佩克,OPEC)。该组织的主要目标是增加各产油国的收益,增加土地使用费和税率。石油输出国组织在 1973 年内的短短数月,就使石油价格大幅上涨。

石油涨价的根据在于,少数几个波斯湾的石油输出国控制着世界石油储备近一半,占世界石油产量近一半,但是人口却很少。它们不必急于卖掉石油,反而可以囤积起来维持高价。毫无疑问,石油输出国组织对世界石油价格具有非凡影响,各主要资本主义国家均经历油价的一路飙升。而石油以及其他产品价格的上升,则进一步加剧了由货币刺激政策造成的通货膨胀。如果布雷顿森林体系仍在运作,为了维持固定汇率,政府可能会限制或降低其他商品的价格。但是,由于浮动汇率的时代已经来临,各国政府可以通过增加货币供应,允许石油冲击造成价格上涨,自行"顺应"价格猛升。在 20 世纪 70 年代剩余的时间里,经济合作和发展组织成员国的物价平均上涨近 10%,大多数成员国物价比第二次世界大战以来的平均数涨了三四倍。

与此同时,通货膨胀也使得本就已经陷入衰退的经济更加虚弱,发达资本主义国家民众人心惶惶。战后成长起来的一代人已经习惯了经济增长、充分就业和物价稳定,当面对经济衰退的困境时,他们都希望政府能够采取措施。在这种情况下,政府在通货膨胀和经济衰退之间必须做出选择。经济衰退显然是更加无法承受的,因为它直接关系到社会稳定的问题。各国政府避免采用严厉的紧缩措施,因为这种措施将会恶化已经紧张的阶级关系和社会关系。而 1979 年至 1980 年的第二次石油冲击则使得经济衰退与通货膨胀雪上加霜,当两伊战争进行之时,石油输出国组织宣布把石油价格增加三倍,即每桶 33 美元。不仅如此,为了遏制经济衰退与失业问题,政府不得不加大财政开支以创造就业岗位。许多国家的经济已经不得不靠通货膨胀和赤字财政来勉力维持。发展中国家在财政赤字的路上走得最远,国际借贷成为它们的救命稻草。"拉丁美洲仅仅在 1981 年就借到了 500 亿美元,到这一年该地区共欠外国人 3 000 亿美元。整个第三世界欠外国 7 500 亿美元,其中四分之三是欠私人金融家的。"[1]

---

[1] 杰弗里·弗里登:《20 世纪全球资本主义的兴衰》,杨宇光等译,上海人民出版社 2009 年版,第 341 页。

二、转向新自由主义

通货膨胀和经济衰退共同作用下的西方发达资本主义国家普遍陷入了滞胀危机,这一危机的出现动摇了人们对战后长期占据主导地位的凯恩斯主义政策的信念。"对工业化国家的经济政策来讲 1979 年是关键的一年,这一年,主要工业化国家首脑首次汇集在东京,在五国集团峰会上,决定把反通货膨胀放在绝对优先地位,放弃了以往在充分就业与物价稳定之间进行选择的凯恩斯主义政策。"①1979 年 8 月 6 日,沃尔克(Paul Volcker)出任美国联邦储备委员会主席。他与华尔街关系密切,强烈主张商品和资本自由流动,坚决反对通货膨胀和预算赤字。在他上升后不久,美联储即将短期利率从 10% 推升到 15%,最后升到 20%。沃尔克的措施在应对通胀方面效果显著,同样,这一措施对于金融界的利好也十分明显。通货膨胀和负利率曾是金融界的主要负担。提高实际利率后,资本回报增加;在 20 世纪 70 年代只能勉强应付通货膨胀的金融投资者可以获得有史以来最高的利率了。

美国的高利率对其他发达资本主义国家造成了冲击。其他国家也开始纷纷仿效。欧洲货币体系是把成员国与德国马克挂钩的,当德国开始采取高利率时,其他国家不得不决定,是与其欧盟伙伴国站在一起,还是自行其是。最终,与欧盟站在一起的主张占了上风,法国 1983 年采取紧缩政策,意大利则于 1985 年步法国的后尘。发达资本主义国家的高利率政策对第三世界造成严重影响,美元利率每上升一个百分点,就会使第三世界债务国一年多付 40 亿至 50 亿美元利息。加上石油危机和发达资本主义国家经济衰退的影响,发展中国家的债务规模越来越大,直到债务危机爆发出来。"我们不难看到,比较清楚的事实是利率负担构成了公共财政赤字根本的和日益重要的原因。"②

新自由主义作为一种潜在的疗治资本主义社会危机的方案,长期以来潜存于诸种公共政策的选项之中。新自由主义的鼓吹者聚集在奥地利政治哲学家哈耶克(Friedrich von Hayek)的周围,于 1947 年共同创立了朝圣山学社,其中知名人物包括米塞斯(Ludwig von Mises)、弗里德曼(Milton Friedman),甚至一度包括了著名哲学家卡尔·波普尔(Karl Popper)。一方面,在经济学方面,他们支持新古典主义经济学的自由市场原则,而反对

---

① 弗朗索瓦·沙奈等:《金融全球化》,齐建华、胡振良译,中央编译局出版社 2000 年版,第 92 页。
② 同上书,第 100 页。

凯恩斯主义的政府干预理论,认为"政府有关投资和资本积累的决策注定错误,因为政府所能获得的信息无法与市场信号所包含的信息对称。"①另一方面,新自由主义在实践中也表现为一种特定的资本积累体制,正如维克托·D.利皮特(Victor D. Lippett)所说:"我现在认为一种更宽泛的分期法,也就是将1980~2007年指定为新自由主义社会积累结构非常合适。"②在20世纪70年代的滞胀危机到来之前,新自由主义的主张始终处在学界和政策影响力的边缘。但是,随着不满情绪的蔓延,人们对救治方案的渴求更加迫切之时,新自由主义理论开始顺势而上,逐步成为学界的主流。1974年和1976年的诺贝尔经济学奖分别颁给了哈耶克和弗里德曼,这恰恰标志着新自由主义理论已经掌握了话语权。

新自由主义作为一种在发达资本主义国家层面调节公共政策的新经济正统地位,其巩固始于1979年的美国和英国。首先,玛格丽特·撒切尔凭借激进的经济改革政策当选英国首相。她最终抛弃了凯恩斯主义,并将货币主义的"供给学说"方案视作解决20世纪70年代困扰英国的滞胀危机的关键。在其随后的执政生涯中,英国发生了剧烈的变革:工会力量受到打击、福利国家的义务被免去、国有企业被私有化、税收降低、创业积极性得到鼓励。其次,里根在当选为美国总统之后开始着手打击工会并减免税收。工会力量受到削弱,为航空、电信等领域的高额利润打开了空间。金融资本愈加向海外进发,寻找高额收益率,同时,国内则开启了去工业化的进程。不仅如此,1973年的石油危机也对新自由主义化产生了推波助澜的作用,石油危机过后的欧佩克成员国大都积累了大量的美元。在美国的军事威胁下,这些国家的美元最终流向纽约的投资银行,而后者则将资金用于面向发展中国家的贷款。这就要求国际信贷和金融市场的自由化,而美国政府则开始积极地促进和支持1970年的此项全球政策。

总体而言,新自由主义包含两重维度:第一重维度是指世界范围的市场(包括金融市场)自由化,以及为全球经济构建一个新的法律和监管的上层建筑;第二重维度是指内部重构及各个国家经济体的全球融合。这两重维度相结合,旨在创造一个"自由的世界秩序",一个开放的全球经济和一个全球政策体制,以此打破阻碍跨国资本在国家间自由流动以及资本在国家内部自由运作的所有国家障碍。③在考察新自由主义的兴起时,要注重区分新

① 大卫·哈维:《新自由主义简史》,王钦译,上海译文出版社2016年版,第22页。
② 维克托·D.利皮特:《资本主义》,刘小雪、王玉主译,中国社会科学出版社2005年版,第71页。
③ 参见威廉·I.罗宾逊:《全球资本主义论:跨国世界中的生产、阶级与国家》,高明秀译,社会科学文献出版社2009年版,第101页。

自由主义的国内因素——也就是每一个特定经济体的固有的实践与国际因素。就前者而言,"手段包括给工人不断施加的压力、总体上得以改善的组织结构、资本的输出以及跨国公司从海外分支机构获得的相应的利润流……新自由主义的主要方面包括购买力停滞不前、社会保障制度的瓦解、更苛刻的劳动条件,以及所谓的'灵活的'劳动力市场,也就是雇佣和解雇的自由"。① 就后者而言,新自由主义的主要支柱是自由贸易和资本在全球范围的自由流动。在精英阶层的通力合作下,新自由主义在全球各地推行"开放模式"。自 20 世纪 90 年代起,境外直接投资的流量显著增长,这是跨国企业增多的一种表现。

三、新自由主义何以取得胜利?

20 世纪 70 年代的滞胀危机最终带来了世界范围的"向右转",新自由主义的秩序向全球扩散,而战后持续长达三十年的市场与社会相互妥协的中间道路则走向了终结。但是,全球范围的新自由主义转向并不是一蹴而就的,其间也经历了"左"与"右"之争。二战后,为了确保国内的和平与稳定,资本家和劳工之间就必须做出某种阶级妥协。但是,这种再分配的政治,即将工会及工人的力量整合到政治运作中的做法,加强了工人阶级的组织(工会和左翼政党)在国家机器内部发挥影响的能力,正是这一点为滞胀危机爆发后的"左"与"右"之争埋下了伏笔。

当战后的经济高速增长终结时,布雷顿森林体系下的市场与社会、劳工与资本家的妥协也出现了裂缝。经济增长和政治稳定的旧药方已经不能奏效,围绕着"左"与"右"的路线之争开始在国内和国际两个舞台上激烈进行。左翼方案的核心是加强管制与引导预期,力图在保障劳工群体利益不受大的损害的同时与资本家群体实现妥协。右翼的方案则是以私有化、商品化、去管制为核心的新自由主义方案。当经济衰退发生时,工会开始动员工人保护自己的工资不致减少,这意味着劳资冲突开始加剧,正是这种冲突首先改变了工业国的政治局面。1974 年,英国保守党在大选中落马,丢了政权。紧接着,荷兰社会党 15 年来第一次赢得政权。意大利共产党致力于在 1976 年的选举中取得令人惊讶的成绩,成为掌权的联合政府的非正式成员。凡此种种,都表明在面对危机之时,"向左转"具有十分深厚的社会基础。对我们来说,值得关注的问题恰恰是,为何最终"向右转"占据了上风,

---

①　热拉尔·迪梅尼尔、多米尼克·莱维:《新自由主义的危机》,魏怡译,商务印书馆 2015 年版,第 58 页。

何以新自由主义的政治经济安排在众多备选经济政策中脱颖而出。

正如 20 世纪 30 年代初的大萧条既孕育了自由放任向政府干预的转向也孕育了法西斯主义的上台,当 20 世纪 70 年代资本主义又一次深陷危机之时,不同的解决方案也同时出场并引发了极其不同的实践。左翼的方案被欧洲的社会党以及共产党所重视,它们希望能够获得实践的机会。由于战后时期成长起来的一代人,已经习惯了经济增长、充分就业和物价稳定,所以,当经济衰退开始出现时,他们首先想到的是要求政府采取措施,实行激进的改革。意大利工会迫使政府采取把工资与通货膨胀挂钩的水涨船高措施,德国社会民主党政府允许工人直接影响管理决策,而新上台的英国工党政府实施一系列支持工人的规章条例。最为激进的改革方案出现在瑞典。在 1975 年的瑞典,社会民主党提议实施以一位出色的经济学家梅纳德(Maynard)命名的一项新的改革计划。按照这个计划,利润的一部分将划归工会,作为工会在公司的股份,从而使得工会掌握一部分公司的所有权。左翼的问题在于,它的解决方案并未超越传统的社会民主式方案,亦即无法被证明能够满足资本积累的要求。在这种背景下,左右之争变得异常激烈,前者要求通过社会民主和中央计划来解决问题,而后者则要求解放企业和商业权力并重建市场自由。最终,后者以胜利者的姿态走向了前台,但是,这一切是如何发生的呢?

首先,我们不能以后来的历史发展轨迹来想当然地发表后见之明,认为新自由主义的方案既显而易见又势所必至。事实上,当时没有人确切知道或有把握说何种方案可行、如何操作,只有在经历了一系列曲折迂回的过程之后,新自由主义才在 20 世纪 90 年代的"华盛顿共识"中被正式确立下来。其次,应当说正是左翼力量的集结和对抗,使得上层统治精英感到了危机,如果不采取措施,他们的政治经济地位将受到威胁。滞胀危机使得不满情绪不断蔓延,许多发达资本主义国家中劳工和城市社会运动的结合似乎在暗示着一种社会主义替代性方案的出现。

其次,除了政治方面的危险之外,上层精英也在经济上感受到了威胁。战后 30 年几乎所有国家都有一个特点,即上层阶级的经济权力受到限制,而劳工则在经济"蛋糕"中分得很大一块。在美国,人口中收入最高的 1% 对财富的控制在整个 20 世纪都保持了相对稳定。但在 20 世纪 70 年代这一控制却随着资产价值(股份、地产、储蓄)的下跌而迅速跳水。上层阶级不得不做出决断以保护自己免于政治和经济的失利。20 世纪 70 年代后期随着新自由主义政策的实施,美国收入最高的 1% 人口收入在国民收入中所占份额开始迅速上升,在 20 世纪末达到了 15%。美国收入最高的 0.1% 人口,其收入从 1978 年占国民收入的 2% 上升到 1999 年的 6% 以上,而行政总裁与工人的平价收入比率则从 1970 年的 30:1 上升到了 2000 年的将近 500:1。①美国政府的减税计划的受益者主要是上层精英,因为加在投资收益和资本收益头上的税收正在逐步减少,而针对工资薪水的税收则维持原状。

最后,新自由主义在发达资本主义国家和发展中国家是以截然不同的方式确立起来的。新自由主义在阿根廷和智利的确立,无疑可以找到暴力的身影。在美国的支持下,1973 年智利发生了皮诺切特推翻阿连德的民选政府政变,而作为对美国支持的回报,皮诺切特政府在国际货币基金组织的指导下重组了智利的经济结构。这种重组是按照新自由主义的方式展开的,而最后的受益者无疑是外国公司以及国内的经济精英。除此之外,对于诸多发展中国家而言,债务危机在一定程度上扮演了推动其转向新自由主义的推手的角色。墨西哥的危机是 20 世纪波及范围甚广的债务危机的开端。为了解决这一危机,里根政府联合国际货币基金组织最终提出了通过延缓债务偿还期限来解决困难的办法,但是,前提是墨西哥必须进行新自由主义改革。随后,此种处理方式成为标准的处理方式。为回报债务偿还期限的调整措施,债务国被要求施行制度改革,包括削减福利开支、更灵活的劳动市场法律和私有化。墨西哥的例子表明在自由主义实践和新自由主义实践之间存在根本区别:在前者那里,债权人承担错误投资决策的损失;而在后者那里,债务人受到政府和国际力量的压迫,承担债务偿还的一切费用。1989 年的"华盛顿共识"标志着新自由主义的政治经济方案成为正统,随后,新自由主义开始在拉美、东亚乃至俄罗斯迅速扩散。

对于上述发展中国家而言,由于没有民主传统,所以通过军事政变和债务危机等方式,新自由主义就得以实施。但是,对于美国和英国这样的国家,新自由主义的方案要想获得通过,必须通过民主的手段才行。这就要求在政治上先建立起民众对于新自由主义的认同。新自由主义在建立赞同方面首先借助了自由在民众中间的广泛共鸣。这一点在美国人那里表现得十分明显,政治家可以借助自由的宣扬为几乎任何事情提供合法性。沃克·布什正是以捍卫自由之名来证明伊拉克战争的合法性。总之,政治赞同总是依靠文化意义来建构的。具体而言,新自由主义通过多重渠道来获得其正当性所需的民众赞同。大学、媒体以及由企业资助的种种智囊团都成为新自由主义意识形态的坚强阵地,许多知识分子被引导到新自由主义思考

---

① 大卫·哈维:《新自由主义简史》,王钦译,上海译文出版社 2016 年版,第 17 页。

方式之下,由此创造了支持新自由主义的舆论环境。

就建立认同而言,各种类型的商会在推进新自由主义的过程中发挥了重要作用。"美国商会的规模从 1972 年的大约十万家扩大到十年后的二十五万家以上。全美制造商协会(1972 年搬到华盛顿)连带组建了一个规模庞大的集团,用于游说国会和从事研究。美国企业促进会作为一个执行总裁们'为企业争取政治权力'的组织,建于 1972 年并在此后成为集体利商行为的中心。"①这些商会的会员企业贡献了美国国内生产总值的一半,并且会拿出大量资金用于政治事务。在这些商会的支持下,一系列类似美国传统基金会、胡佛研究所、美国商业研究中心和美国企业研究所这样的智囊团依靠企业支持而建立,智囊团撰写论文且在必要时进行严肃的技术和经验研究及政治哲学论辩,就是为了支持新自由主义政策。在各种商会雄厚资金的支持下,大量鼓吹新自由主义价值的小册子和书籍开始涌现,诺奇克(Robert Nozick)的《无政府、国家与乌托邦》、弗里德曼的《自由选择》都是典型例子。除此之外,商会也开始通过游说与政治献金等方式积极影响国家决策,以便利用国家的力量重塑常识理解。

四、新自由主义的本质:金融资本主导的阶级力量的重建

新自由主义转向与金融化无疑是 20 世纪 70 年代以来资本主义发生的最为重要的两个变化,如何理解两者的关系? 是将它们理解为相互独立的并列进程,还是从内在联系的角度将金融化与新自由主义视作晚期资本主义相互依存、不可分割的两个方面? 著名的金融化研究者爱泼斯坦倾向于第一种看法②,而以每月评论派为代表的西方左翼学者大都认同第二种看法。每月评论派的代表性人物福斯特认为,新自由主义与金融化之间是本质和现象的关系,新自由主义反映了金融垄断资本的崛起。③笔者认为,正如历史上曾经大量存在过的各种思想理论所共有的命运一样,新自由主义只有在特定的历史背景下才得以兴起,这种兴起与阶级力量的博弈及生产方式的内在矛盾紧密相关。因此,不能把新自由主义兴起视作独立的进程,而应该在其现实基础上寻求其根源。

从根本上来说,新自由主义的政治经济方案服务于金融资本主导的上层阶级力量的重建。20 世纪 70 年代末期以来,金融资本开始主宰全球积

---

① 大卫·哈维:《新自由主义简史》,王钦译,上海译文出版社 2016 年版,第 45 页。
② 戈拉德·爱泼斯坦:《金融化与世界经济》,《国外理论动态》2007 年第 7 期,第 14—21 页。
③ 约翰·贝拉米·福斯特:《资本主义的金融化》,《国外理论动态》2007 年第 7 期,第 9—32 页。

累循环,货币资本而非直接投资资本成为生产全球循环的调节器。也就是说,那些控制金融资本的人能够给全球生产和贸易结构带来决定性影响。在第一次金融霸权时期,整个社会发展态势、经济和政治就已经由资产阶级的上层部分所控制。这里的上层部分主要指大的金融资本所有者,他们也构成了新自由主义确立过程中的主要参与者。当新自由主义转向发生的时候,金融资本家通过给予企业的高级管理层以优秀认股权的方式,使得企业的经营管理以金融利益为最高目标。除此之外,随着共同基金、养老金、对冲基金以及大量新金融工具的出现,机构投资者成为金融市场上的强有力的控制者,进一步加强了金融资本家在整个资产阶级中的主导性地位。

金融资本家在整个资产阶级内部的主导地位可以通过利率水平反映出来,利率水平高意味着金融资本的利益压倒了产业资本。中央银行强制推行有利于物价稳定而非充分就业的政策,以便增加资本收益。大量资本由资产管理人控制,他们将新自由主义规范强加于非金融企业。凡此种种,都表明了金融资本取得了相对于产业资本的优势。金融资本对于通货膨胀持有坚决的反对态度,在通货膨胀的年份,大量收入从金融企业以及非企业贷款方转移至非金融企业。金融部门的利润率因此骤然下降,尽管对于整体部门而言,马克思所谓的利润率下降了,但非金融公司的利润率不仅依旧保持而且还得到增长。与之相反,在新自由主义盛行的数十年里,早期有利于非金融部门的等级制度被颠倒过来。迪梅尼尔和莱维指出,非金融企业的利润率"从战后 20 年间约为 6.3％的平均水平降至新自由主义盛行的数十年里的 3.5％"。[1]相反,用于支付资本收益的利润总量却增加了。

新自由主义的实践不仅有助于加强金融资产阶级的财富及权力,同时,也总是伴随着对工人阶级以及工会力量的打压和抑制。以英国为例,在 20世纪 70 年代通胀大幅上升、失业人数剧增的背景下,工人的实际收入和购买力持续缩减,矿工发生了自 1926 年以来的首次罢工。这次罢工换回了当时工党政府的一系列承诺,尽管承诺并未兑现。一方面是迎合工人阶级利益的社会福利支出,另一方面是符合金融资本利益的压缩财政支出,最终工党政府选择了后者。这实际上表明,新自由主义实践在英国迈出了最初的步伐。撒切尔上台后进一步往新自由主义的方向大步迈进,一方面劳工的力量受到打压,另一方面打击通胀和严格控制预算成为头等大事。为了打击工会力量,英国政府甚至不惜牺牲一大批本国的传统产业,使其直接暴露

---

① 热拉尔·迪梅尼尔、多米尼克·莱维:《新自由主义的危机》,魏怡译,商务印书馆 2015 年版,第 55 页。

在外国企业的竞争面前。

不仅如此,撒切尔还通过私有化解除了政府对原本归国家管理的部分企业的义务,与此同时,私有化也意味着个人必须通过市场化的方式购买各项服务,由此,个人责任的理想被推广。新自由主义在英国的推广使得旧英国的阶级结构发生转型。通过保持伦敦市的国际金融中心的地位,阶级力量没有恢复到任何传统部门那里,而是集中到了金融部门。英国发生的事情并非个例,随着里根的上台,美国也开启了大规模的新自由主义实践。这一实践表明新自由主义已经从非主流立场上升为主流立场,并且,当新自由主义的理论及实践演变成意识形态及政治遗产时,后继的政府也会沿着新自由主义的道路继续前行。总之,里根和撒切尔抓住了手上的线索,并置身于一场旨在重建阶级力量的阶级运动的核心。具体来说,包含以下三个方面:

首先,金融资本家由于同企业管理层及产业资本结成同盟而使自身的权力得到加强,换言之,企业的管理层开始将自觉追求金融利益最大化视为经营的目标。在此情形下,一些公司为了推高股票市值,甚至选择财务造假,安然等公司的垮台,这恰恰暴露出股票投机的巨大诱惑。企业董事会的成员与执行总裁如今已经站在同一条船上,由此带来的结果是,作为资本的实际拥有者的小股东的权力某种程度上被削弱了,这主要是因为小股东过于分散,力量弱小且无法通过投票以影响公司决策。需要指出的是,虽然金融资本家是上层阶级的核心组成部分,但是不可将这一阶级局限于这部分人。信息科技、生物科技催生了一批高科技企业,并使得它们迅速积累起巨额财富。墨西哥的卡洛斯·斯利姆(Carlos Slim)以较小的投资公司起家,却掌控了墨西哥新兴私有化的电信系统,并迅速将其打造为巨型联合公司帝国。印尼的三林集团在 1997 年时,成为当时世界上最大的华侨所有的联合企业。美国的沃尔玛集团在世界各地新建大型超市,并一跃成为零售业霸主,沃顿家族也由此积聚了大量财富。上述大型企业虽然并不直接从事金融业务,但却与金融世界有着千丝万缕的联系,他们与金融资本家阶级共同构成足以影响政治进程的巨大力量。

其次,金融资本家与产业资本家、商业资本家的分离得以弥合,20 世纪初期那种由上述分离所奠定的金融资本支配产业资本的基本架构被取代,并且由这种分离所引发的冲突也得以消除。历史上经常出现政府为了金融家利益而损害产业资本利益的事例,然而,随着 20 世纪 70 年代的新自由主义转向的开启,进入金融领域并参与金融活动的限制被大大解除,包括传统工业部门在内的大公司获得了参与金融业务的机会。自 20 世纪 80 年代以来,企业报告生产损失由金融业务弥补的情况已十分常见,比如说,通过信贷和保险业务在汇率波动和期货市场方面进行投机。由此带来的结果是,股市成为生产与交换的中心,宏观经济的发展轨迹与证券交易的指数之间表现出极大的相似性。迪梅尼尔和莱维对 1960 年到 2008 年间股息收益占税后利润的份额进行定量分析,得出了如下结论:"1980 年前,这一份额在 51％上下(非金融企业在 20 世纪 60 年代至 70 年代间的平均值),而在新自由主义盛行的最初 20 年间则在 74％上下波动(仍是上述部门)。这一突然增加反映了新的公司治理有利于股东的利益。"①

在新自由主义的影响下,金融资本日益挣脱那些曾经对其束缚的管制和壁垒并以前所未有的活力向前进展,金融行业极大地繁荣起来了。金融创新的泛滥创造出令人眼花缭乱的金融工具及衍生品,全球金融市场的规模迅速扩张,并将越来越多的国家、企业及家庭卷入其跳动的脉搏之中。不言而喻,新自由主义与金融化之间存在着紧密的关联。资本的流动存在从生产领域向金融领域转向的巨大趋势。由于金融服务领域获得的收益在提升人均收入方面的显著作用,对金融机构的支持和金融系统的完整性就成为世界上大多数国家关心的问题。华尔街的重要性日益提高,并且对政府决策的影响力也日益增强。20 世纪 60 年代,经常挂在美国人嘴边的口号是"对通用汽车有利就是对美国有利",到了 20 世纪 90 年代,这个口号变成了"对华尔街有利就行了"。在资本主义的发展历史上,如同一战期间那样,通货膨胀的发展是财富从贷款人大量转向借款人的源头所在。它们对于金融机构和证券持有人的财富产生了重大影响。这一历史经验导致上层阶级对通货膨胀的厌恶。换言之,上层阶级倾向于通过提高利率来遏制通货膨胀。

最后,金融资产阶级也通过建立种种跨国联系增强自身的权力,这直接与新自由主义转向背景下国际金融市场的开放有关。那种认为上层阶级限制自己的业务领域并忠于某个国家的看法已经过时了,特定国家的资产阶级并不会在该国与他国处于对抗关系时也陷于同他国资产阶级之间的对抗之中。在新自由主义全球化阶段,资产阶级的跨国联系不仅并未减弱,反倒极大地加深了。因此,在考察推动新自由主义扩张背后的阶级力量时,必须注重上层阶级的跨国联系。当然,这并不是说这个阶级中的先驱人物不依附于某些国家机器以寻求利益和保护。传媒巨头默多克并没有超越或自外

---

① 热拉尔·迪梅尼尔、多米尼克·莱维:《新自由主义的危机》,魏怡译,商务印书馆 2015 年版,第 68 页。

于特殊民族国家的权力,但是他却可以通过他的媒体对英国、美国和澳大利亚的政治产生巨大影响。甚至于像默多克这样的资本巨头不仅能从国家机器中获益,还能扶植国家机器的发展。虽然在上层阶级内部,冲突时常会爆发,但总体上上层阶级有着共同的利益,这首先意味着它们都能认识到新自由主义化过程带来的好处。他们也通过达沃斯论坛之类的场合商讨共同关心的事务,寻求合作并与政治要人商谈。

以上的分析表明,新自由主义理论作为一种意识形态,其首要作用在于掩饰种种关于维护、重构、恢复精英阶级力量的实践。在新自由主义通行的三十年里,依靠媒体和政治过程中的影响力,这一阶级利用刺激和强力劝服人们相信,新自由主义的自由制度比以前更好。但事实上,我们看到新自由主义释放了大量金融危机,给各国的就业和生活机遇造成毁灭性影响。并且,新自由主义的悖谬性在于,它虽然强调自由,但其本身却只有靠强力才能维持和扩张。波兰尼(Karl Polanyi)曾经反思过市场自由的歧义性,他注意到存在两种自由,好的自由和不好的自由。前者意味着,"剥削他人的自由,或获得超额利润而不对社会做出相应贡献的自由,阻止技术发明用于公益事业的自由,或发国难财的自由";后者则意味着,"这些自由所推动的市场经济同样产生了我们所应当珍视的自由:信仰自由、言论自由、集会自由、结社自由、个人选择工作的自由"。[①]在波兰尼看来,市场经济必然会同时召唤出两种自由,而新自由主义的盛行则表明,自由的理念已经堕落为仅仅是对自由企业的鼓吹。新自由主义最终只为上层精英带来了完全的自由,而大多数人仅拥有微薄的自由,尽管他们徒劳地试图利用手中的民主权利保护自己。

第二节 金融自由化及其后果

金融自由化可以被视作新自由主义整体规划中的组成部分,换言之,只有在新自由主义转向的背景和语境之下,我们才能理解金融自由化的生成及其后果。随着各国政府逐步取消对利率、贷款和资本流动的各种行政管控措施,金融市场在 20 世纪 80 年代开始迎来了爆炸性的膨胀。这不仅意味着国内金融市场去除了管制,而且也意味着资本的频繁和大规模国际流动成为可能。先是日本在美国的强大压力下于 1983~1984 年间开放了金

---

① 卡尔·波兰尼:《大转型》,冯刚、刘阳译,浙江人民出版社 2007 年版,第 217 页。

融体系,继而是欧洲在开辟统一资本市场的背景下解除了外汇控制体系,最后,新兴市场国家也在美国政府与国际货币基金组织的压力下开启了金融自由化的进程。金融自由化深刻地改造了国际金融体系,一个在时间上和空间上一体化的世界金融市场在信息技术进步的基础上正在成型。

一、金融自由化的内涵

金融自由化与二战之后的金融抑制形成鲜明对比,后者植根于大萧条之后出台的一系列金融法案,这些金融法案的核心在于强化对金融市场及金融机构的监管。以美国为例,通过商业银行与投资银行的分离、证券委员会的创立、联邦储备保险公司的设立等制度创新,美国政府很大程度上实现了将金融资本的职能限定于为产业资本提供基本的融资服务。在新自由主义去管制的大背景下,金融资本的活动逐步摆脱了金融法案施加的束缚,金融交易的频率和规模都得到极大提升,金融资本也由此走向相对于产业资本的统治地位。较为标志性的事件是 1999 年《金融服务现代化法案》的颁布以及 1996 年《全国性证券市场促进法》的实施。有学者指出:"如果不能改变第二次世界大战后金融机构被严格监管的体制,金融资本地位的上升及金融统治绝无可能建立起来。因此,金融化的发生要以金融业的去管制为条件。"[1]

尽管新自由主义转向带来的金融去管制从根本上奠定了金融自由化的基调,但是,当我们回到具体的历史境遇重新审视这一过程的展开时,仍然可以看到诸多推动金融自由化向前进展的特殊动力。这些特殊动力尽管不属于宏大叙事的范围,但对于理解金融自由化如何开端却是十分重要的。金融自由化首先意味着货币的自由化,换言之,那些使得货币受到约束的有管制的汇率和利率应该被打破。布雷顿森林体系的解体开启了浮动汇率时代,紧接着,浮动利率取代了战后三十年长期实行的有管制的低利率政策。"联邦储备银行面对美元迅速贬值的局面,于 1979 年 10 月决定,结束它长期实行的低利率政策,因此放缓了货币供应的增长。"[2]利率自由化和汇率自由化共同支撑起了货币自由化,这种自由化的实质在于,货币的价格开始受到市场的调节。

在利率自由化的背景下,高利率政策得以维系,由此形成一种有利于贷

---

①　张晨、马慎萧:《新自由主义与金融化》,《政治经济学评论》2014 年第 4 期,第 86—108 页。

②　弗朗索瓦·沙奈等:《金融全球化》,齐建华、胡振良译,中央编译局出版社 2000 年版,第 57 页。

方的力量对比。利率自由化之所以导向的是实际的高利率,是因为通货膨胀伤害了债权人的利益。通货膨胀意味着债务人可以用贬值之后的货币来偿还债务,这对债权人来讲是不可接受的,后者必然会要求提高实际利率来对冲潜在的损失。在 20 世纪 70 年代之前,金融体系是受到管制的,管制使得资本积累可以通过银行以受到国家货币管理机构控制的低利率获得融资。一旦管制取消,由于银行受通货膨胀的严重影响,加上债务危机背景下可疑债务带来的损失,银行及债券持有者自然会提出要求,对他们的贷款实行更高的风险与通货膨胀保险。最终的结果是,实际利率大幅提高,信贷关系中权力从债务人转向债权人。债权人相对于债务人的权力反映在分配问题上,就表现为工资、利润在分配结构中的下降以及利息收入的上升,并由此引发一系列社会政治难题。除了利率自由化的影响之外,金融体系从垄断转向竞争也是促使利率上升的原因:"工业化国家在 20 世纪 70 年代末开始实施自由主义政策,这些政策事实上引起了利率的上升。银行垄断被打破,金融中介竞争使廉价资源消失,而国家间的竞争使各国都纷纷提高利率,成为高利率国家。"①这就涉及金融自由化的第二个方面,亦即解除银行体系在融资方面的垄断。在 20 世纪六七十年代,西方主要发达资本主义国家的银行体系是垄断性的,当垄断被打破时,金融体系便开始日益向直接融资的模式转变。

这种转变主要基于以下三个方面的原因:首先,从需求方的角度来看,直接融资由于绕过了银行的中介,从而能够去掉中间成本。大卫·科茨指出:"新的金融工具的创新和销售,基本取代了过去金融部门与非金融部门之间的长期借贷关系,而这种关系曾在调控资本主义的社会积累结构中居于主导地位。"②其次,从供给方的角度来看,直接融资意味着更大的灵活性和流动性,这种流动性对于资本增殖是至关重要的。这也正是为什么保险基金、养老基金、投资基金以及跨国公司的财务部门更喜欢在市场借贷或投资的原因。最后,随着信息技术及现代通信网络的发展,普通投资者获取企业经营状况的相关信息变得更加容易、更加多元,从而能更加理性地进行投资和决策。在信息不透明和不对称的情况下,证券投资的风险要显著高于把钱存在银行里,一旦由信息披露方面引起的风险降低,那么,证券投资的优越性就体现出来。著名金融学家罗伯特·希勒在《金融与好的社会》一书

---

① 弗朗索瓦·沙奈等:《金融全球化》,齐建华、胡振良译,中央编译局出版社 2000 年版,第 113 页。

② 大卫·科茨:《金融化与新自由主义》,《国外理论动态》2011 年第 11 期,第 5—14 页。

中对此解释道:"发生这种情况的原因是针对证券的公开信息越来越多,道德危害及选择偏见等问题发生的概率已被大大降低。"[①]换言之,银行的存贷业务之所以能够在很长一段时期中占据优势地位,一个很重要的原因即是它能够为投资者(存款者)规避风险,因此,当发达的经济体系中由于分析师、评级机构以及新闻杂志开始提供对于投资标的的评估,绕过银行直接进行投资的风险就被降低了。于是,以投资银行为主体的非银行金融机构通过发放有价证券等形式吸收存款就自然而然兴起了,从 20 世纪 60 年代以来,这类非银行金融机构形成了日益庞大的所谓影子银行体系。

与银行体系垄断解除同步进行的是银行自身的转型,换言之,银行开始涉足以前受到限制的金融业务。流动性是影响资本增殖的重要因素,在不同的金融业务、金融工具等之间自由流动与转换是资本提高盈利能力的关键,也推动了金融体系内部的混业经营趋势。银行转向非传统金融业务可以视作金融体系内混业经营趋势的一部分,同样,也是金融自由化的重要方面。"20 世纪 90 年代,美国、英国、德国、法国、日本等主要资本主义国家相继完成了以金融自由化和混业经营为核心的金融改革后,在政策上为金融领域资本的一体化创造了条件。"[②]金融业的混业经营极大提升了资本在金融体系的自由度和流动性,促进了金融业的创新与发展。

金融自由化的最后一个重要方面是资本跨国流动的管制被解除,这是在公共赤字不断增长的背景下得以实施的。"七国集团国家政府财政赤字从 20 世纪 70 年代占国内生产总值的 2.1% 发展到 1990~1995 年的 3.6%,结果公共债务总额占国内生产总值的比率也大幅度提高,在 1990~1995 年达到 64.3%。"[③]究其原因,主要是与 20 世纪 80 年代以来所实施的高利率政策有关,当利率的增长速度超过经济增长速度时,公共财政赤字和债务便会快速增长。随着主权国家债务规模的提升,为债务进行再融资就无法仅仅依靠本国市场完成,必须吸引外国投资者购买本国债券才行。这就要求各国政府放开对资本跨国流动的管制政策,由此可见,各国政府实行金融自由化首先是为了满足自身融资的需要。在这方面,最为典型的代表是美国。公共支出剧增而经济增长又陷入停滞使得美国政府不得不大量举债,以弥补财政赤字。一旦美国进入国际金融市场,全球范围的资本流向随即发生深刻的变化,美国不再成为资本的净输出国,反倒成为了资本的净流入国。

---

① 罗伯特·希勒:《金融与好的社会》,束宇译,中信出版社 2012 年版,第 58 页。
② 杨长江:《略论当代金融资本》,《政治经济学评论》2015 年第 5 期,第 127—151 页。
③ 弗朗索瓦·沙奈等:《金融全球化》,齐建华、胡振良译,中央编译局出版社 2000 年版,第 95 页。

特别当国际银行体系吸收了石油输出国组织积累的大量石油美元之后,这种流动方式进一步得到加强。不过,这种格局最终被 80 年代发展中国家的债务危机打破,当发展中国家无法偿还债务的时候,资本流动便逐渐终止。取而代之的是,资本的国际流动表现为日本和欧洲的资本为美国的庞大赤字提供融资。

在金融自由化的背景下,国际金融体系发生了深刻的变化,全球金融市场日益走向了时间和空间的一体化,一个共同的国际金融空间逐步形成。需要指出的是,金融全球化及一体化,从来也没有取消各国金融体系的相对独立性,事实上,在这种一体化的框架下,各国金融体系不仅存在着明显的等级之分,而且在其内部充满着竞争。正是这种竞争,使得各国的金融管理部门和监督机构无法有效行使权力。在国际金融体系的等级制中,美国的金融体系居于主导地位并支配着其他国家的金融体系,这是美元的地位以及美国的债券和股票市场的规模决定的。不难发现,金融自由化与全球化正呈现出相互促进的态势,由此带来的金融领域的爆炸性发展正在日益走向失控,很多政府在金融全球化面前显得束手无策。不仅如此,金融全球化给资本积累和就业带来的负面影响,也正在将世界经济拖向危机的边缘。

二、虚拟资本的统治

在金融自由化的推动下,西方发达资本主义国家的金融体系日益从间接融资转向直接融资,包括衍生品在内的各类金融产品、金融工具被大量创造出来,虚拟资本成为金融体系的核心。2008 年震动世界的次贷危机,无疑与信用违约掉期(CDS)、担保债务凭证(CDO)等虚拟资本有关,这些虚拟资本"理论上应该有助于分散风险,但实际上却增强了风险",不仅如此,"虚拟资本衍生出更多虚拟资本,而参与者完全不关心交易的社会价值基础"。①由于货币与其所代表的社会价值基础越发疏远,虚拟资本的价格泡沫无可避免,结局必然是投机泡沫的破灭和种种形式的经济危机。

马克思在《资本论》第三卷中处理了金融资本(生息资本)的问题,在他的分析中,银行借贷资本占据了核心位置,这一点是由他当时身处其中的以间接融资为主体的金融体系决定的。尽管马克思也谈到了国债、股票等虚拟资本问题,但是,关于它们的分析显然不能称为完备,而更多具有探索性质。在马克思看来,脱离了产业资本,就无法理解金融资本的各种形式,这就是为什么马克思的金融资本理论看上去更像是一种全面论述产业资本与

---

① 大卫·哈维:《资本社会的 17 个矛盾》,许瑞宋译,中信出版社 2016 年版,第 267 页。

金融资本关系的理论。当代金融体系的深刻变化,要求我们将分析的重心转向虚拟资本。

在马克思的金融资本理论中,虚拟资本概念大致有两方面的涵义:一方面,虚拟资本意味着由信用货币的出现所带来的虚拟货币资本,既然货币本身是以信用为基础的虚拟货币,那么,货币资本必定也是虚拟的。另一方面,虚拟资本意味着收入的资本化。"人们把虚拟资本的形成叫资本化。人们把每一个有规则的会反复取得的收入按平均利息率来计算,把它算作是按这个利息率贷出的一个资本会提供的收益,这样就把这个收入资本化了。"①正是因为国债、股票等有价证券本质上代表的是收益的所有权证书,所以,它们才作为虚拟资本而存在。作为虚拟资本,它们所代表的货币价值的决定方式具有相对独立性,换言之,虚拟资本的价值运动在一定程度上脱离了现实资本的价值运动。马克思指出:"它们(虚拟资本——引者注)所代表的资本的货币价值也完全是虚拟的,是不以它们至少部分地代表的现实资本的价值为转移的;既然它们只是代表取得收益的要求权,并不是代表资本,那么,取得同一收益的要求权就会表现在不断变动的虚拟货币资本上。"②虚拟资本相对独立的运动进一步加强了人们对资本拜物教的信念,资本自行增殖的神秘能力得到进一步确认。

与以往虚拟资本与产业资本携手并进,在经济繁荣时扩张、经济危机时大规模缩水不同的是,当今虚拟资本的扩张恰恰对应着实体经济的长期停滞。在虚拟资本扩张的过程中,商业银行受到了巨大冲击。在众多因素的作用下,投资者更偏爱证券而非信贷,越来越多的公司则意识到,与其与专横的银行打交道,不如与非人格的资本市场打交道。与此同时,金融市场上的机构投资者地位得到显著提升,机构投资者对企业的支配力和影响力建立在对大量虚拟资本的所有权之上。鉴于1981～1982年滞胀危机后人们对股票和债券市场的严重低估,这些证券也就尤其具备大幅度升值的潜力,而名义利率在20世纪80年代的反通货膨胀时期也逐渐下降。在这种环境下,1982年后金融市场的大发展就显得十分合乎逻辑。随着企业的并购重组等等的大规模展开,金融市场的发展受到进一步的推动。整体来看,20世纪80年代的金融化浪潮为金融市场后来的进一步发展奠定了重要的基础。

商业银行应对金融市场发展带来的挑战的方式是积极投身金融市场,

---

① 马克思:《资本论》第3卷,人民出版社2004年版,第528—529页。
② 同上书,第532页。

并力图从这一发展中获取收益,以弥补贷款减少带来的损失。首先,银行大量投资于证券市场,这种做法改变了银行收益的基本结构,使得来自利息的收入占比大大下降。其次,银行利用制度上的漏洞绕过监管的限制,以便在事实上可以管理基金,并从事企业上市、股票发行等投资银行相关业务。最后,货币的自由化使得汇率和利率的波动构成新的风险,为了应对这种风险,商业银行积极推动金融创新并深深卷入了金融衍生品的发展过程。这里的衍生品包括外汇期货合约、金融指数合约、掉期交易等等,衍生品原本是为了降低风险而产生的,但却在实际中变为对市场价格走向进行投机性堵住的手段。资产证券化是金融衍生品的重要分支,它的出现原本与规避风险与实现杠杆化经营有关,而其在这两个方面的成功反过来又推动了证券化技术的不断进展,由此导致金融衍生品的泛滥,正所谓满足需要的过程总是会创造新的需要。"自美国的政府国民抵押贷款协会(GNMA)于1970年完成首笔证券化交易以来,证券化技术得到迅猛发展……20世纪80年代以后,证券化的方法被广泛运用到其他资产上,直接导致金融工具和金融衍生品的爆炸性增长。"[1]

商业银行积极参与金融市场,极大地促进了虚拟资本的发展并巩固了其统治地位。市场上的各类投资者如今可以从银行获得融资,不仅有效提高了市场上的流动性,而且也使得投资者可以利用市场上的波动实现自身收益最大化。除此之外,商业银行同意把证券作为资助购买额外证券的贷款保证金来使用这一点,也使得金融机构可以用很低的本金做大宗的交易。"虚拟资本发展可以用来解释何以金融交易占国内生产总值的比率直线上升的主要原因:该比率在1970年为15比1,1980年为30比1,1990年为78比1,最近,这个趋势更加明显,正是因为虚拟资本的潜在乘数随着衍生产品的引入而以惊人的速度增长起来。"[2]虚拟资本的优势在于其创造收益的可能性并不完全与实体经济的兴衰绑定在一起,今天,人们甚至可以从证券价格的下跌中获得收益,只要能正确预测到价格波动的方向并采取相应策略。

虚拟资本统治本质上是金融市场的统治,它与列宁和希法亭所描绘的控制银行资本的金融寡头统治展现出十分不同的景象。可以说,虚拟资本的统治标志着金融资本支配产业资本的方式和性质发生了深刻的转变。商

---

① 袁辉、陈享光:《金融主导积累体制视角下的现代危机》,《当代经济研究》2012年第7期,第57—62页。

② 弗朗索瓦·沙奈等:《金融全球化》,齐建华、胡振良译,中央编译局出版社2000年版,第72页。

业银行的衰落使得希法亭极力强调的银行资本对产业资本的控制受到普遍质疑,而金融寡头统治的弱化则使列宁建立的以"参与制"或者说股权融合为主要模式的银行资本对产业资本的统治处于十分尴尬的境地。列宁笔下的金融资本对产业资本的控制,其核心特征是以银行为中心,通过层层持股依次控制或大或小的不同企业,构建一个等级森严的商业帝国。摩根财团和洛克菲勒财团是 20 世纪初美国金融寡头的典型代表,这两家大型财团对美国的经济具有强大的影响力。如今,尽管旧式的金融寡头早已消失不见,但当代金融资本对产业资本的支配却是不争的事实,凯恩斯曾经乐观期望的食利者安乐死,在当前的现实面前被无情粉碎。

三、国际金融走上投机的歧途

虚拟资本的崛起在客观上鼓励了投机的盛行,因为虚拟资本的买卖活动主要是为了通过低买高卖获取价差,而不是着眼于满足实体经济的融资需求。纵观整个人类经济史,投机现象古已有之,但只有到了今天,投机行为在金融创新及信息技术革命的支持下才达到如此的普遍化和狂热化。股票市场、期货市场、金融衍生品市场等相互影响、相互衔接,这些市场的波动牵动着无数人的神经。从 20 世纪 80 年代初期以来,国债市场已经逐渐成长为投机性金融的支柱。"公债二级市场的增长则由于投机的影响而更加惊人,交易规模增长了 10 倍以上。例如美国,它在国债市场上稳稳地占据世界市场之首,1993 年其公债交易量已达到日均 1 200 亿美元的水平,而在 1980 年这个数字还仅为 140 亿美元。"①国债市场迅猛发展的原因在于,国债的收益相对稳定且风险极小。为了保证国债市场的流动性,发达国家进行了必要的改革,并且设计出了诸如公债期权合约这样的金融衍生品。但是,当政府越来越深地卷入国际金融市场之后,就很容易丧失自身货币政策的独立性。换言之,各国政府都不得不受拥有其大量国债的外国投资者的利益的驱使。

投机的盛行使得金融活动日益走向失控,今天国际金融的发展与世界经济中的贸易和生产性投资不再有一种直接的联系,甚至于在很大程度上出现了背离。过去 40 年,全球范围几乎所有金融资产的增速都大大超过实体经济的增速,无论这种金融资产是房产还是股票等有价证券。对中国而言,房价涨幅是典型性的,而对于许多发达资本主义国家,更具代表性的则

---

① 弗朗索瓦·沙奈等:《金融全球化》,齐建华、胡振良译,中央编译局出版社 2000 年版,第 106 页。

是股票价格的涨幅。"1980 年,美国金融资产达到国内生产总值的 5 倍,到 2007 年翻了一倍多,金融资产总值超过国内生产总值的 11 倍。"①外汇市场的交易量也急剧增长,"全球外汇市场的日交易量超过 5 万亿美元,年交易量至少达到 900 万亿美元,甚至超过 1 000 万亿美元"②。除此之外,债券市场、大宗商品交易市场、衍生品市场也都达到惊人的巨量规模。基于全球各种统计渠道的数据都表明,虚拟资本、虚拟经济与产业资本、实体经济的分离已经越发明显,这一分离构成当代资本主义经济体系的显著特征。

虚拟经济的繁荣并没有带来实体经济的振兴,相反,过去四十多年的历史恰恰表明,当金融资产价格不断再创新高之时,全球实体经济的增速却逐渐降低。面对未来前途的严重不确定性,市场上的经济主体更倾向于选择短期性的投机而非长期性的投资,金融领域的资本循环因此就会变得十分活跃。机构投资者的兴起助长了投机的兴盛,一些著名的投资机构专门从事纯粹投机性的投资,比如说,由索罗斯领导的量子基金就是这方面的典型代表。机构投资者投机行为将会带来两方面的消极影响:一方面,机构投资者掌握的巨量资金构成国际资本流动的重要基础,并且握有工业化国家公共债券的很大份额,这使得他们有力量对一国货币进行攻击,带来货币市场的巨大波动;另一方面,机构投资者也将纯金融的准则强加于被其控制的企业,企业的行为必须服务于实现金融投资短期回报的目标。"这种新的逻辑一个重要后果就是'短期主义'的发展,也就是说企业缩短自己近期的视野,企业外的股东们(无论大小)推动着企业优先考虑近期金融收益的增长而损害长期的增长,在金融市场和投资基金的压力下,企业领导们不得不首先满足越来越社会化的股东制的迫切要求。"③

按照马克思的分析,投机反映了资本试图脱离生产过程直接实现价值增殖的固有倾向:"生产过程只是为了赚钱而不可缺少的中间环节,只是为了赚钱而必须干的倒霉事。(因此,一切资本主义生产方式的国家,都周期性患上一种狂想病,企图不用生产过程做媒介而赚到钱。)"④种类繁多的金融产品及其衍生品的交易,本来是为了满足生产经营需要,或是为了满足躲避风险、保值资产的需要而被设计出来的,但是,现实中存在的绝大多数金融交易合约都背离了上述初衷,转而成了通过投机资产价格套取暴利的工

---

① 向松祚:《新资本论》,中信出版社 2015 年版,第 10 页。
② 同上书,第 11 页。
③ 弗朗索瓦·沙奈等:《金融全球化》,齐建华、胡振良译,中央编译局出版社 2000 年版,第 119 页。
④ 马克思:《资本论》第 2 卷,人民出版社 2004 年版,第 67—68 页。

具。随着资本积累过程金融化的持续推进,金融投机已从阶段性的现象转变为结构性的现象。换言之,投机不再仅仅与资本积累周期的特定阶段——繁荣阶段——相联系,而是变成一种常态化的、构成当代资本主义基本特性的东西。在当代信息技术革命的支撑下,巨量的资金在世界范围的移动瞬间就可以实现,金融交易的成本和时间大大缩短。可以说,当代金融投机无论从深度、广度还是频率上,都大大超越了 19 世纪末 20 世纪初的情形。

投机的狂热无疑带来了诸多消极影响和后果,经济思想史上不乏对投机现象持负面态度并对其口诛笔伐的经济学家。在他们看来,投机行为与赌博无异,不仅存在很大概率遭受损失,而且会消解掉通过脚踏实地奋斗实现幸福的价值观。不言而喻,投机行为往往反映了人性中的害怕辛苦、总想走捷径的内在倾向。马克思曾使用"赌棍"这样负面的词汇描述投机者,而 20 世纪最有影响的经济学家凯恩斯则评论道:"人们一致认可,为了公众利益考虑,普通人应该很难进入赌场,而且就算进去了,里面的消费也应该是极其昂贵的。或许股票交易所也应该做同样的安排。"[1]与此相反,也有一些经济学家对投机给予了正面的评判,认为没有投机,金融体系就无法正常运转。希法亭可以视作这方面的代表之一,他写道:"投机是非生产性的,带有赌博的性质,而且在舆论中受到这样完全正确的评价。"[2]另一方面,他也认为投机在资本主义生产中具有必然性,以及投机对执行交易所的职能是必要的。

那么,到底该如何正确看待投机的作用和意义呢? 罗伯特·希勒的观点具有较强的启发意义,他指出,那些认为投机是一种具有基础性作用的经济活动的人与马克思、凯恩斯这样对投机行为持严重怀疑态度的人之间的分歧之所以长期得不到解决,恰恰是因为"双方的论点都有一定程度的合理性,或者说双方各自申明了真理的一半"[3]。如果我们将目光投向金融发展史以此重新审视投机的意义,就会发现投机行为在一定限度内是具有其自身合理性的。"正是投机和证券交易所建构了一个随时能够吸收货币资本的二级市场,不断刺激货币资本投向金融领域。投机的必要性即在于,它提供了对买卖的不断刺激,因为通过买卖可以实现差额利润,从而保证了一个随时准备吸收货币资本的市场的经常存在,从而为货币资本提供了不断转化为虚拟资本和虚拟资本再转化为货币资本的可能性。"[4]尽管投机从经济

---

① 罗伯特·希勒:《金融与好的社会》,束宇译,中信出版社 2012 年版,第 248 页。
② 鲁道夫·希法亭:《金融资本:资本主义最新发展的研究》,福民等译,商务出版社 1994 年版,第 144 页。
③ 罗伯特·希勒:《金融与好的社会》,束宇译,中信出版社 2012 年版,第 248 页。
④ 康翟:《马克思的生息资本理论与当代资本主义金融化:基于虚拟资本积累的视角》,《哲学动态》2017 年第 2 期。

发展和金融体系运转的角度来看是十分必要的,但是,这只是在一定限度内才成立的,换言之,当投机过度走向失控,那么,投机的负面效应将会压倒其积极意义。

第三节　技术革命与当代金融资本崛起

为了全面把握当代资本主义金融化的生成机制,我们需要将目光转向与这一生成相关的第三个重要因素——技术革命。这里的技术革命主要指的是以互联网为核心的信息技术的飞速发展,以及由此带来的在信息采集、传输、处理等方面的革命性变革。近年来,在信息技术的刺激下,电子货币、网络银行等新型投资工具大量涌现,金融业的创新及金融资本的赢利能力出现急剧增长的倾向。大卫·哈维指出:"资本的历史上曾经发生过数次金融化(例如在 19 世纪下半叶)。当前阶段之所以特别,在于货币资本的流通速度惊人地加快,而且交易费用大幅降低。"①不言而喻,货币资本流通速度的提升是与技术变革紧密相连的,只有从技术变革的角度入手,才能真正了解当代资本主义金融化的独特性所在。

一、信息技术革命与当代金融体系

以电子计算机、空间技术、生物工程为核心的第三次工业革命,不仅促进了社会生产力的巨大发展,而且也深刻影响了人类生活方式和思维方式。随着电子计算机的广泛应用以及以全球互联网为标志的信息高速公路的建设,人类利用信息、处理信息的能力得到了极大提升。在此背景下,信息社会概念在近几十年颇为流行。信息技术领域的革命性进展降低了全球信息沟通和管理协调的成本,不仅使全球性的产业分工协调成为可能,而且也为全球金融体系的生成奠定了物质基础。普惠金融是当前世界各国致力于实现的金融发展目标,其所面临的突出难题是信息不对称,借助移动支付、线上投资、大数据等数字技术,平台可以综合用户的种种数字足迹,较为准确地判断用户的还款能力、还款意愿等,降低潜在的金融风险。具体来说,信息技术革命对当代金融发展的促进作用表现在以下三个方面:

首先,信息技术革命带来了金融交易费用的降低,提升了交易速度和交易规模,金融市场由此迎来大繁荣大发展。互联网金融业务的发展使得金

---

① 大卫·哈维:《资本社会的 17 个矛盾》,许瑞宋译,中信出版社 2016 年版,第 194 页。

融交易突破了线下网点机构的限制,不仅提升了金融服务获取的便利程度,而且也使金融服务面向的用户规模远远超过传统金融机构的限度。以支付宝为例,2010年的时候每秒处理的交易量是300笔,如今则可以达到每秒处理50万笔的交易量。当前,微信和支付宝日活跃用户已经超过了10亿规模。技术日趋成熟极大改善了用户在使用移动支付时的体验,客观上促进了移动支付的普及。从经济学的角度看,规模效应意味着随着企业规模的扩大,企业产品或服务的平均成本会下降,从而能带来更高的利润。由于支撑金融业务的数字技术基础设施具备显著的规模效应,换言之,随着金融业务规模增加,投在上述基础设施上的成本会被逐渐摊薄,因此,利用数字技术的互联网金融机构存在追求扩张、走向垄断的内生动力。

信息技术在推动金融市场繁荣发展的同时也造成传统银行业务的衰落。传统银行业务在信息技术的冲击下,日益陷于举步维艰的境地。长期以来,银行作为金融中介在金融体系中的地位之所以不可取代,是因为银行具备专门的信息生产功能,能够有效筛选和监督借款企业,提高资源配置的效率。"当一般的存款人为小额投资者并且一家银行可以同时监督多个企业时,银行的代理监督具有规模经济的优势。除此之外,银行还可以通过观察现金流量的变化掌握借款人财务状况,而且银行与借款人之间的长期契约关系有利于缓解借款人的道德风险。从这个意义上讲,银行传统的存贷款业务赖以存在的理由是信息生产优势。"①信息技术的发展,使得投资者更容易获取融资企业的相关信息,信用评级机构、专业财经媒体的信息也有助于投资者了解特定企业的生产经营状况,在这种情况下,投资者更愿意通过直接融资的方式把资本投向企业以博取更高收益。由此,银行在吸收存款、发放贷款方面的职能受到冲击,与之相应,金融体系的组织和结构也开启了转型历程。

其次,信息技术的发展使得全球各个金融市场连为一体,金融交易的时空界限被消除。全球化是当代世界经济体系的基本特征。人类历史上第一次全球化发端于19世纪末,"大萧条"终结了这一全球化进程,贸易保护主义在各主要资本主义国家中泛滥。二战之后,随着布雷顿森林体系的建立,人类开启了第二波全球化进程。这一次,因为有信息、交通等领域技术进步的助力,全球化的进程更为彻底、更为深刻、更为广泛。主要的区别在于,第一波全球化更多是贸易和金融的全球化,而第二波全球化则实现了生产过程本身的全球化。正如威廉·I. 罗宾逊所言:"当前我们所看到的却是生产

---

① 陈国进、沈炳熙:《信息技术革命与银行业的变革》,《改革》2002年第1期,第78—81页。

过程本身全球化程度的急剧提升。全球资本的流动使得资本可以按照一系列促使赢利机会最大化的策略来重组世界范围内的生产。在这一进程中，国民生产体系被打破并被整合到外部新的全球积累循环之中。"①不言而喻，这种生产过程的全球重组和分散化，是建立在通信、信息以及交通技术进步的基础上的。

在所有市场里，金融市场当之无愧是全球化程度最高的，这意味着全球各主要金融中心和金融市场已经成为高度相关、彼此交织的一体化市场。今天，纽约、伦敦、东京、香港、上海等国际金融中心已经实现交易时间几乎无缝对接、交易手段高度互联互通的基本格局，这意味着金融交易可以在一天之内的任何时间发生，而交易本身也突破了空间限制，投资者可以轻松参与他国金融市场的交易。不过，需要指出的是，高度全球化的金融市场并不是"民主"参与的空间，而是存在着某种程度上的等级制，在这一体制中，由于美元的霸权地位，美联储及美国金融市场居于主导性地位。借助利率、汇率、资产价格等的关键信号，金融市场对实体经济的运转、产业的分工、企业的投资决策以及各国政府的经济政策都产生了重要影响。这意味着，美国依靠自身金融实力很大程度上深刻影响着全球化经济体系。

最后，信息技术催生了新的金融业态和模式，移动支付，网络信贷（P2P），蚂蚁金服的花呗、借呗等即为典型。有学者指出，互联网金融模式主要包含三个方面：支付方式、信息处理和资源配置。②另有学者认为，国内互联网金融可以分为六类：第三方支付、P2P、众筹、大数据金融、互联网金融门户以及金融机构信息化等。③一方面，互联网技术与金融业务的结合提升了金融服务的覆盖面、便利性及安全性。长期以来，金融机构都倾向于盈利状况好、行业内头部的大企业融资，中小微企业在融资方面则受到诸多限制。这是因为，金融机构服务中小微企业要付出更高的相对成本，收益则相对较低。而且，中小微企业的财务数据及可掌握的信息也不如大企业完整，不利于金融机构控制风险。随着互联网金融的诞生，中小微企业得以找到适合自己的融资渠道。另一方面，借助大数据优势，互联网平台能够直接介入信贷市场，创新金融业务模式。以 P2P 业务为例，国内的 P2P 平台大都不单纯是信息中介，而是往往通过与传统金融机构关联，承担向贷款人提供资金的职能，为了能够实现资金高速周转，资产证券化是必然的选择，比如

①　威廉·I. 罗宾逊：《全球资本主义论》，高明秀译，社会科学文献出版社 2009 年版，第 13 页。
②　谢平、邹传伟：《互联网金融模式研究》，《金融研究》2012 年第 12 期，第 11—22 页。
③　罗明雄：《互联网金融六大模式解析》，《高科技与产业化》2014 年第 3 期，第 56—59 页。

陆金所就为大量 P2P 平台提供资产证券化服务。

新技术在刺激金融创新泛滥、增加金融体系复杂性的同时,也为监管提出了新的挑战。处理风险是金融的基本职能,互联网金融并不会改变这一职能,只是由于互联网技术带来的多样金融创新,使得金融风险变得更为复杂微妙。互联网金融风险主要包括以下几个方面:"一是信息泄露、身份识别、信息掌控与处理等互联网金融特有风险。二是第三方资金存管及其可能的资金安全问题。三是潜在的重大技术系统失败及其可能引发的金融基础设施风险。四是潜在的操作风险,基于人为和程序技术的操作风险更为凸显。五是人数巨大的消费者利益侵犯与权益保护问题。"①面对上述风险,金融监管体系必须强化对互联网金融业务各个环节的监管:针对由互联网金融创新带来的监管漏洞,要及时补齐短板;针对金融业在互联网技术带动下进一步向混业经营转型的趋势,要努力克服混业经营与分业监管体系的错配;针对互联网金融涉及法律法规的不完善,要健全现有互联网监管法律框架,明确监管主体、原则、具体措施及目标。互联网及信息技术的进展既为金融业的发展积聚了巨大的潜能,也对现有金融体系及监管框架构成了冲击。通过改革现有监管框架,并建立监管信息网络以实现各个部门之间信息共享,监管当局可以及时、专业、高效地处置各类金融风险。

总体来看,大数据、云计算、互联网等技术革新为金融业的发展提供了技术支撑,不仅促进了金融业务的拓展和延伸,而且也重塑和改造了传统金融体系。反过来说,金融企业的高额利润又促使金融科技进一步发展,金融活动日益向日常生活领域渗透,民众因此享受到更为优质、更为便捷的金融服务。可以说,20 世纪 70 年代以来的金融化进程正是与技术进步同步演化的,技术进步是理解当代金融资本崛起的不可或缺的重要因素。不过,需要指出的是,技术变革并不会改变金融的本质,金融活动始终反映着市场主体投机获利的倾向,与金融活动相伴相生的风险也没有被技术手段消除,相反,高频交易和算法交易只会加大风险并使得短期金融波动更为剧烈。这意味着,技术存在着自身的限度,交易速度及信息处理能力的提升并不会改变金融活动的核心。正如有学者指出的,"在竞争性环境中,快速交易是保持竞争力的必需手段,但是它不会改变参与交易的人所从事行为的本性"②。面对技术进步对金融发展的推动作用,应当时刻保持警

---

① 郑联盛:《中国互联网金融:模式、影响、本质与风险研究》,《国际经济评论》2014 年第 5 期,第 73—74 页。

② 罗伯特·希勒:《金融与好的社会》,束宇译,中信出版社 2012 年版,第 86 页。

惕,努力化解和防范由技术介入带来的风险。

二、金融运作与技术创新的互动

技术革命与金融资本的关系并不是单向的,即技术革命推动金融业发展繁荣,毋宁说,它们之间是相互作用、相辅相成的关系。脸谱网、苹果、谷歌、亚马逊、阿里巴巴、字节跳动等互联网时代最具影响力的科技企业,其成功背后都离不开创投资本和金融运作的身影。反过来说,金融发展自身遇到的瓶颈和短板,也需要借助技术手段来突破和克服。近些年来,依赖数字技术发展起来的平台经济已经成为极具创新活力的经济分支领域,回顾过去 20 年平台经济的发展历程,可以看到,金融资本发挥了十分重要的作用。从技术的角度来看,平台经济主要包括三个环节:云计算提供的信息存储及运算能力、将分散的点连接起来的互联网系统以及面向用户的移动终端。以上三个技术环节正是因为有适宜的金融工具支持,才得以从想法变成现实,才能形成大规模的产业。

平台企业要占据有利市场地位必须以圈定一定规模的用户为前提,而这一步的完成离不开风险资本的积极介入。可以说,风险资本的金融运作是平台企业诞生的直接前提。纵观各类数字平台,其最开始阶段的主要任务都是以向消费者及商家让利的方式吸引用户、获取流量,这一阶段往往需要大量"烧钱",如果没有一轮又一轮的风险投资,这种"烧钱"模式必定是无法维持的。当平台积累了一定的用户,在行业中占据较为有利的地位之后,平台企业的估值就能够迅速提升,这个时候,就进入了风险资本的"收获期"。通过在一级市场首次公开募股,风险资本将实现自身的资本循环并获得巨大利润。"随着金融资本主义浪潮席卷全球,越来越多的公司难以抗拒首次公开募股的诱惑和压力。私募基金和风险投资就像老鹰寻找猎物那样,它们锐利的眼睛时刻寻找着下一个可能的首次公开募股公司目标,搜寻着下一个微软、雅虎、苹果、谷歌、亚马逊、脸谱、腾讯、百度和阿里巴巴。"[①]在风险资本金融运作的主导之下,平台企业将提升用户数量、流量等视作最为重要的战略目标,而一旦达到了一定的用户规模,数字平台将借助网络效应,展现出向垄断发展的内在倾向。

金融工具及金融创新对技术进步的积极意义不仅仅反映在平台经济的发展历程中,事实上,资本主义诞生以来整个技术进步史都与金融运作紧密

---

① 向松祚:《新资本论:全球金融资本主义的兴起、危机和救赎》,中信出版社 2015 年版,第 53 页。

相关。在《技术革命与金融资本》一书中,佩蕾丝(Carlota Perez)提出了著名的"技术-经济范式"。依照这一范式,技术革命可以分为四个阶段,即爆发阶段、狂热阶段、协同阶段和成熟阶段,对应这四个不同阶段,金融资本发挥的作用也各不相同。在爆发阶段,金融资本与产业资本相互促进、协调一致,前者促进了新技术的扩展与传播,后者则因此获取高额资本收益。在狂热阶段,由于大量金融资本介入新技术领域并获取高额收益,刺激了金融投机的盛行,虚拟经济与实体经济的背离逐渐成为现实。她指出,这一时期同时会出现贫富分化加剧的趋势,结果就是有效需求的不足及社会动荡频繁出现。为了顺利从狂热阶段转向协同阶段,必须处理好"资本主义内部个人利益和社会利益之间的平衡"①,否则协同阶段就不会到来,经济增长的动能就会疲软乏力。如果能够在狂热阶段与协同阶段的转折点采取有效措施,遏制经济的脱实向虚,并缓和金融资本与产业资本的矛盾,那么,新技术将会在更加有利的条件下逐步发展成熟,这意味着,技术革命进入了协同阶段。紧接而来的是成熟阶段,在这一阶段,市场逐渐饱和,技术创新也丧失活力,取而代之的更新的技术模式正在处于孕育阶段。

需要指出的是,佩蕾丝的分析主要是以发达国家的技术革命为背景的,这一分析对于解释金融体系不发达、技术发展滞后并处于依附地位的发展中国家存在着明显的局限性。事实上,佩蕾丝明确限制了自己分析的范围:"对于伴随着历次相继出现的技术革命,外围地区发生了什么,不是该书讨论的重点,而是把讨论更集中于核心国家在各个阶段的表现和特征。"②这里,问题的关键在于发展中国家往往处于全球分工体系及产业链的低端,大量利润事实上被发达国家获取,这些利润借助发达的金融工具和金融体系成为推动发达国家技术进步的源源不断的动力,同时,也在客观上阻碍了发展中国家的技术进步。以苹果手机为例,"一部美国市场售价 500 美元的手机,制造成本为 179 美元,毛利为 321 美元。321 美元的毛利,苹果公司(负责产品研发和设计)拿走一半(160 美元),分销商和零售商(负责产品销售和售后服务)拿走一半(160 美元)。179 美元的制造成本里,172.5 美元是源自日本、德国和韩国的各种组件。负责组装苹果手机的中国企业只获得剩下的 6.5 美元"③。这一案例充分表明,发达国家凭借着技术优势获取了绝大多数剩余价值,而发展中国家则陷入技术落后—低利润的恶性循环。

---

① 佩蕾丝:《技术革命与金融资本》,田方萌等译,人民大学出版社 2007 年版,第 59 页。
② 同上书,第 73 页。
③ 向松祚:《新资本论:全球金融资本主义的兴起、危机和救赎》,中信出版社 2015 年版,第 70 页。

　　然而,历史经验表明,发展中国家或外围国家并不必然永远处于产业链低端,技术的外溢效应使得发展中国家不断积累技术并逐步具备赶超发达国家的潜力,倘若能够抓住机遇,实施正确的国家科技战略,发展中国家完全有可能从追赶角色转变为高新技术领域的引领者。当前,全球经济格局已经发生了重大变化:"亚洲成为全球高端生产要素和创新要素转移的重要目的地,特别是东亚将成为全球研发和创新密集区,未来很可能产生若干具有世界影响力的创新中心。"①近年来,中国的科技实力明显提升,在不少技术细分领域都走在了世界前列。中国必须努力打破西方发达国家在技术方面的垄断,力争向产业链高端迈进,唯其如此,才能在未来的国际竞争中占据有利地位。为了实现这一目标,关键要处理好产业资本与金融资本的矛盾,遏制经济脱实向虚。问题的关键在于,一方面要限制金融投机对科技创新的抑制作用,另一方面要扭转金融资本的"嫌贫爱富"的逐利逻辑,使金融机构为最具创新活力的中小企业融资。由于技术创新具有高风险性并且回报周期往往较长,这与金融资本对流动性、高回报及风险控制的要求存在着明显冲突,为了实现金融资本与技术创新的协同发展,必须发挥国家科技战略的引导作用,通过激励与管控相结合的方式,将金融活水引至技术创新最需要的领域。

　　从狭义的金融学出发,金融是为投资者谋划收益最优的投资组合的学问,其研究对象被局限在短期交易策略及风险控制等问题上。但是,这种理解仅仅反映了金融的部分内涵。从人类文明史的角度来看,金融的发展与人类的进步息息相关。没有金融的支撑,现代经济体系根本无法存续。具体而言,金融对人类社会中或大或小的目标的实现都发挥了促进作用,正如希勒所言:"广义来讲,金融是一门研究目标构建的科学,也就是如何通过必要的经济手段实现一系列目标的学问,以及如何管理实现目标所需的资产的学问。"②从这一视角出发,当前的任务在于改进现有金融体系,使其能够为大多数人的福祉服务,就像在过去一个世纪里,保险、房贷及年金曾发挥过同样的作用。换言之,金融作为一种手段,不仅可以促进技术创新,而且可以服务于其他社会需要实现的目标。2008 年金融危机以来,普通民众对金融业或多或少存在敌意,金融业的精英权力结构也常为人所诟病。准确而全面地把握金融的积极意义与潜在消极后果,大力发展普惠金融,增强民众在参与金融过程中的获得感。

---

①　马名杰、戴建军、熊鸿儒等:《全球科技创新趋势的研判与应对》,《经济日报》2021 年 1 月 22 日,第 1—2 页。

②　罗伯特·希勒:《金融与好的社会》,束宇译,中信出版社 2012 年版,第 9 页。

第三章　金融化的实质：
资本积累结构的变迁

　　唯物史观的阐释原则，不仅强调历史性的原则，而且要求把握社会现实。所谓现实，乃是实存与本质的统一。对金融化的分析不能停留于纷繁复杂的现象或实存层面，而应该深入现象背后的深层次内容亦即本质层面。按照马克思在讨论政治经济学方法时的基本观点，对特定社会形态的把握必须首先抓住这一社会的占统治地位的生产关系。①马克思的上述观点启示我们，对于本书研究的当代资本主义金融化这一对象而言，不仅要抓住资本这一根本性的生产关系，而且特别要抓住金融资本。只有从当代金融资本的运行规律及内在矛盾入手，才能把握金融化条件下的特定社会现实。

　　资本主义每一次重大的形态变迁都反映在资本积累结构的改变上，因此，可以通过分析资本积累的结构变迁来透视资本主义的时代特征。随着第二次金融化浪潮的深入推进，金融资本已经成为资本积累的主引擎，利润的获取和积累主要集中在金融领域，与此同时，金融资本也展现出对于生产领域越发强大的控制力和支配力。这表明，资本积累结构已经金融化。资本积累意味着剩余价值的资本化，任何一种积累体制的特征都首先表现在剩余价值的获取和实现方式上。马克思对金融资本积累方式的分析大体可以分为两个方面：分割价值与博取价值。前者是针对借贷资本而言的，后者则主要针对股票等虚拟资本而言。本章将沿着马克思生息资本理论开创的分析路径，思考以金融资本为核心的当代资本积累结构展现出来的新特征及其遭遇的新问题、新矛盾，以此来把握当代资本主义金融化的本质。

　　金融是现代经济的核心。如果把金融比作人体的血液循环系统，那么，货币就是血液，信用体系就是血液借以流通的血脉。因此，要理解错综复杂的金融现象及隐含在其中的金融资本运动，必须首先从分析货币及信用体系入手。总体来看，马克思对货币现象的分析仍旧停留在较为一般和抽象

---

　　①　《马克思恩格斯全集》第30卷，人民出版社1995年版，第48页。

的水平,而他关于信用体系及生息资本的讨论则带有试探性和非系统性。不仅如此,马克思的分析主要针对的是金本位条件下以商业银行为核心的信用体系,面对布雷顿森林体系解体之后以金融市场为核心的当代信用体系,马克思的理论亟待更新和发展。随着信用体系的当代转换,金融资本的形态也从以银行信贷资本为主转向了股票、债券乃至于金融衍生品等虚拟资本占据主导地位的格局。不言而喻,对当代金融资本形态的认识是把握其运行规律的基础和前提。

马克思在分析利润率下降的规律时曾明确指出,如果缺乏对信用制度的考察,很多问题就无法得到有效说明。但遗憾的是,马克思在信用问题上的讨论很大程度是一项"未竟的事业",恩格斯在整理出版《资本论》第三卷中有关生息资本的第五篇时遭遇到了极大的困难,他写道:"主要的困难在第五篇。那里讨论的也是整个这一册中最复杂的问题。正当马克思写这一篇时,上面提到的重病又突然发作了。因此,这一篇不但没有现成的草稿,甚至没有一个可以按照其轮廓来加以充实的纲要,只不过是开了一个头,不少地方只是一堆未经整理的笔记、评述和摘录的资料。"[1]不仅如此,后来的马克思主义者也较少关注货币和信用问题。除了列宁和希法亭之外,至多还有罗斯多尔斯基(Roman Rosdolsky)和德布伦霍夫(Suzanne de Brunhoff)在这方面做出了重要贡献,总体来看,马克思主义者对信用和金融问题讨论的文献仍显单薄。本章的目标在于将对货币和信用的分析整合到马克思主义的资本积累理论中,进而明确信用体系在资本主义经济体系中的地位和作用。

第一节　货币作为金融体系的基础

金融体系的生成既是资本主义生产方式发展的必然要求,又是货币形式从商品货币向信用货币转变的衍生后果。起初,信用货币只是作为商人及生产者之间私人约定的汇票而存在的,货币经营者的主要业务则集中于货币流通的纯粹技术性方面。后来,随着货币经营者日益介入汇票的贴现,他们开始意识到,用自己的汇票取代个别生产者发行的汇票是更加有利可图的。于是,货币经营者逐步演变为发行银行券(银行汇票)的银行家。银行券的发行为后来法币的出现奠定了基础,并且也催生了信用体系内部的

---

[1]　马克思:《资本论》第 3 卷,人民出版社 2004 年版,第 8—9 页。

等级制度,中央银行占据了这一等级制度的最高位置。

一、流通信用:从商品货币到信用货币

从货币的发展史来看,最早的货币形式是诸如牲畜、贝壳等实物,经过不断探索,人类终于意识到金、银等贵金属是充当货币的最佳材料。无论东方文明还是西方文明,历史的发展最终都选择了贵金属作为货币,这一点充分表明了贵金属在充当货币时具有的独特优势。这种优势表现在以下三个方面:其一,贵金属货币容易标准化,这是因为贵金属材料往往具有均质性。其二,贵金属货币是可分的,可以灵活适应或大或小的购买需求。其三,贵金属货币不容易变质,材料可以很长时间保持自己的特性。基于以上三个方面的特性,贵金属货币在很长一段历史时期中成为人类社会的主导货币形态。

货币的出现有其必然性,其背后深刻的动力来自人类社会从自然经济向商品经济的转变。商品经济意味着每个人都需要通过交换来满足自身的需要,因此,交换必然会普遍地进行。为了提升交换本身的效率和便利度,必须用货币作为交换的媒介,消除以物易物原有的限制和束缚。这表明,货币的首要职能即是交易媒介。除此之外,货币还发挥着价值尺度和财富贮藏手段的职能。作为价值尺度,任何一种商品的价值都可以用货币来表示,由此任意两种商品的相对价值关系一目了然。作为财富贮藏手段,货币的突出特点在于其流动性高,相比于房地产、债券、股票等财富,货币可以十分方便地转换成任何一种商品,进而满足货币持有者的各种需求。

货币形式在商品经济的发展进程中经历了不断的演变,其基本逻辑在于提升交换效率、降低流通费用。在商品流通(W—G—W)关系的内部,一种商品总是不断被另一种商品替代,货币则表现为转瞬即逝的。因此,货币只是商品流通的手段,它服务于整个社会的物质变换。希法亭指出:"它(货币——引者注)表现为单纯的技术辅助手段,这种手段的利用造成的额外费用,必须尽可能加以避免。与此同时,排除货币的努力也同货币一同增长起来。"[1]既然纸币的使用能够大大降低货币的流通费用,那么,用纸币取代贵金属货币就成为十分自然的了。不仅如此,纸币的优越性在于它可以灵活地适用商品流通领域对于流通手段不断变化的量的需求。与之相反,黄金的供给受制于具体的生产条件,无法及时做出调整。当然,纸币的劣势也是

① 鲁道夫·希法亭:《金融资本:资本主义最新发展的研究》,福民等译,商务印书馆 2012 年版,第 18 页。

十分明显的。一旦纸币投入流通,它就无法退出流通领域,至少不能像贵金属货币那样被熔化,从而适应于所有者的其他目的。在这种情况下,货币的供应总量似乎只有一条路可走,那就是以或快或慢的速度增加,这意味着,通货膨胀在纸币取代贵金属货币的情况下是一种非常现实的可能性。

就其本质而言,纸币是一种典型的信用货币,"如果发行纸币的钱庄、商号不能按质按量地向纸币的持有者兑换贵金属,纸币就会丧失信誉,人们也就不会接受它"①。换言之,人们对纸币的接受和承认反映的是对纸币发行者的信任。现代社会中的纸币是作为法币强制流通的,纸币的发行和流通必须由国家和法律提供后盾,才能让纸币的使用者认同其稳定性和价值。因此,人们对法币的信心,归根到底是由国家信用来支撑的。除了纸币这种典型形式的信用货币之外,私人约定的商业汇票包括后来的银行汇票都可以算作信用货币大家庭的成员。汇票形式的信用货币具有以下特点:其一,汇票是有期限的,到期之后就会被赎回,从而退出流通。其二,汇票是由私人或银行创造的,这使得信用货币的数量和规模可以灵活适应商业需要扩张或收缩。其三,信用货币是以现实的商品交易作为支撑的,如果现实的商品交易出现中断或者无法按照预期的价格完成,那么,信用货币就会贬值甚至完全毁灭自身的价值。如果说私人约定的信用货币的价值丧失是可能引起经济危机的私人问题,那么,作为法币的信用货币的价值丧失则一开始就是社会性的,它带来的后果将由社会全体成员来承受。对于当今时代深受通货膨胀之苦的各国民众来说,通货膨胀在财富再分配方面的巨大威力无疑是十分显明的。

尽管都是信用货币,但从逻辑关联上来看,正是汇票为纸币(银行券)的出现奠定了基础。作为纸币的前身,银行券无非向银行家签发的、代替私人汇票的银行汇票。正如马克思所言:"就像生产者和商人的这种相互预付的关系形成信用的真正基础一样,这种预付所用的流通工具,票据,也形成真正的信用货币如银行券等等的基础。"②汇票的使用极大地便利了商业经营者,现在,商业经营者可以将商品保存到市场状况较好的时候,而不必因为急于取得货币而将其出售导致损失。但是,由此带来的问题是,投机与信用关系一同发展,仿佛任何便利营业的信用关系都必然会助长投机。一方面,出现了仅仅为了获得贷款而制造商品并把制成的商品运输到远方市场去的尝试,特别是委托销售制度的广泛采用,造成了商品市场大量过剩和紧随其

① 易刚、吴有昌:《货币银行学》,上海人民出版社2013年版,第27页。
② 马克思:《资本论》第3卷,人民出版社2004年版,第450—451页。

后的危机。另一方面,出现了贸易上的欺诈行为,"在东印度贸易上,人们已经不再是因为购买了商品而签发汇票,而是为了能够签发可以贴现、可以兑换成现钱的汇票而购买商品"①。这意味着,商品的买卖已经不再是产业资本积累的必要环节,而是成了陷入困境的商业经营者进行金融欺诈的重要组成部分。

总体来看,汇票投机带来的结果不仅是银行家及汇票贴现业者蒙受损失,更为重要的是,投机促使市场上商品过剩,令实体经济陷入潜在的危机之中,进而从根本上动摇了信用体系的现实基础。一旦实体经济出现问题,商品的销路不畅,信用货币就会随着商品的贬值而急剧贬值。这是因为,信用货币就其本质而言只是一种支付约定,这种约定的最终实现取决于市场条件。因此,它的贬值在市场波动的条件下是一种十分现实的可能性。信用货币能够替代现实的纸币或金属货币发挥流通手段的职能,正是以信用货币的接受者对其可兑性的信任为前提的。一旦可兑性遭到哪怕只是微小的质疑,信用货币的接受者就会立即要求加以验证,而一旦验证开始,整个信用体系将会在传导效应之下遭遇重创。

二、间接资本信用:银行货币资本的权力生成

银行的前身是货币经营机构,经历了漫长的历史演变,现代银行制度才最终成型。银行汇票的签发使货币经营者超出了传统的技术性的货币管理业务,标志着货币经营者向银行家转变的开始。随着支付在同一地点的集中,不同的汇票就会相互抵消,因而,只需要较少量的货币就能结清复杂的债务。这意味着,必须设置专门的清算银行,以便利汇票结算,从而达到节约货币、降低流通费用的目的。现代意义上银行出现的关键一步是信用从流通信用向间接资本信用的转变,正是间接资本信用构成现代银行业务及利润的主要部分。即使用银行汇票取代了商业汇票,也仍然未超出商业信用的范围。间接资本信用则意味着完全不同的业务,马克思指出:"信用制度的另一方面,生息资本或货币资本的管理,就作为货币经营者的特殊职能发展起来。货币的借入和贷出成了他们的特殊业务。他们以货币资本的实际贷出者和借入者之间的中介人身份出现……银行的利润一般地说在于:它们借入时的利息率低于贷出时的利息率。"②不言而喻,间接资本信用意味着银行资本与产业资本的关系问题被置于讨论的中心位置,希法亭正是

---

① 马克思:《资本论》第3卷,人民出版社2004年版,第461页。
② 同上书,第453页。

从银行资本与产业资本的关系角度来说明金融资本的。

如果说流通信用最初起源于商品流通,起源于货币作为支付手段的职能,那么,资本信用则意味着资本家集团分裂为货币占有者和企业主两大部分。前者构成资本信用的供给方,而后者则构成资本信用的需求方。作为资本信用的供给方,银行必须首先吸收存款,具体而言,包括以下几种形式:首先,产业资本在循环过程中,会产生周期性游离和闲置的货币资本。一方面,为了保持生产的连续性,使其不至于因为资本停留在流通领域而中断,追加一笔货币资本是必要的。另一方面,由于货币在资本主义生产过程中不是立即转化为劳动力和生产资料,而是根据生产条件一笔一笔地付出,所以即使不考虑追加资本,仍然会产生闲置的货币资本。除此之外,固定资本由于其逐渐回流自身的特性,也会带来大量闲置的货币资本。由于闲置的货币资本无法产生利润,于是,便有了将其集中在银行并由银行借贷出去从而作为生息资本执行职能的必要。其次,银行会通过吸收货币资本家的存款及各种逐渐花费的收入来充实资本金。"随着银行制度的发展,特别是自从银行对存款支付利息以来,一切阶级的货币储蓄和暂时不用的货币,都会存入银行。小的金融是不能单独作为货币资本发挥作用的,但它们结合成巨额,就形成一个货币力量。"①最后,银行由于把各个企业的准备金集中起来,从而减少了必要的准备金的数量,由此也能增加可供借贷的货币资本。

银行提供给产业资本家支配的货币资本,可以以不同的方式投入生产活动:货币资本根据产业需要被转化为固定资本或流动资本。固定资本与流动资本的回流方式具有显著的差异,正是这种差异决定了银行与资本主义企业关系的不同。"银行把它的资本投入资本主义企业,从而与这个企业的命运有了联系。银行资本在企业中越是执行固定资本的职能,这种联系也就越是固定。同产业企业比较,对于商人,银行要自由得多。"②由于固定资本的回流要经历一个较长的时期,在这个时期内,银行提供的货币资本将长期被束缚在企业的固定资本上。然而,银行吸收的存款要求刚性兑付,换言之,必须随时能够提取。这就要求银行将用于固定资本的贷款限制在整个借贷资本中充当最小限额的范围内。这里的最小限额指那种其构成虽然不断变化,但会长期保留在银行手中的部分。否则,银行就会面临流动性危机。

---

① 马克思:《资本论》第3卷,人民出版社2004年版,第454页。
② 鲁道夫·希法亭:《金融资本:资本主义最新发展的研究》,福民等译,商务印书馆2012年版,第84页。

随着资本有机构成的提高，企业越来越依赖银行提供固定资本投资方面的支持。由此带来的结果是，银行与产业资本的联系愈加紧密，银行获得了对企业越来越大的影响力。在企业的实际运行过程中，总会出现需要履行自己信用债务的时刻。这种履行有时不得不求助于银行才能完成，这时候，企业的命运就掌握在银行手里，银行完全可以通过限制信用使这种履行不能实现。不仅如此，由于信用制度使得每个企业的闲置资本量都尽可能缩减至最低限度，所以对于任何缺乏流动资金的紧急情况，都必须通过资本信用追加资本才能应对。时至今日，尽管当代信用体系日益复杂化，各种金融创新层出不穷，但是，银行仍然是重要的金融机构，企业通过银行融资仍然是获取资金的有效渠道，这一点无论是对于银行主导的信用体系抑或是对于金融市场主导的信用体系都是适用的。

总体来看，流通信用与间接资本信用具有互补关系，换言之，当流通信用依靠的票据无法兑付，提供间接资本信用的银行就出场了。之所以称为资本信用，是因为这种信用的职能在于将货币由闲置货币转化为执行职能的货币资本。与流通信用相比，资本信用并不会带来流通费用的节约，而只是使闲置货币转移到能够带来资本增殖的用途上，由于这种转移，生产的规模得以在同样的货币基础上扩大。银行的前身是负责货币管理、支付中介等技术性业务的货币经营机构，这时的货币经营机构毫无疑问是辅助产业资本流通的中介性机构。一旦银行开始承担将闲置货币转化为产业资本的一部分的职能，银行在整个资本主义经济体系中就会扮演十分不同的角色。

三、直接资本信用：虚拟资本与资本动员

资本无休止的积累带来了企业规模的扩大、资本有机构成的提高，与此同时，固定资本的体量、周转时间也日益增加，这就为技术更新所要求的固定资本投资带来了巨大的压力。现在，为了进行固定资本投资，资本家必须贮藏足够多的货币，以便支付最初的购买价格。产业资本固然可以通过银行进行融资，但这样一来，压力就转移到了银行身上。银行货币资本必须在很长一段时间将自己束缚在企业的固定资本之中，才能获取利息。不仅如此，由于利息是对未来生产的剩余价值的分割，而剩余价值的生产本身是不确定的，它"会随着竞争的状况、技术变革的步伐、剥削率以及资本积累和过度积累的总体动态而改变"[1]。这意味着，银行借贷资本将会在固定资本周转的长时期内始终处于风险之中，随着固定资本规模的增大，风险将变得难

---

[1]　大卫·哈维：《资本的限度》，张寅译，中信出版社 2017 年版，第 422 页。

以承受,这种状况无疑会对银行借贷资本的流通产生严峻阻碍。

为了解决这一难题,以股票为代表的虚拟资本被创造出来作为应对方案。虚拟资本是收益资本化的产物,正是在这个意义上,股票、债券甚至地产抵押单都可以被视作资本。马克思指出,"生息资本的形式造成这样的结果:每一个确定的和有规则的货币收入都表现为一个资本的利息,而不论这种收入是不是由一个资本生出"。①由于虚拟资本只是收益按照一定规则资本化的结果,所以它们的存在是纯粹虚拟的。股份资本作为现实的产业资本的"纸质副本",毕竟是由产业资本的存在促成的。国债的虚拟性则达到极致,因为它不再代表任何现实的资本,其价格只不过是国家税收的一定份额资本化的结果。虚拟资本的出现加深了资本拜物教的观念,并使得信用体系变成马克思所言的"颠倒错乱形式之母"。股票作为所有权证书并不能使其持有者支配现实的资本,他们只对未来收益拥有债权。尽管股票的价格与现实的资本积累有关,但其波动却有着自身的规律,因此,可以表现为相对独立于现实资本积累的过程。"股票价格并不取决于实际执行职能的产业资本的价值(或价格),因为股票不是企业中实际执行职能的资本一部分的凭证,而是收益的一部分的凭证,因而首先取决于利润量(因而是一个比产业资本本身的生产要素的价格变动更大的量),其次取决于一般利息率。"②

尽管虚拟资本的出现导致种种形式的颠倒错乱,但是其出现却有其必然性,正是借助虚拟资本,企业可以实现资本动员。投资于固定资本的货币资本,可以通过股票的出售而实现回流。这样一来,就不存在大量货币资本被束缚于固定资本流通之中。不仅如此,由于股票的发行可以面向社会大众吸收资本,风险也被分散化了。这一切得以实现的前提是证券交易所的存在,正是证券交易所提供了一个股票交易的市场,从而让股票能够随时出售以实现货币资本的回流。民众之所以愿意参与股票市场,根本上是看到了通过投机获取价差的可能性。由于在固定资本的融资方面显示出巨大的优势,股份公司的发展获得了远超私人企业的支持和动力。银行不再担心提供给股份公司的大量贷款会长期被束缚在固定资本上,因为后者可以通过发行新股或债券等方式来偿还债务。于是,银行向股份公司提供信用的意愿比以前更为强烈,从而银行与股份公司的联系也越来越紧密,正是这一点强化了银行对股份公司的控制。

① 马克思:《资本论》第3卷,人民出版社2004年版,第464页。
② 鲁道夫·希法亭:《金融资本:资本主义最新发展的研究》,福民等译,商务印书馆2012年版,第107—108页。

　　在创造虚拟资本的过程中,银行发挥了重要的作用。希法亭指出:"银行的第三种职能,同样是向生产资本家提供资本,但不是银行把资本贷给生产资本家,而是通过银行把货币资本转换为产业资本和虚拟资本以及这种转化本身的实现。"①这里的第三种职能实际上已经超出传统商业银行的业务范围而进入了投资银行的业务范围。在对企业进行股份制改造及首次公开募股的过程中,投资银行并不提供信用,也不收取利息,其目标在于获取所谓"创业利润",即利润按利息率资本化以及按利润率资本化之间的差额。对"创业利润"的追求极大推动了私人企业向股份制企业的转化,造就了后者成为公司组织形式的主导形态。

　　就其本质而言,虚拟资本是一种分割未来剩余价值的权利。既然是分割未来剩余价值,那就必须先有剩余价值被创造出来。这就需要通过虚拟资本的出售吸收社会资本,并在此基础上推动现实的生产过程,只有在现实的生产过程中,剩余价值才会被创造出来。如果虚拟资本的创造服务于现实的生产过程,那么这种创造对于经济发展与社会进步无疑有积极意义。但问题在于,并非所有的虚拟资本都会服务于实体经济。虚拟资本的运作"会停留于货币流通体系内部而形成所谓'虚转',不发生向实体经济的真实投资,因而不发生真实的资本增殖现象"。②如此一来,虚拟资本的运动就变成一个相对独立的领域,虚拟经济领域由此诞生。不仅股票、债权等证券化资产的买卖活动能够衍生出虚拟经济领域,房地产的投机和炒作在今天也成为虚拟经济的组成部分。当房地产被当为投机对象的时候,其在很大程度上已经变成金融产品,买入者关心的不再是其使用价值,而是交换价值的波动。

　　无论是虚拟资本还是虚拟经济都需要辩证地加以考察,既要看到它们促进经济发展特别是解决固定资本流通难题的正面作用,又要看到与虚拟资本流通必然相关的投机行为的盛行与普遍化。事实上,如果没有对虚拟资本的投机,则虚拟资本交易的市场很难建立起来,从而虚拟资本便无法真正实现资本动员的功能。"虚拟经济对科技创新成果转化为现实生产力的过程具有强大的动力作用……比尔·盖茨创立的微软公司、乔布斯创立的苹果公司等等高科技公司的巨大成功,依靠的正是强大的虚拟资本力量。"③但是,虚拟经济及投机活动应当限制在一定的范围内,否则将会对实体经济产生抑制效应,特别是虚拟经济的过度膨胀会对实体经济造成"抽血

---

① 鲁道夫·希法亭:《金融资本:资本主义最新发展的研究》,福民等译,商务印书馆 2012 年版,第 129—130 页。
② 鲁品越:《鲜活的资本论:从〈资本论〉到中国道路》,上海人民出版社 2016 年版,第 415 页。
③ 同上书,第 422 页。

效应",容易导致经济"脱实向虚"及社会财富分配不公的局面。与此同时,投机的盛行将会加剧金融风险,并对实体经济产生负面效应。随着民众对金融市场及金融体系的介入越来越深,金融风险一旦爆发将会对千千万万的家庭产生重大冲击。不仅如此,在西方发达国家的股市中,经常会出现的是:上市企业、审计公司以及金融机构相互配合,利用信息不对称欺骗广大股民,导致大量股民出现大幅亏损的情况。

四、信用金融体系的当代转换

以上的分析呈现了资本主义生产方式中主要的几种信用形式,在具体分析的过程中,信用体系内部的各种工具及机构都有所涉及,正是这些工具及机构共同塑造了信用体系的基本图景。长期以来,银行都居于信用体系的核心位置,构成信用体系等级秩序中的关键一环。货币的内在矛盾推动信用体系不断演进、不断趋于成熟。作为流通手段,货币以信用货币的形式表现出来是十分自然的。由于信用货币既能极大地降低流通费用,又能灵活适应商品流通对货币的需要,因此,它可以很好地承担流通手段的职能。但是,信用货币最终能够兑现的实际价值有多少始终是值得怀疑的。即使不考虑信用货币的纯粹投机带来的风险和价值丧失,市场价格的波动、需求的变化也会影响信用货币的可兑付价值。这意味着,作为流通手段的信用货币无法充当价值尺度。作为价值尺度,货币必须是"坚硬"的货币,它的价值要能够代表社会必要劳动。由于信用货币的价值本身是不确定的,信用货币的品质就需要以某种方式得到保障。可以说,信用体系的层级设置在某种程度上就是为了确保信用货币的品质而创造的。

首先出场的是生产者和商人之间相互提供的私人信用即商业汇票,由于市场的复杂化,这种基于彼此了解和信任的信用无法满足现实中多样化的信用需要。于是,有了银行汇票对私人商业汇票的取代,银行汇票意味着信用关系被制度化了。通过或接受或拒绝对私人商业汇票贴现,银行实际上起到了保证私人商业汇票品质的作用。这样一来,银行就成了信用体系的第一个层级。但是,银行彼此之间是相互竞争的,不同银行相互持有的对方银行的汇票也存在结算的需要。"当市场上的商品的价值难以确定时,对充足的货币商品储备的需要就变得更加紧迫了——否则银行就有可能破产。另一方面,到处运送并储存黄金是不方便、有风险、无效率的。银行必须找出某种别的办法来使不同的银行货币可以自由地相互兑换。"[1]为了解

---

① 大卫·哈维:《资本的限度》,张寅译,中信出版社 2017 年版,第 278 页。

决这个问题，就需要在商业银行之上设置更高等级的机构，中央银行就此出场。只有得到中央银行认可的商业银行的信用货币，才能自由兑换为中央银行的货币。至少在一国之内，中央银行承担起了确保各个银行信用货币品质的重任。除此之外，中央银行还要负责平衡国际收支。在金本位的时代，黄金自然充当起了国际交换中的流通手段或支付手段的职能。一旦金本位被废除，或者说，本国货币向黄金的可兑换性被终止，国与国之间账目往来的结算就会成为一个问题，这是原本便存在的结算问题在更高等级上的再现。只有不同国家的货币可以按照某个确定汇率来兑换，这种结算才是可能的。于是，问题的关键又变成了如何约束一国发行货币的品质。

随着 20 世纪 70 年代以来布雷顿森林体系的解体，原本由美国主导的世界货币秩序开始动摇。人们尝试建立一种新的秩序，并发明了诸如特别提款权之类的超国家货币。不过，时至今日，问题仍然未能得到妥善的解决。作为一种主要的国际结算货币，美元的品质并未得到有效保证，反倒是美国利用美元霸权不断收割其他国家。事实上，美联储也陷入两难之中，一方面它必须捍卫美元的品质，另一方面它又不得不担负起促进资本积累的使命，而这两者对货币政策的要求往往相互冲突。确保货币品质的难题仅仅是以银行为主导的信用体系所面临的困境的一个方面，事实上，作为上述信用体系关键一环的商业银行因为自己的局限性而始终处于潜在的风险之中。正是这种潜在的风险为信用体系的当代转换提供了主要的推动力。有学者指出："商业银行和间接金融自身有着明显的局限，无法回避储蓄人还本付息的刚性和借款人还款受经济周期影响的弹性之间的矛盾。"[1]

具体来说，信用体系的当代转换表现在以下几个方面：首先，资本市场在信用体系中的地位开始上升。资本市场代表的是直接融资模式，与商业银行代表的间接融资模式相比，直接融资模式具有诸多优点：一是直接融资能够降低融资成本，避免中间环节带来的成本上升，极大提升融资效率；二是直接融资意味着用股权关系替代了债权关系，通过这种替代，实现了风险的分散化，避免了过去风险集中于商业银行的局面；三是直接融资模式能够最大化地吸收社会闲散资金，从而让整个社会的资源配置的效率进一步提升，避免资金的闲置和浪费。其次，信用的接受方由原来的产业资本为主，转向消费者与产业资本并重的格局。直接融资的兴起挑战了银行在信用体系中的地位，越来越多的企业开始绕过银行直接在资本市场上融资，银行的盈利能力受到威胁。为了应对这种局面，银行日益转向了为个体提供金融

---

[1]　刘纪鹏：《资本金融学》，东方出版社 2017 年版，第 16 页。

服务,房贷、车贷、信用卡、消费金融等各种面向消费者的金融服务如今已成为银行利润的重要来源。最后,信用体系与实体经济的关系发生倒转,经济脱实向虚的趋势明显。在马克思写作《资本论》的时代,信用体系更多扮演资金融通的中介角色,其扩张往往紧随实体经济的扩张之后发生。由于金融资本的增殖以产业资本的积累为基础,只有产业资本顺利完成自己的循环,金融资本才能获取预期的利润。20 世纪 70 年代以来,随着资本主义金融化的深入推进,虚拟经济迅速膨胀起来,实体经济与虚拟经济的关系发生倒转。由此,以资本市场为核心的当代信用体系中的各类非银金融机构也从中介性、服务性的角色转变为支配性、主导性的力量。

信用体系职能的发挥离不开各种类型的金融机构以及名目繁多的金融工具及产品,信用体系的变迁很大程度上也反映在新兴的金融机构及金融工具的不断涌现上。从最开始商业汇票的出现到银行汇票及纸币的普及,再到股票、债券以及今天纷繁复杂的金融衍生品的不断涌现,信用体系也在金融工具和金融产品的不断丰富中越来越专业化和系统化。专业化是因为信用体系必须通过专业的分工来满足不同群体、行业等对信用的不同需要,系统化则表明了各个局部的信用循环彼此之间实现了高度整合。信用体系的当代转换的直接后果在于各类金融创新及金融衍生品的泛滥上,要想理解当代金融体系,必须对金融衍生品有所认识。"衍生金融工具是一种合约,它的价值取决于作为合约标的物的某一金融工具、指数或其他投资工具的变动状况。"[①]从积极的意义来看,各种类型的金融衍生品的基本职能都在于分散和转移风险,例如,远期合约可以在外汇市场上有效防范汇率波动的风险,套期保值合约则可以帮助农户避免农产品价格波动带来的风险。然而,投机的冲动总是会促使衍生品的交易走向失控,最终加剧了整个金融体系的风险和危机趋势。因此,当代信用体系面临的重大课题是,如何有效地通过金融监管规范和约束衍生品的交易,使其最大限度发挥防范风险的积极作用,同时避免投机的需求压倒规避风险的需求。

第二节　金融资本的本质及其内在矛盾

生产关系是一个总体性的概念,正是生产关系的总和构成了社会的"骨骼",成为理解既定社会形态的关键。正如马克思所言:"生产关系总和起来

---

① 易纲、吴有昌:《货币银行学》,上海人民出版社 2013 年版,第 97 页。

就构成所谓社会关系，构成所谓社会，并且是构成一个处于一定历史发展阶段上的社会，具有独特的特征的社会。古典古代社会、封建社会、资本主义社会都是这样的生产关系总和，而其中每一个生产关系的总和同时又标志着人类历史发展中的一个特殊阶段。"①产业资本与金融资本的关系是生产关系总体内部的不同组成部分的关系。资本主义金融化意味着金融资本在生产关系总和内部日益占据主导地位，因此，深入理解金融资本的本质及其内在矛盾，就成为把握金融化这一资本主义特定阶段的关键。金融资本的概念在马克思主义思想中拥有独特的历史。马克思本人虽然没有使用这个术语，但他关于不同种类的货币资本的流通过程留下了大量较为分散的文字。他对金融资本的界定隐含其中：那就是一种以信用体系为中心的特殊的资本流通过程。后来的作者倾向于放弃这种从过程出发的观点，并把这个概念当作资产阶级内部的对一般的积累过程施加了巨大影响的权力集团。本节将对关于金融资本的两种看法——其一从过程出发，其二从权力集团出发——进行比较，并说明对前者的探讨——这种探索特别强调了金融资本的内在矛盾——如何有助于识别出一些相互抗衡的力量，它们在资产阶级内部同时创造并破坏了权力集团的连贯的形态。马克思对金融资本运动的理解会让我们就资本积累的动态和危机的形成过程获得一些深刻的见解，这是从权力集团的角度来理解金融资本不能达到的。

一、作为资本拜物教的金融资本

资本主义兴起和扩张的历史同时也是瓦解和改造旧的生产形式的历史，通过对旧生产形式中的某些因素的改造和吸纳，资本主义成功将其转化为自身的组成部分。原始的高利贷资本在其向现代金融资本进展的过程中经受的命运，即清晰地体现了这一点。在现代资本主义的整体系统中，金融资本结构性地从属于产业资本，金融资本仅仅以某种特定的形式分割和博取了由产业资本榨取的剩余价值。从这一角度来看，金融资本的本质只能根据产业资本的本质来理解。②但是，在人们的日常意识中，金融资本却表现为资本纯粹的、本原的形式。在金融资本的形式上，社会关系表现为物同自身的关系，被商品关系掩盖的人同他人的关系以及人同满足自身需要的客体之间的关系逐渐消失不见了。这意味着，正是在金融资本中，资本的拜

---

① 《马克思恩格斯选集》第1卷，人民出版社2012年版，第340页。
② 格奥尔格·卢卡奇：《历史与阶级意识：关于马克思主义辩证法的研究》，杜章智、任立、燕宏远译，商务印书馆2009年版，第159页。

物教形态和资本拜物教的观念走向完成。

当代资本主义金融化的趋势孕育了金融资本任意性、独立性的幻觉,归根结底这都是资本拜物教的观念表现。金融资本任意性的幻觉催生了金融创新的泛滥,而金融资本独立性的幻觉则为金融体系脱离实体经济自行运转并反过来支配实体经济提供了意识方面的支撑。当巨额金融资本以 $G—G'$ 的形式空转并套利时,参与其中的个体显然丧失了有关金融资本增殖限度的意识,这是因为:金融资本运动的限度不在于自身而在于产业资本,而一旦金融资本被理解为资本同自身的联系时,构成其限度的产业资本运动就被掩盖了。马克思在思考金融问题时始终坚持的基本立场是:金融资本是非独立性的存在,只有将其置于与产业资本的联系中,并以产业资本作为参照系,才能真正理解金融资本的本质。这一立场有助于消除上述幻觉,促使我们真正深入金融体系运作的内部中去,最终把握这一运作背后的机制和秘密。

上述基本立场决定了马克思的分析始终是从联系和比较的视野出发的。首先,通过对比金融资本与产业资本在商品性质上的差异,马克思得出金融资本是一种特殊商品的结论。产业资本的运动总是可以分解为买和卖,总是可以归结为商品的形态变化。在形态变化的过程中,商品和货币并不是作为资本而发挥职能。它们之所以成为商品资本和货币资本,恰恰是因为商品和货币的运动构成资本总运动的一部分。相反,金融资本的特殊性在于,无论对于贷出者还是借入者,金融资本始终是作为资本——一种以增殖为自身规定性的商品——参与流通的。马克思写道:"它(金融资本——引者注)的特有的性质也正在于此……它不仅对把它让渡出去的人来说是资本,而且它一开始就是作为资本交给第三者的。"①

其次,如果说资本总是以剩余价值为其根本追求,因而必然要占有剩余价值,那么,不同形态资本的区别也必然会表现在其与剩余价值发生关系的不同方式上。从这一视角来看,马克思分析的利息与企业主收入的区别无疑反映了金融资本与产业资本的区别。利息对应的是资本所有权,企业主收入对应的则是职能资本。换言之,资本的所有者不用参与具体的生产过程,就可以凭借其所有权而分割企业利润,获取利息收入。与之不同的是,企业主则必须让资本发挥自己的生产及流通职能,只有依次通过资本积累的各个环节,企业主才能获取相应的收益。利息和企业主收入原本都是利润的一部分,剩余价值构成它们两者的共同基础。但是,由于利息和企业主

---

① 马克思:《资本论》第3卷,人民出版社2004年版,第384页。

收入处于相互对立之中，剩余价值背后的劳动与资本的对立就被掩盖了，仿佛利息和企业主收入都是资本的产物和果实。

最后，无论从商品性质还是从占有剩余价值方式入手的对比都是一种静态的对比，马克思金融资本理论的深刻性恰恰在于，他特别发挥了一种动态的对比，即从流通过程出发的对比。事实上，商品的性质也好，剩余价值的占有方式也好，无不依赖于资本的流通过程。金融资本的流通可以分为两个环节，"第一次支出，使资本由贷出者手中转到借入者手中，这是一个法律上的交易手续……资本的偿还，使流回的资本再由借入者手中转到贷出者手中，这是第二个法律上的交易手续，是第一个交易手续的补充"①。这里，值得注意的是，马克思将金融资本流通的两个环节都归结为法律上的交易。法律上的交易意味着什么？不言而喻，法律上的交易本质上是契约关系，从而建立在共同意志的基础之上。但是，共同意志说到底仍然反映的是特殊意志或者说意志的任意性。于是，法律上的交易必然无法摆脱任意性的束缚。从这一点立即可以看出，当代金融创新的无度性和无节制的根源在哪里。现实的资本再生产过程总是要受到多重的客观条件的约束，因此，资本再生产是否能够成功进行是充满偶然性的事情，尤其是价值实现的环节，马克思称其为一次"惊险的跳跃"。相反，金融资本的运动由于仅仅以任意的、法律上的交易为中介，必然为通过复杂的数学模型包装的金融衍生品的畅行无阻打开了巨大的空间。这是意志任意性的领地，这里重要的只是金融创新是否具有精美的包装。

不仅如此，如果金融资本的流通仅仅包含借出和回流两个环节，那么，它就不过是现实资本运动的没有内容的形式。换言之，资本在金融资本的形式上变成了一种纯粹的自身联系。作为纯粹的自身联系，金融资本取得了独立性。然而，在马克思看来，这一独立性从根本上讲是虚假的独立性，它仍然无可避免地要受制于现实的前提。这种前提就在于："货币实际上会当作资本使用，实际上会流回到它的起点。因此，货币作为资本进行的现实的循环运动，就是借入者必须把货币偿还给贷出者的那种法律上的交易的前提。"②如果我们认为金融资本的独立性是真实的，那么，就可以设想全部资本都被用于借贷，而没有人购买和使用生产资料。但是，这样一来，利息必然会降到极低的程度，金融资本的存在本身将会遭到自我否定，很多人无法依靠利息来维持生活，从而不得不重新将手中的资本用于生产性投资。

---

① 马克思：《资本论》第 3 卷，人民出版社 2004 年版，第 389 页。

② 同上书，第 391 页。

事实充分证明,利息的独立性以及金融资本本身的独立性都是幻想。尽管这种独立性的幻想迎合了资产阶级意识形态掩盖剩余价值起源的企图,但是,设想资本不执行生产职能也能带来剩余价值并提供利息,毕竟是荒唐的。

以产业资本及其运动为参照,马克思将金融资本界定为一种特殊的、形式化的流通,就其本质而言,它是拜物教的最高形态——资本拜物教:"在 G—G′上,我们看到了资本没有概念的形式,看到了生产关系的最高度的颠倒和物化。"[②]这一定义在面对当今金融创新异常丰富、异常复杂的现实时,仍然是适用的。无论金融产品背后有着怎样复杂的定价机制,金融资本运动的根本特征都在于脱离生产过程的中介直接实现价值增殖。在马克思的时代,金融资本的增殖(G—G′)主要依靠将借贷资本投向产业部门获取利息,而在今天,金融资本的增殖则主要依靠资本市场的投机,亦即利用价格波动获取价差。不仅如此,金融资本也越来越依靠向日常生活及消费领域的渗透以及在全球范围进行剥夺性积累来实现增殖。正是在这里发展出一整套金融欺诈的技术,从而造成国家内部及全球范围出现贫富差距持续拉大的严峻局势。这表明,马克思阐发的金融资本的拜物教逻辑在当代呈现出新的特征。

以上的分析表明,正是金融资本的拜物教性质构成金融部门脱离实体经济过度膨胀的前提,随着金融领域的繁荣发展,金融资本在 20 世纪晚期再次强势崛起。金融资本的崛起首先是相对于产业资本而言的。若是金融资本连表面上的、虚假的独立性都不具备,那么,金融资本至多只能与产业资本保持亦步亦趋的关系,从而金融资本的崛起将是不可设想的。同样,若是金融交易不是以共同意志为基础,从而具备任意性的特点,金融创新的泛滥及金融业的大发展就不可想象。按照布罗代尔和阿瑞基的观点,金融化并不是 20 世纪才有的新现象,而是在历史上周期存在的。如果我们认同这一观点,那么,马克思对金融资本拜物教性质的分析可谓是提供了理解金融资本崛起的一般逻辑。至于与一般逻辑相对应的特殊逻辑,则需要到特定的历史条件去寻求。譬如说,依照列宁的分析,20 世纪初期金融资本崛起的特殊逻辑在于垄断组织的形成[①],而对当代金融资本崛起的分析则表明,其特殊逻辑在于资本积累的金融化。

---

① 列宁:《帝国主义是资本主义的最高阶段》,载《列宁专题文集:论资本主义》,人民出版社 2009 年版,第 136 页。

二、金融资本与其货币基础之间的矛盾

马克思经常宣称,资本主义在危机的进程中会被迫抛弃对金融的虚构,并回到真金白银的世界,回到永远真实的货币基础。他戏谑地描述道,货币主义"本质上是天主教的;信用主义本质上是基督教的",因为后者的力量来自信仰,即"对作为商品内在精神的货币价值的信仰,对生产方式及其预定秩序的信仰,对只是作为自行增殖的资本的人格化的各个生产当事人的信仰"。①但他接着指出:"正如基督教没有从天主教的基础上解放出来一样,信用主义也没有从货币主义的基础上解放出来。"②虽然信用经常排挤货币,并篡夺它的位置,但是中央银行始终是信用制度的枢纽,而金属储备又是银行的枢纽。换句话说,货币——贵金属形式的货币——仍然是基础,信用制度按其本性来说永远不能脱离这个基础。

金融资本与其货币基础之间的矛盾可以追溯到货币的双重职能,即作为支付手段与流通手段。当货币发挥支付手段的职能时,它必须以坚硬的金属货币或有国家信用作为支撑的银行券的形式出现。马克思指出:"而在必须进行实际支付时,货币又不是充当流通手段,不是充当物质变换的中介形式,而是充当社会劳动的单个化身,充当交换价值的独立存在,充当绝对商品。"③另一方面,当货币发挥流通手段的职能时,它可以把自己与价值的"真实"代表分割开来,让市场价格得以偏离价值,并证明自己是交换过程的灵活的润滑剂,而这种交换过程是难以预料的,还会无休止地变化。换言之,货币作为流通手段可以脱离价值实体仅仅作为价值符号而存在,这就为信用货币、纸币等等的出现提供了可能性。金融资本与其货币基础的矛盾将会在危机期间猛烈地爆发出来,"当这一机制整个被打破的时候,不问其原因如何,货币就会突然直接地从计算货币的纯粹观念形态转变成坚硬的货币……昨天,资产者还被繁荣所陶醉,怀着启蒙的骄傲,宣称货币是空虚的幻想,只有商品才是货币。今天,他们在世界市场上到处叫嚷:只有货币才是商品! 他们的灵魂渴求货币这唯一的财富,就像鹿渴求清水一样"④。换言之,危机的爆发首先意味着支付链条的断裂,这时候,作为流通手段的货币必须回归作为支付手段的货币,大量的信用货币、纸币由此遭遇大幅度贬值。这里,我们也可以看到当今美联储货币政策的困境的来源究竟是什

---

① 马克思:《资本论》第 3 卷,人民出版社 2004 年版,第 670 页。
② 同上。
③ 马克思:《资本论》第 1 卷,人民出版社 2004 年版,第 161 页。
④ 同上书,第 162 页。

么。一方面，为了刺激经济发展，美联储需要释放大量流动性，这时候货币主要行使流通手段的职能；另一方面，美联储又必须确保美元自身的价值稳定，因为美元作为货币也要行使支付手段的职能。在现实中，金融危机的爆发往往与美联储为了维护美元而开启加息通道的举措有关。这就表明，直到今天，金融体系与其货币基础的矛盾仍然是金融危机爆发的根源之一。

假如信用的创造与在社会中开展的社会必要劳动保持同步，信用对资本流通的影响就是有益无害的。但是信用的创造几乎势不可挡地会走向彻底的失控。另一方面，过度积累的问题也始终潜伏在幕后。一旦虚拟价值最终没有以社会的劳动产品为后盾，或者一旦对信用体系的信仰不论出于什么原因出现了动摇，资本就必须找到某种方式来重新建立它在社会必要劳动的世界中的立脚点。它可以使自己的全部经营牢固地依附于货币商品（黄金），把后者作为唯一终极的支付手段。正如马克思指出的："在信用收缩或完全停止的紧迫期，货币会突然作为唯一的支付手段和真正的价值存在，绝对地同商品相对立……因此，为了保证商品价值在货币上的幻想的、独立的存在，就要牺牲商品的价值……因此，为了几百万货币，必须牺牲许多百万商品。这种现象在资本主义生产中是不可避免的，并且是它的妙处之一。"[1]这一情况的前提是纸币可以兑换成黄金等硬通货，纸币、信用货币的大规模贬值表明，黄金发挥了规训信用体系的功能。当纸币以国家权力为后盾并且不可兑换时，规训信用体系和虚拟资本的重担就落到了中央银行的肩上。中央银行可以通过利率手段与准备金率的调节来控制对货币的需求，给投机狂热降温，抑制虚拟资本的创造。

但是，在马克思看来，这种政策立场是建立在幻觉上面的。首先，中央银行无法将自己从世界贸易中孤立出来，也无法切断自己与某种国际货币体系的联系。其次，就算没有来自国际货币体系的制约，中央银行的权力也完全不足以抵御危机的形成。资本主义有产生资本的剩余——过度积累的状况，不仅如此，虚拟资本必须在实际的资本积累之前被创造出来，而这意味着"货币资本积累所反映的资本积累，必然总是比现实存在的资本积累更大"[2]。当面对积累过剩的状况时，中央银行的唯一行得通的防御手段是印刷以国家为后盾的货币，以便把剩余全部买下来，由此实现商品的价值。然而这样一来，它就使自己的货币丧失了价值，换言之，过度积累的倾向转变成了猖獗的通货膨胀的倾向。因为马克思假定的货币体系以黄金为后盾，

① 马克思：《资本论》第 3 卷，人民出版社 2004 年版，第 584 页。
② 同上书，第 572 页。

从而阻碍了中央银行介入进来，"把全部已经跌价的商品按原来的名义价值购买进来"①，所以，马克思未能考虑到这一后果。但是，他的论述的总体结构丝毫没有受到损害。在过度积累的情况下，资本家似乎可以做出选择：是让货币丧失价值，还是让商品丧失价值；是通货膨胀，还是萧条。货币政策致力于同时避免两者，到头来却只会同时引发这两者，20 世纪 70 年代的滞胀危机正好体现了这一点。

随着资本主义的发展，金融体系与它的货币基础之间的矛盾不仅加剧了，而且变得越发令人生畏。希法亭完全没有看到这些矛盾，因为他错误地解释了马克思的货币理论。列宁尽管认识到了这个错误，却没有纠正它，倒是更愿意用希法亭对金融资本的界定作为手段来说明资本主义的内在矛盾如何投射到世界舞台上。在马克思看来，基于金融体系与其货币基础矛盾的危机很难通过单纯的立法改革来消除，例如说，任何银行立法都不能消除危机，在谈及 1844 年颁布的英国银行法时，马克思写道："这个银行法并没有消除危机，反而使危机加剧了，以致达到了不是整个产业界必然破产，就是银行法必然破产的程度。"②不仅如此，"一旦劳动的社会性质表现为商品的货币存在，从而表现为一个处于现实生产之外的东西，货币危机——与现实危机相对立的货币危机，或作为现实危机尖锐化表现的货币危机——就是不可避免的"③。信用体系为资本流通创造了条件并加剧了资本过度积累的趋势，反过来，通过资本流通，信用货币等作为流通手段的货币与作为支付手段的货币之间的分离也更加深重。马克思对由货币的两种职能引发的对抗的揭示，为我们进一步把握金融体系的内在矛盾提供了基础。

三、金融资本与产业资本的矛盾在积累周期中的展开

马克思探寻了资本积累、产业后备军与工资率之间的关系，为产出的爆发式的振荡和生产的各个部类之间的交换奠定了分析的基础。他关于固定资本流通的研究也揭示了创新、扩大、更新和过度积累的周期。为了把握在资本积累过程中多个方面的相互作用——技术变化、固定资本的形成、就业和失业以及工资率、消费者需求、虚拟资本的形成、信用货币的激增，以及最终在过度积累和价值丧失的危机期间向货币基础的回归，首先需要深刻把握资本积累的周期性过程。一般而言，积累过程会经历如下几个阶段：停

---

① 马克思：《资本论》第 3 卷，人民出版社 2004 年版，第 555 页。
② 同上书，第 629 页。
③ 同上书，第 585 页。

滞、复苏、基于信用的扩张、投机狂热,以及暴跌。

随着暴跌而出现的停滞阶段是以对生产的严重扼制和较低的利润率为特征的。价格被迫下跌,失业到处都是,对作为流通手段的货币的需求处于低谷。人们对未来收益十分悲观,因而他们对信用体系的信仰也遭到极大动摇。与此同时,利率也很低,由过度积累产生的可贷的货币资本的过剩现在是显而易见的。货币资本的这种剩余与安全稳妥地运用这些货币的机会是相对的。紧接着停滞阶段而来的是复苏阶段。一旦大多数剩余库存都卖出去了,温和的扩张就开始了。价格上升,但由于工资仍然较低,剩余价值的资本化得以在剩余价值的分割中占有较大份额。虚拟资本的数量增加了,但这种类型的虚拟资本的创造既是必要的,又是不成问题的,因为紧随其后的通常是资本积累的扩大。随着复苏时期的进展,收益的流通增加了,并由此创造了对一切类型的未来收益(地租、税收)的乐观期望。当复苏到达一定阶段,对信用的需求就显示出来。对货币资本和流通手段的需求扩大了,这种需求刺激了信用货币的产生。这种信用货币或者说虚拟资本逐渐领先于实际的资本积累,作为实际的价值尺度的货币基础与流通中的多种形式的纸币之间的缺口也在逐渐变宽。这预示着投机开始,基于信用的扩张导致了价格上涨,原因无非在于流通手段的总量现在远远凌驾于社会的劳动产品上。在投机狂热的背后,部类之间、生产与分配之间、流通中的信用货币的数量与实际的价值产出之间的比例失调都在增长。只有虚拟资本的积累可以粉饰这些裂痕。投机泡沫的破裂只是时间问题。由此,进入了危机爆发的暴跌时期。乍一看,危机"只表现为信用危机和货币危机",因为问题仅仅在于"汇票能否兑换为货币"。事实上,信用危机和货币危机只不过显示了过度积累的出现。危机对经济体系进行了不合理的合理化,凶狠地在资本主义社会的经济景观中一路碾压过去。

过度积累是由技术变化导致的对平衡积累的偏离的结果,而从商品向货币的转变开始出现困难,则预示着过度积累开始出现。表面上看,信用可以绕过这一困难,与此同时,中央银行通过扩大货币供给可以满足对信用的需求,于是,总的流动性得到保持,价值实现的障碍得以移除。但是,货币的扩大可能会带来投机的狂热,即滋养虚拟资本的流通。另一方面,货币供给的扩大可能使进一步的技术创新得到鼓励,但它们会破坏体系的稳定。过度积累的趋势很可能会增强,而不是受到制约。由此带来的结果是普遍化的通货膨胀,不均衡的根本倾向也变得更糟了。从价值丧失到通货膨胀的转化同时意味着与过度积累相伴随的价值丧失的过程的集中化和社会化。但是,通货膨胀无法纠正过度积累的趋势。如果说它做了什么事情,那就是减轻并推迟了过度积累的影响,从而加深了问题。最重要的是,对生产的合理化——这是过度积累的唯一的解决方案——无法得到恰当的发动。简言之,即使价值丧失在通货膨胀中社会化了,过度积累的问题也不会飘然离去。

在阐明了资本积累周期的各个阶段之后,我们可以进一步讨论金融资本的内在矛盾如何在积累周期中得以展开。为了做到这一点,首先需要放弃希法亭开创的把金融资本理解为一种权力关系的做法。如果比较马克思与列宁、希法亭的金融资本理论,最为直观的感受是,前者是用生息资本的流通过程来说明金融资本,后者则用银行资本与产业资本的权力关系来说明金融资本。在生息资本的整个流通过程中,可以区分出产业资本流通与单纯的生息资本流通。这意味着,虽然是从过程出发,马克思分析的落脚点仍然是在产业资本与生息资本(主要是指银行借贷资本)的关系上。这种关系就结果来看,反映在企业主收入与利息的关系上。从表面上看,有组织的金融权力令人印象深刻,金融体系被笼罩在神秘中,而神秘是从十足的复杂性中诞生的。在货币权力的十足的分量面前,普通公民倘若堕入一种彻底畏惧的状态,那也是可以原谅的。但是,科学的任务正在于揭开金融资本流通和积累的秘密,把隐藏在金融体系神秘复杂现象背后的内在逻辑呈现出来,指明尽管金融资本看似具有无可撼动的统治权力,但却充满着内在的脆弱。

只要把金融资本看作生息资本的一种充满矛盾的流动,即一种过程,而不是一件东西,就有助于穿透迷雾,解开谜题。把金融资本作为一种流动来分析可以揭示出金融经营与生产剩余价值的经营之间的根本性的统一和对抗。资本积累的循环表明——假定国家没有进行主动的干预——权力的平衡在循环进程中会在产业资本与银行资本之间变换。不断变换的平衡反映了商品与价值的货币表达在积累过程中的相对分量。在复苏阶段,要紧的是商品的生产,产业资本对银行资本较少依赖。而在危机时,货币就是一切,银行仿佛将产业资本家的命运完全掌握在了自己手中。换句话说,组织安排、制度安排连同经济主体的实践都必须被看作积累过程的产物,这种过程只可能以一种方式前进,即货币与商品在资本——"运动中的价值"——这个统一体内部无休止的对立。把金融资本看作产业资本与银行资本的统一在原则上是不容反对的,不过这种统一应该被看作一种内化了张力、对抗和矛盾的统一。

既然银行资本与产业资本之间存在对抗的维度,那么,自然就会牵扯到如下问题:是银行控制了公司,还是公司控制了银行? 由于资本积累的过程无一例外地产生出多个阶段——有时商品是多余的,货币是短缺的,有时却相反,所以我们必须预计到产业资本与银行资本的权力关系将会无休止地变换。从这个立场来看,若要在一种充满矛盾的过程中建立组织上的统一,那么把公司的高层放进主要的银行的董事会,并把银行的总裁任命为公司的董事似乎就是一种无效的尝试。市场价格的无休止的振荡对于均衡价值的确立是根本性的;在恰好相同的意义上,若要在金融与剩余价值的生产之间建立均衡的关系,以便最好地适应于积累过程的每个特殊环境,那么银行家与公司之间围绕控制权的无休止的争夺就必不可少。因此,希法亭提出的统一的金融资本概念必须被评判为一种过于单一、过于简化的概念,因为他并没有讨论银行资本与产业资本的一体化是以何种特定的方式把一个无法克服的矛盾加一内化的。他所能做的至多是从非常笼统的、不具体的角度来断定,金融资本无法克服资本主义的矛盾,而仅仅有助于加剧这些矛盾。他未能解释这到底是怎么回事,以及为什么会这样。

通过对信用、生息资本的流通、虚拟资本的形成及其他所有金融和货币的复杂情况的分析,我们为危机在资本主义的形成和展开添加了一个全新的维度。信用体系具有调节资本积累不平衡的巨大潜力,但这一潜力的存在并不能保证它会被使用。对积累周期的分析为一种关于金融现象与生产的动态之间的关系的看法开辟了道路——这种看法更好地整合了这两个方面。它说明了生产的内在矛盾如何在交换中表现为价值的货币形式与商品形式的对立,而这种对立随后又如何通过信用体系这个代理人变成了金融体系与它的货币基础之间的全面对抗。于是,后一种对抗成了最终击沉资本积累的礁石。倘若从资本主义的长期演化的立场来看,积累周期就是作为手段来运行的,而远远更为深沉的社会转化的过程是借助这个手段来完成的。在这个过程中,如果基本的阶级关系保持不变,矛盾就只会转移,只会在另一个层面被重新创作出来。积累周期提供了一个"开放的空间",生产力与生产关系可以在其中相互适应。暴跌会对生产进行合理化和结构转换,从而消除不相干的要素——旧的和新的都会被消除。它还会按照资本家阶级的要求来规训社会生活的其他所有方面,因而一般会引发某种有组织或无组织的回应。这种时候会出现由阶级实行的而非由个人完成的创新,在必要的情况下还会以镇压为后盾。最后,如果我们丢掉关于封闭的体系的假定,并考察危机形成过程中的国际性方面就会发现:当拥有不同货币体系的彼此敌对的国家,要使对方在价值丧失面前首先遭殃时,危机就会出现。总之,帝国主义、新殖民主义和金融统治成了资本主义全球经济的核心问题。

第三节　当代金融资本的积累机制

资本的本性是追求增殖,为了揭示金融资本的运动规律及其背后的资本积累机制,需要从剩余价值的获取及分配方式入手,阐明金融资本是如何从产业资本所创造的利润中获取自己的相应份额。依据马克思的相关分析,资本积累意味着剩余价值的资本化。金融资本不同于产业资本的地方在于,它并不直接推动剩余价值的生产和创造,而总是以种种方式分割既有的由产业资本推动劳动力创造的剩余价值。因此,理解金融资本积累机制的关键就在于把握金融资本获取剩余价值的种种方式。从金融资本的具体表现形式入手,可以发现,股票、债券、借贷资本等不同的金融资本形态分别对应着不同的剩余价值获取方式。这些不同的剩余价值获取方式共同构成金融资本积累的基本特征。除此之外,当代资本主义金融化的深入发展也使得金融资本的运动规律发生了深刻变化。从国际层面来看,大卫·哈维分析的剥夺性积累日益显示出其在金融资本跨国运动过程中的突出地位;从国内层面来看,金融资本如今更加注重对劳动力价值本身的剥削,通过住房贷款、消费金融等方式,金融资本对大众生活和消费领域的渗透能力得到进一步加强。

一、跨时分配剩余价值

在《资本论》中讨论生息资本理论的部分,马克思主要分析了银行借贷资本和股票等虚拟资本的运动规律,前者对应的是通过获取利息分割剩余价值,后者涉及的则是以赌博的方式对既有的剩余价值进行再分配。无论是银行借贷资本还是股票等虚拟资本,都指向未来的剩余价值,因此,它们都是通过跨时分配剩余价值实现自身增殖的。当代金融资本的积累机制虽然与马克思的时代有所区别,但是在脱离生产直接实现增殖这一点上,今天的金融资本与马克思分析的金融资本是相通的。换言之,无论采取怎样复杂的形式分割劳动所创造的剩余价值,金融资本的本性都没有发生改变。在马克思主义政治经济学发展史上,希法亭的《金融资本》一书中提出的"创业利润"概念极大地推进了马克思关于跨时分配剩余价值的思想。有学者指出:"希法亭提出的'创业利润'概念,首次涉及现代意义上的金融系统的关键职能,即对资源在不同时间上进行跨时配置与转换,从而将金融资本在流通领域内对剩余价值的分配功能动态化了。"①

在马克思看来,利润分为利息和企业主收入,首先是量的分割,但后来却演变成质的分割,并且,这种分割不仅是资本家的主观见解,而且变成了客观现实。"总利润的一部分转化为利息形式,就会使它的另一部分转化为企业主收入。一旦利息作为独特的范畴存在,企业主收入事实上就只是总利润超过利息的余额所采取的对立形式。"②一旦利息和企业主收入以质的分割的形式固定下来,利息本身就表现为独立的、脱离生产过程的东西。不仅如此,在利息的形式上,借贷资本与产业资本的对立掩盖了资本与雇佣劳动的对立,从而,利息的真正起源也变得隐而不彰。"利润要在两种资本家中间实行分割的理由,就不知不觉地变成有待分割的利润即剩余价值——不管以后如何分割,资本本身总会从再生产过程中把这个剩余价值取出来——存在的理由了。"③换言之,利息不再需要通过剩余价值来说明,而是反过来要用利息说明剩余价值。

与银行借贷资本不同,股票等虚拟资本是通过利用价差投机的方式来获取剩余价值的。换言之,利息收益是由市场利息率决定的,因而在特定的时空中是相对确定的,而股票等虚拟资本本身价格是不断波动的,这就为利用价差投机提供了可能性。"它们(虚拟资本——引者注)已经成为商品,而这些商品的价格有独特的运动和决定方法。它们的市场价值,在现实资本的价值不发生变化(即使它的价值已增殖)时,会和它们的名义价值具有不同的决定方法。"④这里,关键的影响因素是:利息率和预期收益的大小及可靠程度。当预期收益上升时,股票的市场价格就会因此而上涨,此时将涨价后的股票抛售就可以提前兑现对未来剩余价值的索取权,后来购入股票的投资者则只能获得正常收益。随着信用制度的发展,通过股票、债券等方式的直接融资越来越显示出优越性,与此同时,金融体系投机和赌博的一面也得到了进一步加强。"由这种所有权证书的价格变动而造成的盈亏,以及这种证书在铁路大王等人手里的集中,就其本质来说,越来越成为赌博的结果。赌博以及取代劳动,表现为夺取资本财产的本来的方法,并且也取代了直接的暴力。"⑤

金融资本除了通过利息、股息、股价波动带来的价差等等实现自身增殖

① 杨长江:《略论当代金融资本》,《政治经济学评论》2015 年第 5 期,第 127—151 页。
② 马克思:《资本论》第 3 卷,人民出版社 2004 年版,第 422 页。
③ 同上书,第 428 页。
④ 同上书,第 529—530 页。
⑤ 同上书,第 541 页。

之外,也会以创业利润的方式实现资本积累。按照希法亭的分析,创业利润意味着"产生平均利润的资本与产生平均利息的资本之间的差额"[①],这种差额不仅在创建股份公司的时候会被银行或所谓的创业者获得,而且在股份公司后续的每一次增资扩股中都可以获得。希法亭认为,创业利润本质上是对未来剩余价值资本化的结果,因此,创业利润同样涉及跨时分配剩余价值的问题。随着当代金融体系日趋复杂化,"创业利润"的适用范围需要大大扩展。从当代证券市场的实际情况出发,可以发现,"它(创业利润——引者注)不仅存在于企业上市阶段或增加股份之时,也存在于企业的并购重组之时;不仅存在一级市场与二级市场之间的价格比较之中,而且也存在于二级市场上的交易价格的比较之中,例如持有在市场上价格被低估的公司股票以获得价差收入;不仅存在于证券市场交易之中,而且有可能存在于银行的存贷款业务之中,例如新出现的银行可以根据企业运营情况而分享其股权超额收益的'选择权贷款'等"[②]。

剩余价值的分配问题在古典政治经济学那里主要表现为地租和利润之间的分配,不同于斯密将资本积累的决定性因素归于人的自爱倾向,李嘉图(David Ricardo)认为,地租无论从绝对值还是相对值上来看的增加才是阻碍资本积累历史进程的关键因素,因此,李嘉图可谓是站在资产阶级的立场上反对地主阶级,并试图为资本主义的发展扫清障碍的理论家。金融资本的出现彻底改变了剩余价值的分配格局,地主阶级与产业资本家的博弈已经让位于金融资本家与产业资本家的博弈。随着资产证券化、结构化以及金融衍生品的泛滥,金融资本在跨时分配剩余价值方面也呈现出新的特点。通过信贷资产证券化,商业银行可以用更高的杠杆率实行借贷,从而将跨时分配剩余价值反复进行,并将收益的获取推到极致。在剩余价值的跨时分配中,私募基金、养老基金、共同基金等等相互配合,各有侧重,呈现出既合作又竞争的关系。不可否认的是,金融体系的复杂化、专业化的确提供了更高的效率、更多的风险对冲工具,但同时也使得投机盛行并加剧了金融体系的脆弱性,由于剩余价值的分配已经延伸至未来无限长的时空,这就带来了巨大的不确定性,这种不确定性正是危机和风险的根源。

二、跨时配置劳动力价值

跨时配置劳动力价值是当代金融资本积累模式呈现的新特征,它反映

---

① 鲁道夫·希法亭:《金融资本:资本主义最新发展的研究》,福民等译,商务印书馆 2012 年版,第 111 页。

② 杨长江:《略论当代金融资本》,《政治经济学评论》2015 年第 5 期,第 127—151 页。

出金融资本已经将触角伸向了工人家庭及个人日常生活领域。换言之,劳动力再生产过程也已经金融化了。消费金融、住房按揭贷款、养老金等等,都使得工人在劳动力再生产过程中日益卷入金融机制之中。一方面,商业银行在直接融资兴起、金融创新泛滥等等的冲击下,不得不寻求新的利润增长点,这促使其将目光转向住房贷款、消费金融等家庭及个人金融业务。另一方面,20世纪70年代末期以来的新自由主义转向,使得工会的力量瓦解、政府公共福利支出缩减并带来更加弹性的劳动力市场,由此引发的结果是工人的实际工资不升反降,而资本收益率则大幅上升。为了缓解工人的消费需求与其购买力不足之间的矛盾,金融及信贷系统应及时介入并发挥其应有作用。从根本上来说,劳动力再生产的金融化服务于资本增殖的需要。这是因为,资本的运动过程是价值生产和价值实现的统一,只有价值实现完成,资本增殖才能完成。

金融资本是跨时配置劳动力价值的主体,但是,劳动力价值的货币表现即工资恰恰构成了金融资本的重要来源。正如资本是劳动创造出来的,但却转而支配和剥削劳动,金融资本与劳动力价值也存在着类似的关系。在《资本论》中,马克思分析了工人的工资结余或储蓄如何通过信贷体系转化为金融资本。无论是为了应对未来的不确定性,还是为了购买较为昂贵的消费品,工人都必须进行一定程度的储蓄。这种储蓄借助信用手段被整合到金融资本的运动中,结果是无数细小的货币额在银行家手里汇聚成巨量的借贷资本。"换句话说,在金融化过程中,金融为劳动力再生产提供便利信用手段的条件下,工人家庭为了保障消费、住房、教育、医疗、养老、保险等长期持续的需求和大额支出,主动或被强制性地使工资当期'结余'流入金融系统以防范劳动力再生产过程的风险。"[1]

金融资本跨时配置劳动力价值无疑将加剧工人遭受的剥削,如果金融资本通过利息或股息分割工人的剩余价值意味着间接剥削,那么,劳动力再生产的金融化则表现为金融资本对工人创造的价值的直接剥削。一方面,产业资本为了获取更高的利润必然尽可能压低工资,从而系统性地削弱工人的购买力;另一方面,金融资本则通过信贷等方式维持了工人的购买力,但工人却承受了被进一步剥削及工人家庭的债务负担日益加重的代价。以工人家庭的债务为基础,金融体系发展出由抵押贷款、资产证券化、金融衍生品、房地产市场等环节构成的一整套欺诈和投机的机制,后者正是2008

---

① 马慎萧:《劳动力再生产的金融化:资本的金融掠夺》,《政治经济学评论》2019年第2期,第125—141页。

年金融危机的罪魁祸首之一。工人家庭债务负担的日益增加与其偿债能力的日益减弱的矛盾，必将成为金融体系不稳定性的内在根源，一旦外在环境发生扰动，危机就会不可避免地爆发。这表明，依靠金融体系并不能真正克服生产和实现这一资本主义的固有矛盾，相反，它在促进金融大繁荣的同时也抑制了实体经济的增长，从而也在根本上加剧了这一矛盾。

　　劳动力再生产的金融化不仅涉及工人的消费支出，而且也涉及工人配置家庭财富的方式。发达资本主义国家的工人阶级收入中有较大部分并不是以银行储蓄的方式得到配置，而是被鼓励投向了资本市场，用于购买股票、债券等金融资产。但是，问题在于，"工人家庭在信息获取、组织规模以及社会权力等方面与金融机构、大资本集团存在系统性差别，处于明显的劣势地位，因此金融机构和大资本集团能够轻易剥夺工人家庭的货币收入。因此，金融化致使工人家庭的储蓄极易受到金融市场变动与风险的影响，处于不稳定状态"[①]。换言之，金融化并未使得工人家庭能够分享更多的金融利润，在机构投资者面前，作为散户的工人家庭投资者极易成为被收割的对象。正是在这个意义上，拉帕维查斯将商业银行从个人金融业务中获取的利润称为金融掠夺，并认为需要将之与生产中系统性发生的剥削区分清楚，"金融掠夺是流通领域产生的一项额外的利润来源，它与个人收入相联系，包括已经存在的货币和价值的流动，而不是新的剩余价值"[②]。

　　不言而喻，通过跨时配置劳动力价值，金融资本既加剧了对工人阶级的剥削，也加强了对劳动力再生产过程的控制。但与此同时，也应该看到金融资本和金融手段的积极作用，它们为工人阶级提供了更多的自主选择权，也为工人阶级追求美好生活提供了便利和条件。需要指出的是，除了跨时配置剩余价值与跨时配置劳动力价值之外，专业化的金融服务活动本身也在创造价值，通过信用调查、风险评估、财务分析等金融业务，资本流通的过程才能顺利进行，社会化大生产才能得到保障。因此，不能完全从负面的角度将金融资本与金融活动理解为寄生性的。如果我们认同马克思将工程师、经理等看作生产劳动者一部分的做法，那么也应当承认，当代金融服务业的相当一部分从业者也属于这一范围。尽管马克思的劳动价值论至今仍然存在着大量的争议，但是，正如企业经营管理活动本身创造着价值一样，金融活动展现出投机性、寄生性的主要特征的同时，也具有生产性的、创造价值的一面。

---

① 马慎萧：《劳动力再生产的金融化：资本的金融掠夺》，《政治经济学评论》2019年第2期，第125—141页。
② 考斯达斯·拉帕维查斯：《金融化了的资本主义：危机和金融掠夺》，李安译，《政治经济学评论》2009年第1期，第30—58页。

三、金融资本的掠夺性价值榨取与跨国剥夺

除了跨时配置剩余价值和劳动力价值,当代金融资本也开始利用创新活动的集体性、累计性与不确定性,以求掠夺原本属于政府和劳动者自身的创新回报。创新活动的风险与回报并不是正相关的,往往在风险较高但创新较为活跃的早期很难产生回报和收益,而在技术相对成熟、创新较为迟缓的时候也是风险最小的时候。正是因为创新活动具有上述特性,才为金融资本榨取垄断租金提供了便利。有学者指出:"创新活动的早期风险与最终回报相脱节,为垄断资本寻租提供了空间。金融股东就倾向于将自身置于曲线的后半段有利位置,在创新接近成功时才选择介入,以此攫取远超自身风险承担比例的超额回报,因而也构成了股东治理模式掠夺式获利的内在机理。"[①]这意味着,政府和技术人员承担了创新活动的绝大多数风险,但收益却主要由金融股东获得。为了获得技术上的重大创新成果,既需要政府提供制度、政策及资金投入方面的保证,又需要不同学科背景的技术人员相互合作。可以说,创新成果的主要贡献者正是上述两类主体,但金融化时代的到来,使得金融股东在企业因创新成果获取的巨额收益分配中占据了主导性地位。风险与收益的错配弱化了研发人员对创新的积极性和动力,最终削弱了通过创新驱动社会经济整体繁荣的社会进步进程。

需要指出的是,上文所谈的跨时配置剩余价值和跨时配置劳动力价值更多的是从一国内部的金融活动出发对金融资本积累过程的分析,如果我们将目光转向国际层面,就会发现,在经济金融全球化的背景下,金融资本的跨国流动日益频繁,金融资本的积累也日益依靠跨国剥夺来完成。这就涉及剥夺性积累的问题。剥夺性积累是哈维在《新帝国主义》一书中首次使用的概念,这一概念在基本内涵上与马克思的原始积累是一致的。只是原始积累这个概念容易让人将这种积累方式理解为仅仅存在于初始阶段或开端阶段,但事实上,原始积累不仅存在于资本主义的诞生阶段,而且在资本主义的发展过程中持续发挥作用,因此,哈维选择用剥夺性积累取代了原始积累的概念。"直到今天,在资本主义的历史地理学中,马克思所说的资本原始积累特征都还强有力地存在着。"[②]在哈维看来,剥夺性积累构成了除"空间-时间修复"之外另一种克服资本过度积累的方式,通过周期性的创造

---

① 贾根良、李家瑞:《去积累的价值榨取:美国企业股东治理制度的危机与启示》,《教学与研究》2022年第9期,第53—66页。

② 大卫·哈维:《新帝国主义》,付克新译,中国人民大学出版社2019年版,第86页。

贬值资产，过度积累的资本能够降低自身的成本，从而使得积累可以进行下去。换言之，对于保持营利性机会而言，获取更为廉价的投入与扩大市场一样重要。20世纪70年代以来的金融化浪潮，使得美国华尔街和财政部的复合体越发强大，也使得其通过国际金融体系可以轻易把贬值和剥夺性积累施加在特定的资本主义外围地区。

卢森堡认为，资本积累存在两个维度，其中一个维度是剩余价值的生产及其实现，另一个维度则涉及"资本主义和非资本主义生产方式之间的关系"①，通过殖民政策、资本输出与战争，资本主义将非资本主义的世界卷入资本主义扩张之中。在这一过程中，暴力、欺诈、压迫以及掠夺是公开进行的。在《资本积累论》中，卢森堡指出，资本主义积累的危机来源于消费不足，为了克服危机，与非资本主义社会形态之间的贸易是十分必要的。卢森堡关于帝国主义的分析存在着明显的理论缺陷，资本主义发展出了诸多对抗消费不足的手段，凯恩斯主义的国家干预政策正是致力于解决有效需求不足的问题。与卢森堡不同，以哈维为代表的基于过度积累的危机理论则认为，问题的关键在于存在大量过剩资本无法找到投资渠道。为了解决资本的过剩积累，既需要开拓新的市场也需要通过利用廉价原材料及劳动力等降低生产成本，后者意味着企业可以以更低的价格出售自己的商品，而这本身会扩大市场规模。

从这一角度来看，帝国主义国家压制殖民地的资本主义发展就是弄巧成拙的行为。阿伦特（Hannah Arendt）对帝国主义给出了十分深刻的揭示，她认为："帝国主义扩张由一系列奇特的经济危机所引发，过分储蓄所导致的资本生产过剩和'剩余'货币在本国范围内再也无法找到生产性投资场所……相反，权力的输出却卑微地跟在货币输出后面，因为在遥远的国度中无法控制的投资威胁着将社会广大阶层转变为赌徒，将整个资本主义经济从生产体系转变为金融投机体系，用佣金利润来代替生产利润。"②从20世纪八九十年代发生的情况来看，上述预想似乎完全应验，阿伦特在此基础上进一步指出："资产阶级第一次认识到，简单的掠夺，这种几个世纪以前造成了'资本的原始积累'和开启了所有更深层积累的原罪行为，最终必须不断得以重复，否则积累的动力可能突然停止。"③在阿伦特看来，原始积累并不是仅仅出现在资本主义的起源阶段，而是资本主义积累过程的结构性因素，

---

① 卢森堡：《资本积累论》，彭尘舜、吴纪先译，生活·读书·新知三联书店1959年版，第134页。
② 阿伦特：《帝国主义》，蔡英文译，联经出版集团有限公司1982年版，第15页。
③ 同上书，第28页。

并构成了理解帝国主义的关键环节。

回到马克思在《资本论》第一卷中的原始积累理论,可以发现,圈占公地、驱逐农业劳动力并使其进入劳动力市场、税收货币化、农产品商品化等因素构成了原始积累的核心,按照马克思的分析,原始积累的使命在于创造劳动与劳动客观条件的分离,这种分离是资本主义诞生的前提。换言之,只有摧毁以劳动与劳动客观条件相统一为基本特征的各种形式的前资本主义生产方式,资本积累才能获得自身发展的根本条件。[①]直到今天,在资本主义的发展演变历程中,马克思赋予原始积累的特征仍然被保留着。在新自由主义向全球扩张的过程中,诸多欠发达国家的农业人口被迫离开祖祖辈辈生活的土地,进入城市并成为工业无产阶级的一分子;与此同时,私有化和商品化的逻辑延及人类生存的几乎一切资源,甚至于人类基因等生物遗传信息也被套上了资本积累的逻辑。自给自足的小农经济被市场经济取代,稳固的社会关系被动荡不安的市场重组取代,诸如此类的现象都体现出剥夺性积累的残酷性。

尽管可以被称为原始积累的现象在今天的资本主义秩序中依然存在,但是,这并不意味着其具体展开形式仍然与过去保持一致。事实上,正如马克思主义传统的诸多思想家所揭示的,金融掠夺、欺诈等已成为今天原始积累的主要实现机制。20世纪70年代以来的金融化进程将原始积累所蕴含的剥夺性质展现得淋漓尽致。"股票促销、庞氏骗局、借助通胀进行的结构性资产破坏、通过合并和收购进行的资产倒卖、债务责任等级提升(甚至在发达资本主义国家也致使全体人民变成债务奴隶),更别提通过信贷和证券操纵进行的企业欺骗和资产掠夺了(借助证券和企业破产来掠夺和撤销养老基金)——所有这些都是当前资本主义金融体系的核心特征。"[②]如前所述,剥夺性积累在基本内涵上与原始积累是一致的,因此,我们可以通过了解马克思对原始积累的界定来把握剥夺性积累的涵义。总体来看,原始积累要求破坏旧有的生产方式,通过剥夺旧的生产方式中的生产要素开启资本积累的循环。因此,剥夺可谓是原始积累的基本特征。在这个过程中,垄断了暴力机关和法定权力的国家发挥了重要的推动作用。

在金融资本的推动下,剥夺性积累的基本机制包含两个环节:首先,通过人为制造经济金融危机,造成一国的各类资产大幅贬值。其次,在确保金融开放的条件下,国际金融资本可以迅速获取已经大幅贬值了的资产,随着

---

① 马克思:《资本论》第1卷,人民出版社2004年版,第613页。
② 大卫·哈维:《新自由主义简史》,王钦译,上海译文出版社2016年版,第168页。

经济复苏的开启,资产价格会逐步恢复,这时候国际金融资本就可以实现低买高卖,成功获取巨额收益。在这一过程中,以国际货币基金组织为代表的国际性金融组织发挥了重要作用,正是在他们的施压和操纵下,危机周期性地在外围国家发生。1998年的亚洲金融危机就是这方面的典型案例:"金融危机通常会导致所有权和权力转移到那些能够保证自己的资产完整无缺和有权制造信贷的人手中,从这方面来说亚洲金融危机也不例外……毫无疑问,西方和日本的公司是最大的赢家……大规模的货币贬值与国际货币基金组织所推进的金融自由化和所推动的经济复苏相结合,甚至可能促成了世界各地在过去50年以来和和平时期国内财富向国外所有者最大规模的转移。"①

周期性地制造地方性的危机和资产价格贬值成为金融资本剥夺性积累的关键所在,同时也是资本主义得以存续下去的秘密所在。除了刚刚谈到的1998年亚洲金融危机之外,类似的例子还有——将人们驱逐出工作岗位,以此制造出产业后备军。危机的制造是人为精心设计的,它力求将危机控制在一定限度内,竭力避免系统性危机的出现。然而,就像任何投机性赌博一样,它也存在着失败风险,在俄罗斯经济陷入困境,在韩国经济似乎即将崩溃,美国财政部和国际货币基金组织也感到了恐慌,这也由此说明这种积累方式无异于在悬崖边上跳舞。总之,金融资本的剥夺性积累对于维护霸权国家的利益和地位起到了重要作用,与此同时,它也力图通过国际金融组织将外围国家引上金融开放、去除管制的新自由主义发展道路。一旦外围国家按照新自由主义的政治经济方案调整本国的经济发展,金融资本的剥夺性积累及周期性爆发的金融危机就变得不可避免了。

国际金融资本如今越来越具有易变性和掠夺性,并且剥夺性积累和金融资本的跨国掠夺也在一定程度上改变了阶级斗争的模式:阶级斗争不再围绕着生产本身,而是开始以国际金融资本、剥夺性积累为斗争对象。20世纪80年代,美国金融资本侵入了整个拉丁美洲的经济并重新获取了它们的资产。1997年,对冲基金对泰国和印度尼西亚货币的攻击,加上国际货币基金组织要求它们实行严格的通货紧缩政策,导致整个东亚和东南亚地区陷入金融危机,公司大量破产,成千上万的人陷入失业和贫困的境地。如前所述,为了实现贬值,国际金融资本甚至会通过国际货币基金组织强加的结构调整方案来制造危机,但由此带来的风险是,危机可能会失去控制,从而

---

① R. Wade and F. Veneroso, "The Asian Crisis: The High Debt Model versus the Wall Street—IMF Complex", *New Left Review*, Vol.228, 1998, pp.3—23.

演变为全面的危机。金融资本在制造贬值的过程中,获取了高额收益,同时也为过剩资本提供了赢利机会,一定程度上缓解了资本过度积累的问题。

剥夺性积累被大规模采用的时候,往往是国内阶级斗争的现状抑制了在国内通过"空间-时间修复"缓解资本过度积累可能性的时候。由于上层阶级拒绝将剩余资本投入社会改革和基础设施投资,国家权力只好转向帝国主义的剥夺性积累逻辑。如果说19世纪末20世纪初的帝国主义的经济逻辑是商品输出、资本输出,那么,当代帝国主义的实践则以制度输出取而代之。"因此,剥夺性积累的主要工具,就变成通过国际货币基金组织和世界贸易组织施加的制度性压力来迫使全世界的国家开放市场,而这是由美国(以及在较小程度上的欧洲)有权力拒绝那些不愿放弃本国保护政策的国家进入其巨大市场所支持的。"[①]这种制度输出可以通过种种方式实现,或者是利用文化意识形态的认同,或者是以国际货币基金组织等等强制进行。简而言之,随着新自由主义制度在世界范围的胜利,美国资产阶级的剥夺性积累可以畅行无阻,尽管剥夺的方式有所不同,但是,当代帝国主义实践仍然在很大程度上重复着旧有的帝国主义套路。金融资本的积累也越来越依靠跨国金融资本的流动来实现。跨国金融资本利用其霸权地位,通过国际货币基金组织、世界银行等国际金融机构向发展中国家输出新自由主义的政治经济方案,从而促使发展中国家开启了以市场化、私有化、自由化为核心的经济改革。这样一来,跨国金融资本便可以轻松地侵入发展中国家并以极低的价格收购该国资产,从而掌控这些国家的重要的公共资源部门和核心企业。

四、金融创新与金融资本的积累

以上的分析使我们看到了当代金融资本的新特征、新规律,接下来我们考察金融创新与金融领域的扩张之间的关系。这种关系可以概括为以下三个方面:首先,股东的有限责任制使得虚拟资本的潜在投资者规模扩大,从而促进了金融资本的增长。1811年,美国纽约州通过了一项法案,规定了公司的股东无须为公司负债承担连带责任,并且也首次明确了投资者可以持有多元化的投资组合,即由不同公司股票组成的投资组合。这一法案极大地刺激了虚拟资本的投资者,参与股票投资的人最终能够损失的不过是当初购买股票的资金,这个理念激起很多人内心一种游戏的刺激感。同时,因为存在损失的上限以及避免了卷入诉讼,投资者开始愿意持有多元的投资组合,而多元组合有效地降低了风险,从而使得市场上的潜在投资者规模

---

① 大卫·哈维:《新帝国主义》,付克新译,中国人民大学出版社2019年版,第105页。

大大增加,极大地丰富了投资银行家可以出售股票的对象。

其次,经理人的股权激励将企业与股票市场绑定在一起,使得股东的利益被置于优先地位,从而增强了投资者信心,刺激了金融领域的扩张。从大萧条开始到 20 世纪 70 年代是所谓"经理革命"的阶段,这一阶段的突出特征是经理人对企业的控制力较强,由于持股高度分散,股东只能被动接受管理层确立的收益分配的局面。进入 20 世纪 90 年代,随着机构投资者的崛起,股东重新掌握了对企业的控制权,从此,企业的经营以追求股价上升或者说提升金融市场对其的估值作为最终的和唯一的目的。企业经营策略的改变极大地推动了股票市场的繁荣,但是,这种经营策略也由于一味强调短期套利而为未来的危机埋下了伏笔。

最后,证券化、衍生化加速了金融资本的扩张,并使得虚拟资本离实体经济越来越远。以 2008 年的全球金融危机为例,大量的金融机构提供了次级贷款,并在此基础上创造了许多组合债券和金融衍生品,包括住房抵押贷款支持债券(MBS)、担保债务凭证(CDO)、CDO 平方、信用违约掉期(CDS)等等。由此可见,仅仅以次级贷款这样一种资产为基础就可以不断衍生、再衍生出这么多的金融产品,若是将此种创造金融产品的方法加以扩展,那么,金融衍生品的规模将会是巨大的。事实上,20 世纪 80 年代以后,证券化的方法就被广泛运用到其他资产上,直接导致金融工具和金融衍生品的爆炸性增长。

以上几点在推动金融资本扩张方面具有十分重要的意义,但同时,虚拟经济与实体经济的此消彼长也使得伴随虚拟资本积累的结构性矛盾愈加凸显,这种矛盾成为今天金融体系脆弱性及内在不稳定性的根本原因,也是金融危机爆发的最为深刻的原因。投机在促进虚拟资本积累的同时,也带来了投机性泡沫,一旦泡沫破裂就会引发金融震荡甚至于金融危机,后两个方面的金融创新则使得虚拟资本积累严重脱离产业资本的积累,这意味着,虚拟资本不再扮演服务于产业资本的角色,而是力图取而代之成为经济的重心。在当今金融体系最为发达的美国,这一点或多或少已经成为现实。

第四节　金融主导的资本积累结构

当代金融资本崛起的内在根源在于资本积累结构的变迁,这一变迁意味着资本积累的重心转向金融部门,意味着传统的"停滞—复苏—基于信用的扩张—危机"的产业积累周期被"投机—泡沫—危机"的金融积累周期所取代。正是这一变迁,使得金融资本增长的速度远远超过产业资本,从而造就了金融资本向整个社会的渗透和扩张。马克思认为,就金融体系对资本积累过程的作用而言,它总是深陷自相矛盾之中。在生产领域,它一开始表现为一种手段,可以克服生产所受到的束缚和限制,并将资本主义的物质基础提升到新的、更高的水平,但最终却加速了危机的到来;在流通领域,它仿佛拥有调节资本均衡积累的巨大潜力,但最终却加剧了资本积累的失衡。正如大卫·哈维所言:"信用在一大堆情况下都有可能给生产者带来错误的价格信号,从而加重比例失调的倾向和过度积累的倾向。"①

总体来看,马克思对金融资本与资本积累关系的分析仍然植根于银行主导的金融体系之上,从这一现实地基出发,马克思将金融投机的高涨仅仅视作资本积累周期的一个从属环节。与此相适应,由金融资本与其货币基础的矛盾引发的危机也不过是生产过剩危机的附带后果。但是,如果我们把目光转向 20 世纪 70 年代以来的金融化进程,就会发现,当代资本主义金融化已经从根本上不同于 19 世纪末 20 世纪初期的金融化浪潮。这首先表现在金融资本积累已成为拉动整体资本积累的主引擎,同时,非金融企业也日益积极参与金融活动,并依靠金融活动获取大部分利润。换言之,整体资本积累过程已经金融化了。诚然,在列宁和希法亭的分析中,19 世纪末 20 世纪初的金融化浪潮也带来了金融资本的崛起,但是,这一崛起过程并没有使经济活动的重心转向金融部门,而且金融部门的蓬勃发展也总是建立在产业部门繁荣的基础上。相反,当代资本主义金融化却悖谬般地生出了实体经济停滞与金融部门繁荣长期并存的怪象,这本身即折射出当代资本主义积累结构的变迁。

一、资本积累结构的历史变迁

资本主义作为人类历史上最重要的社会制度之一,并非自诞生以来就是一成不变的,而是始终处于不停息的变革和更新之中,并由此形成了在质上可以进行区分的不同发展阶段。关于这一点,马克思在《共产党宣言》中说得十分明白:"资产阶级除非对生产工具,从而对生产关系,从而对全部社会关系不断地进行革命,否则就不能生存下去。反之,原封不动地保持旧的生产方式,却是过去的一切工业阶级生存的首要条件。生产的不断变革,一切社会状况不停的动荡,永远的不安定和变动,这就是资产阶级时代不同于过去一切时代的地方。"②资本主义发展阶段的变迁首先反映在主导资本的

---

① 大卫·哈维:《资本的限度》,张寅译,中信出版社 2017 年版,第 449 页。
② 《马克思恩格斯选集》第 1 卷,人民出版社 2012 年版,第 403 页。

变化上,纵观资本主义起源及发展历史,可以发现,主导资本形态经历了从商业资本、高利贷资本到产业资本再到金融资本的转变,这种转变同时意味着资本积累结构的变迁。

在历史上,商业资本主导资本积累的时代往往与生产领域的不发达状态相联系,这是生产尚未从属于资本的时代,换言之,资本仅仅在流通领域发挥作用,并且到处以现成存在的社会生产形式为基础。商业资本的发展一方面促进了不依赖于土地所有权的货币财产的形成,另一方面也对封建的生产方式起到了瓦解作用,从而间接地为资本主义生产方式的生成奠定了基础。马克思指出:"商业和商业资本的发展,到处都使生产朝着交换价值的方向发展,使生产的规模扩大,使它多样化和世界化,使货币发展成为世界货币。因此,商业对各种已有的、以不同形式主要生产使用价值的生产组织,到处都或多或少地起着解体的作用。"①事实上,正是商业资本的发展挖掉了自身存在的基础,并使自己成为产业资本的附属物。一旦资本支配了生产领域,商业资本就会展示出自己的本来面目,即它只是生产资本再生产运动过程的形式之一。大工业有能力为自己创造市场,并用自己的商品来夺取市场。在大工业面前,商业资本与商业民族都不可避免地衰落了。历史上众多商业民族的历史正是产业资本取代商业资本成为资本积累主导形态的真实写照。正如马克思所言:"荷兰作为一个占统治地位的商业国家走向衰落的历史,就是一部商业资本从属于工业资本的历史。"②

具体来看,产业资本崛起于工场手工业的时代,而在工业革命之后则完全确立了对于商业资本、金融资本等等的支配地位。在产业资本确立主导地位的过程中,殖民制度、公共信用制度、现代财政制度、保护关税制度等都在不同程度上发挥了作用。需要指出的是,高利贷资本也通过破坏和瓦解旧的生产方式,为资本主义的进一步发展扫清了障碍。"一方面,高利贷对于古代的和封建的财富,对于古代的和封建的所有制,发挥了破坏和解体的作用。另一方面,它又破坏和毁灭小农民和小市民的生产,总之,破坏和毁灭生产者仍然是自己的生产资料的所有者的一切形式。"③但是,一旦高利贷资本对产业资本的发展构成损害,它立刻就遭到反对,正是在这个意义上,马克思指出:"信用制度是作为高利贷的反作用而发展起来的。"④最终的结果是,现代信用制度以及生息资本取代了高利贷资本,并使后者的存在

---

① 马克思:《资本论》第3卷,人民出版社2004年版,第370页。
② 同上书,第372页。
③ 同上书,第674页。
④ 同上书,第678页。

完全顺应了产业资本的要求。

在征服了商业资本与高利贷资本之后，产业资本顺理成章地建立起了自身的统治地位，由此开启了产业资本主导资本积累的时代。产业资本在积累的过程中内含着资本集中与资本积聚的趋势，结果就是垄断将会取代自由竞争。正如列宁和希法亭所分析的，当产业资本走向垄断，它也就为银行完成对它的支配提供了可能性和契机。希法亭指出："金融资本随着股份公司的发展而发展，并随着产业的垄断化而达到它的顶点……随着卡特尔化和托拉斯化，金融资本达到了它的权力的巅峰。"[1]随着垄断的深入发展，金融资本主导资本积累的时代也拉开了自己的帷幕，这正是 19 世纪末 20 世纪初资本主义的发展所带来的结果。在这一时期，尽管世界市场与资本、劳动力等等的全球流动已经在逐步兴起，但是资本与市场仍然受到国家与社会力量的制衡，尚不足以在全球层面按自己的需要重新塑造经济政策、社会关系等等。

20 世纪 70 年代以来，在信息技术革命的影响之下，金融资本迎来了快速发展的机遇期，主要发达资本主义国家的金融化趋势日益加强。在金融资本全球流动的冲击下，国家、个人、家庭、社会无不受到金融市场力量的制约和规训。可以说，当代金融资本已经在全球层面取得重塑社会的能力。正如有学者指出的："金融资本的全球流动是当前资本主义发展到新阶段的突出表现，它改变了以往的资本结构和产业结构，极大地强化了金融市场在资源配置中的支配作用，带来了'社会生活金融化'的新趋势，形成了以金融资本主义崛起为标志的'第二次大转型'。"[2]与 20 世纪初期的金融资本崛起不同，当代资本主义金融化不再仅仅涉及经济部门、实体企业，而是将触角渗透到政府、社会、家庭、个人等社会生活的方方面面，由此带来的结果是，整个社会正在经历全方位的金融化转型。政府决策日益受制于金融市场的反应，企业治理将股东价值最大化作为考量的首要目标，在个人生活领域则是金融文化理念的日益盛行，如此等等，都表明金融资本及金融市场已经掌握了对于经济、政治乃至于日常生活的支配权。

二、金融部门的自我循环

从宏观层面看，金融主导的资本积累模式意味着金融部门相对于实体

---

① 鲁道夫·希法亭：《金融资本：资本主义最新发展的研究》，福民等译，商务印书馆 2012 年版，第 253 页。

② 杨典、欧阳璇宇：《金融资本主义的崛起及其影响：对资本主义新形态的社会学分析》，《中国社会科学》2018 年第 12 期，第 110—133、201—202 页。

经济部门过度繁荣、自我膨胀。在过去半个世纪的时间内，无论是西方发达国家还是新兴市场国家，都出现了虚拟资本、金融资产的增速或积累速度远远超过实体经济、物质资本积累速度的现象。当利润的获取主要通过金融领域实现，而实体经济的利润率则处于低迷状态，上述结果就不难理解了。1997 年，全球著名咨询机构麦肯锡的研究人员出版《无疆界市场》，书中对全球金融部门的过度膨胀做了生动的描绘："全球金融市场中的可交易资产，包括股票、债券、货币等等，早在 1994 年就已经超过 41 万亿美元，而且还在快速增长中。而流动金融资产，更比实际经济增长速度快 3 倍。股票大量发行，政府债券数量不断增加，银行贷款等过去被视为不可流通的金融资产也成为可交易资产，再加上加入全球市场的国家数目不断增加，市场规模因此更加壮大。"[1]

金融部门的过度繁荣在以下一系列事实中显露出端倪。首先，西方发达国家在 20 世纪 70 年代之后普遍出现了金融业对国内生产总值的贡献不断攀升的现象。以美国为例，1950 年这一数值为 2.8%，到 1980 年为 4.9%，而到了 2006 年则达到 8.3% 的最高值。2008 年的金融危机使得这一数值有所下降，但是危机过后，金融业很快又成为经济领域复苏最快的行业。其次，住房贷款、消费信贷等家庭信贷占国内生产总值的比率迅速提高，到 2007 年时已接近 100%。资本主义生产方式固有的生产与实现的矛盾，要求金融资本介入来畅通流通环节，消费信贷正是在这个意义上发挥了作用。伴随着房地产市场的繁荣，房地产投机与住房贷款的增长都得到进一步加强。而随着家庭信贷规模的增长，资产证券化、金融衍生品等也迎来了快速扩张时期。第三，金融创新的泛滥推动衍生品交易和金融资产规模的膨胀。在诸种衍生品中，特别值得一提的是信用违约掉期（CDS），正是它为债权资产提供了保险，使得投资者相信资产质量已得到提升，从而可以肆无忌惮地扩张资产负债规模。最后，金融部门的繁荣也反映在外汇市场交易量急剧飙升以及全球外汇储备高速扩张的事实中。2008 年金融危机之后，为了从危机中复苏经济，各国都以宽松货币政策作为主要的手段，这导致全球储备货币总量的增长速度创造了新的历史纪录。

金融资产的快速增长、金融部门的极大繁荣，曾经被许多人视作人类经济的福音，但事实证明，这种脱离实体经济基本面的增长和繁荣对人类经济发展的负面作用甚至超过了正面作用。"1980 年以来，美国和全球证券行

---

[1]　洛威尔·布赖恩、黛安娜·法雷尔:《无疆界市场》，汪仲译，上海人民出版社 1999 年版，第 4 页。

业的快速增长呈现出一个显著特征,那就是与实体经济增长关系密切的证券承销收入占比快速下降。与此同时,证券交易量和交易收入却上升了4倍多。1980年证券行业增加值占国内生产总值的比率只有0.4%,2001年达到1.7%。2007年之后,占比超过2.0%。"①这意味着,金融交易的增长并非与实体经济的增长携手并进,而是脱离了实体经济并展现出自身的逻辑。虚拟经济与实体经济的背离是当代资本主义最为显著的特征之一,只有理解这一背离背后的内在机制和内在规律,才能真正把握当代资本主义的运行规律以及经济危机、金融危机的总根源。

在马克思写作《资本论》的时代,金融体系主要是间接融资为主,银行贷款服务于产业发展的需求,因此,马克思理解的资本积累周期中,金融投机盛行总是建立在实体经济繁荣的基础上。在这一语境下,产业资本与金融资本携手并进,保持较为一致的步调。当直接融资取代间接融资占据主导地位之后,股票的市值与实体产业运行状况的联系变得相对薄弱,换言之,主观预期、包装、炒作都会使股价抬升,但其所对应的企业基本面却可能并不足以支撑股价。这意味着,在直接融资占据主导地位的金融体系中,金融与实体经济的背离将得到加强。金融与实体经济的背离,表明金融部门增长的动力并不在于实体部门,而是在于自身。这意味着,金融部门的增长具有自我循环、自我膨胀的特征。

可以从微观、中观、宏观三个层面来考察金融部门的自我循环。首先,就金融部门自我循环的微观机制而言,资产证券化具有基础性作用。资产证券化业务几乎涉及金融领域的所有金融机构:商业银行、投资银行、保险公司、共同基金、抵押贷款公司、信用评级公司、对冲基金等等。与此同时,它所推动的金融资产增长涉及面也十分广阔,不仅包括传统的银行信贷,而且也包括债券类资产乃至金融衍生品。借助精巧的资产组合和包装技术,华尔街的金融家能够将标准化程度低的各类金融资产重新包装,变成具有明确投资回报率和信用风险等级的债券,从而能够大规模出售给机构投资者和普通个人投资者。这意味着,银行或放贷机构可以利用自己的债权反复融资、反复放贷,不仅使自己的收益增长至极限,而且也将风险转移给了证券投资者。资产证券化业务的运作表明,任何具有预期和未来收入流的资产,皆可转化为可交易资产。

资产证券化是马克思所分析的虚拟资本在当代的最新表现形式,资产

---

① 向松祚:《新资本论:全球金融资本主义的兴起、危机和救赎》,中信出版社2015年版,第11页。

证券化的逻辑完全符合虚拟资本的基本原则。作为收入的资本化，虚拟资本从根本上反映了资本拜物教的意识形态。既然资本总是可以带来稳定收入流的物，那么，反过来说，凡是能带来稳定收入流的物都可以被视作资本。不言而喻，资产证券化特别是住房贷款的证券化无疑帮助了更多的人购买住房，并有效提升了他们的生活水平。但是，这一业务所能带来的巨大利益刺激终于使其过度膨胀，并出现了信用评级公司与之合谋，蓄意提高评级，误导普通投资者的决策，最终使普通投资者蒙受巨大损失的负面结果。不仅如此，资产证券化业务也在为整个金融体系积聚着风险，使市场上的所有参与者陷入某种集体性的疯狂之中，即使有人知道风险确实存在，风险大规模暴露的一天总会到来，也难以遏制继续疯狂的举动。在这个意义上，我们能够理解巴菲特的那句名言：只有当潮水退去之时，才知道谁在裸泳。

其次，金融部门自我循环的中观机制意味着，金融部门如今成了资金的净需求方。金融资本不仅能够通过参与产业资本的循环来获取利润，而且可以通过开拓和扩展诸如虚拟货币之类的任务，形成新的利润获取渠道。对比特币的"开矿"、代币"发行"等行为显然是与物质领域无关的金融活动，但这种金融活动也不同于传统的借贷、股票发行及交易等传统金融活动。长期以来，我们总是认为金融部门扮演着向实体部门"输血"，推动实体部门技术变革与快速发展的角色。但是，在金融化深入发展的今天，金融的功能已经被异化，"金融市场的膨胀以及商业银行的转型，导致金融体系的主要功能不再是为生产性投资融资，而是转为为金融机构自身的金融投机融资。金融的功能主要是把资本和收入从实体领域向金融领域转移"①。一方面，金融市场上各类资产价格的上升，需要持续不断的资金流入；另一方面，利用市场波动进行短期投机也产生了大量对资金的需求。以上两方面共同导致金融部门成为资金的净需求方。当金融部门成为资金的净需求方时，非金融部门本来用于追加投资的资本必然会改变用途，流向金融领域，并通过投机的方式追逐金融收益。

最后，金融部门自我循环的宏观机制特别地与资本积累的全球化有关。美国作为全球金融体系的中心，在金融部门自我循环的宏观机制中扮演着关键角色。在去工业化进程的影响下，美国的工业生产能力以及工业产品的有效供给能力不足，与此同时，金融部门的过度繁荣却使资产价格一路上涨，巨大的财富效应支撑起美国民众强劲的购买力。在此背景下，众多发展

① 马锦生：《美国资本积累金融化实现机制及发展趋势》，《政治经济学评论》2014 年第 4 期，第 61—85 页。

中国家成为商品和劳务的出口国,而美国则成为最为重要的消费市场。贸易顺差为发展中国家带来了大量的美元盈余,通过购买美国国债,美元又流回美国,支撑起美国资本市场的膨胀。这表明,金融市场的膨胀是建立在全球性的资本积累格局之上的。只要这一格局维持下去,金融部门就可以在全球范围实现自我循环。但是,这一格局是十分脆弱和不稳定的,因为金融市场是充满波动性的,这种波动将会对消费产生影响并进而影响商品出口国的价值实现。与此同时,美国的债务积累也不是没有限度的,美联储也必须在货币品质以及维持资本积累之间做出抉择,资本主义的内在矛盾决定了当前资本积累的全球化格局有着无法克服的障碍。

三、非金融部门资本积累的金融化

资本积累的金融化不仅表现在金融部门的自我循环、过度膨胀上,也表现在非金融部门、实体企业在投资决策和积累目标方面以股东价值最大化为第一准则。金融化深刻改造了企业家、投资者乃至于社会公众的价值观、财富观,股票价格和企业市值成为衡量一家企业是否成功、管理者是否卓越的首要标准。一家企业的经营策略、商业模式如果不能被资本市场认可,并体现在股价和市值上,那么,这家企业就面临着丧失重要融资渠道以及被其他上市公司收购或兼并的风险。许多创业型公司从创业之初就将首次公开募股作为自己的核心目标,为了实现这一目标,往往需要引入风险投资、私募基金等作为自己的股东。而风险投资和私募基金则成为资本市场上最凶狠的猎手,它们时刻寻找下一个最有可能成为苹果、谷歌、阿里巴巴的创业型公司。

在马克思写作《资本论》的时代,企业的主要目标还是获取尽可能多的利润。在这一背景下,马克思写下了那段著名的话:"资本害怕没有利润或利润太少,就像自然界害怕真空一样。一旦有适当的利润,资本就胆大起来。如果有10%的利润,它就保证到处被使用;有20%的利润,它就活跃起来;有50%的利润,它就铤而走险;为了100%的利润,它就敢践踏一切人间法律;有300%的利润,它就敢犯任何罪行,甚至冒绞首的危险。如果动乱和纷争能带来利润,它就会鼓励动乱和纷争。走私和贩卖奴隶就是证明。"[1]金融化深刻改变了企业的行为方式和核心目标,在股东价值最大化和市值文化的影响下,利润不再是企业最关注的东西。众所周知,企业的利润与市值并非线性比例和对应关系。无论是西方发达国家还是中国,很多

---

① 马克思:《资本论》第1卷,人民出版社2004年版,第871页脚注。

互联网企业长期无法实现盈利,甚至都没有收入,但这并不影响资本市场的追捧以及股价的一路飙升。"20世纪90年代互联网狂飙和疯狂时期,华尔街投资者和股票分析师对市值创造模式做出革命性创新,发明出'市梦率'……'市梦率模式'认为,公司股价和市值不再取决于收入和利润,只取决于公司网站的点击率、访问次数,甚至只取决于投资者对公司未来前景的狂热'梦想'或'幻想'。"①

股东价值最大化的原则推动以私募基金、共同基金为代表的华尔街资本家开启大规模的兼并收购浪潮。通过兼并收购行为,企业的股价可以在短期内实现极大的提升。除了兼并收购之外,让公司的创业叙事赢得资本市场的认可,也是重要的提升市盈率以及市值的方式。股东价值最大化原则需要通过股权激励机制来实际地影响企业管理层的行为。表面上看,股权激励机制是一项卓越的发明,它促使股东、管理者、公司员工乃至于社会公众的利益和谐一致。但在现实中,股权激励制却成为诞生欺诈丑闻、内幕交易以及管理者操纵的温床。2001年安然公司因财务造假而破产就是这方面的典型事例。安然公司高管为了获取更多的期权及股权收益,精心策划和安排了公司的财务造假,以此来促使公司股价持续上涨。安然公司的破产深刻揭示了股东价值最大化原则对企业治理带来的潜在风险,也暴露出人性的贪婪的巨大毁灭效应。

股东价值最大化原则深刻改变了企业的盈余分配模式,导致利润与生产的脱节,大量利润被用于回购企业股票以拉升股价,结果是产业资本的积累受到严重拖累。"为了推高股价回报股东,生产部门的上市公司首先通过降低工资、削减岗位以及关停设备等方式降低运营成本,迫使员工承担更大风险以充实账面资金。之后又以奖励股东投资贡献的方式将内部盈余释放到外部股市,尽可能创造'自由现金流'以满足机构投资者的季度收益要求,最终形成了以'裁员缩编、分红回购和生产外包'为主要特征的美式股东治理型企业。"②股东价值最大化的企业内部治理模式并非企业经营的必然路径,而是反映了金融资本及企业高管的利益。当企业的管理层沉迷于市值管理而非企业的长期发展创新时,尽管企业的创新能力不足、固定资本投资比重持续下降,但机构投资者及高管却获取了巨额收益。总体来看,股东价值最大化的企业治理模式必然陷入困境,实体经济的停滞最终将反映在金

---

① 向松祚:《新资本论:全球金融资本主义的兴起、危机和救赎》,中信出版社2015年版,第54页。

② 贾根良、李家瑞:《去积累的价值榨取:美国企业股东治理制度的危机与启示》,《教学与研究》2022年第9期,第53—66页。

融市场的低迷和危机中。

除了股东价值最大化原则之外,金融主导的资本积累模式也表现在非金融部门自身更多地参与金融业务,并依靠金融业务获取大量的利润。20世纪80年代以来,工资成本的大幅度上升与未来前景的不确定性都促使企业更多地转向金融投资并相应缩减生产投资。"1982～1989年期间,法国企业用于生产性投资的份额从76%下降到47%,而其占有的金融资产则从2.9%上升到35%。新增加的这部分金融资产是由金融不动产(股票、债券)和金融投资(货币合同证券、证券投资机构)两部分组成,它们几乎各占一半。"①不仅如此,布雷顿森林体系解体所开启的浮动汇率时代也使得企业不得不主动采取措施应对汇率的波动。"汇率或利率的变化实际上可以大大改变有关商业合同的收入或预付款额。据航空航天公司领导层估计,1995年第一季度美元贬值给它造成的负面影响是1.05亿法郎的赤字,但假设1994年第一季度的汇率不变,公司可以盈利6.55亿法郎。"②这样一来,非金融企业开始逐渐加强金融和财务部门,与此同时,非金融企业与银行和机构投资者一样,共同成为金融市场的主角。但是,这种参与的投机性越来越明显,并使得外汇市场的不稳定性加剧。反过来说,企业特别是跨国集团的任何一种决策,都必须考虑到各种各样的金融变量,比如说利率的差异以及汇率的变化,等等。

企业开始越来越多地参与金融业务的策略在客观上抑制了生产性投资,大量的资金被用于金融投资,或者用于分配红利或支付利息,或者用于回购股票以拉升股价,这使得企业的固定资本形成与技术变革的速度受到了削弱。由于生产性投资的周期较长、设备折旧费用提高以及科研研发费用增加等因素,再加上金融市场"短期主义"逻辑的压力,企业大量缩减工业投资计划变得十分普遍。工业投资的缩减并不是由工业投资的资本收益率下降导致的,事实上,通过降低工资成本,工业投资的收益率已经得到改善。这里,问题的关键在于资本的流动性。只有保持资本的流动性,才能及时抓住一切短期增殖的机会并迅速获利了结。金融全球化的深入推进及放宽管制措施的相继出台,使得全球金融市场越来越无缝衔接,股票、债券以及各种各样形式的金融衍生品可以在时间和空间上无限制地挪用和运动。这样一来,面向全球金融市场寻求最佳收益组合就变得可能了。

---

① 弗朗索瓦·沙奈等:《金融全球化》,齐建华、胡振良译,中央编译局出版社2000年版,第148页。
② 同上书,第143页。

值得一提的是,企业的并购行为在传统上一直被认为是资本积累的一种战略手段,它有助于帮助企业更快地扩大市场规模。金融化使得企业并购的逻辑发生了根本改变,因而,可以将其视作资本积累金融化的一个特殊体现。并购活动在资本主义的历史上长期存在,它的主要目的在于通过所有权的转移来实现生产资本的重组。但是,20 世纪 80 年代以来的并购运动所追求的并非生产资本的积累,而是展现出金融化逻辑对并购运动的支配。"美国有关并购运动的研究表明,这一运动的目的往往是插手被选中的企业,这些企业作为金融资产其名义价值往往被预期在股市景气的时候能够发生扩张。一旦证券市场行市上扬,证券收购集团或者在转卖时可获得优厚的剩余价值,或者持有一笔可意识到的潜在剩余价值形式的资产……美联储进行的一项研究表明,1984～1989 年间收购的三分之一以上的企业都在同一时期被转卖了。"[1]这意味着,并购行动并不首先服务于生产性目的,而是服务于金融套利的短期逻辑。总体来看,金融化的进程已经深刻地改造了工业企业的行为方式和经营策略,金融目标成为企业的投资决策和积累战略方面的首要目标,与此同时,企业的利润越来越依靠金融渠道获得,而企业自身则被看作流动性的收益资产。当非金融企业越来越深地卷入金融市场中的时候,一方面,企业自身的治理日益注重短期收益逻辑,另一方面,金融市场对于企业的支配力和控制力也就越发加强了。共同基金、养老基金等机构投资者兴起之后,这一现象变得尤为明显。

---

[1]　弗朗索瓦·沙奈等:《金融全球化》,齐建华、胡振良译,中央编译局出版社 2000 年版,第167—168 页。

第四章　金融危机及其启示

金融化并不仅仅是经济领域的现象,其影响所及十分广泛,政治、文化乃至于日常生活都受到金融化进程的巨大冲击。总体来看,金融化主要带来三个方面的后果:首先,它改变了经济危机的形成机制与表现形式,这并不是说由资本主义基本矛盾决定的生产过剩问题不再存在,而是说由金融资本的内在矛盾所决定的货币危机、金融危机已经占据了主导地位。其次,金融化使得贫富差距日益拉大,收入分配向高管及股东倾斜,而普通工资劳动者所得份额则不断萎缩。作为大众购买力削弱的补偿,金融化带来的资产价格泡沫,通过财富效应有效刺激了民众的消费,从而在一定程度上缓解了资本主义的积累矛盾。但泡沫总是要破灭的,普通民众最终会因此付出巨大的代价。最后,随着金融体系从间接融资转向直接融资,以及信息技术的飞速发展,大多数人如今可以便捷地参与各种各样的金融活动。住房贷款、消费金融等金融业务的兴起表明,金融化已经侵入个体的日常生活。在资本积累金融化的影响下,人们学会了用金融思维管理自己的消费、投资和债务,一种新的金融文化和投资文化正在兴起,日常生活的金融化正在成为当今时代不容忽视的现实。上述三个方面的内容构成接下来两章讨论的主题,本章将先聚焦于金融化的经济后果,力图通过分析金融危机的起源、传导机制、后果以及监管策略的得失,为中国防范和化解系统性金融风险提供有益启示。

第一节　金融化与危机主导形式的变迁

实体经济停滞、金融去监管化、家庭部门金融需求提升等因素共同促成金融化积累模式的确立。随着资本积累模式的变迁,危机的主导形式也发生了改变。一方面,滞胀危机动摇了凯恩斯主义在西方发达资本主义国家中的正统地位,以私有化、商品化、去监管为核心的新自由主义制度框架逐渐被确立为新的正统。金融监管的去除使得商业银行获准涉足证券经纪、投资银行等业务领域,在资产证券化等金融创新的刺激下,金融部门脱离实体经济过度膨胀。另一方面,作为新自由主义重建资本权力计划的一部分,工会力量受到打击、福利国家义务被免除、工人实际工资不升反降。开支增加收入却减少了,这导致工人家庭部门的金融需求迅速提升。在种种因素的共同作用下,20 世纪 70 年代末期以来的资本主义见证了一个以虚拟经济与实体经济背离、资产价格泡沫化以及金融危机频发为特征的新时代。

一、虚拟经济与实体经济的背离

虚拟经济与实体经济的背离是当今世界范围普遍存在的问题,是构成理解危机现象的重要背景和前提。在一个实体经济占据主导地位、虚拟经济仅仅起到辅助作用的经济体内,危机首先表现为实体经济内部的生产过剩、流通中断,然后才会在金融领域引发进一步的后果,并使得实体经济与虚拟经济陷入相互削弱、恶性循环的局面。当虚拟经济与实体经济出现背离,危机的主导形式、形成机制、演变路径都会发生改变。因此,为了深入理解金融危机现象,有必要对虚拟经济与实体经济背离进行分析。

虚拟经济与实体经济的背离体现在一系列现象中:首先,金融活动与实体经济的运营联系越来越薄弱。外汇交易成为纯粹的套利投机活动,与贸易商为了规避风险套期保值的操作几乎无关。金融衍生品的创造和交易也脱离了实体经济的需求而日益疯狂。其次,价格机制相互脱节。在大量投机性需求的作用下,金融产品的价格已经不能反映实体经济的基本面。流动性过剩的货币环境之下,股票的高估值往往与背后的企业业绩无法匹配。更有甚者,一些企业出于利益动机通过财务造假提升股价的行为也屡见不鲜。最后,企业所有者与企业经营者的动机、行为逻辑相互背离。企业经营者更注重企业的长期发展战略,其目标包含企业帝国的野心、社区目标、雇员福利等等,而企业所有者特别是大股东们更注重企业的市值以及短期利益。

虚拟经济与实体经济的背离首先根源于两者的不均衡发展。据统计,全球虚拟经济与实体经济总产值在 1980 年左右大体持平,到了 2010 年虚拟经济总产值达到实体经济总产值的 3 倍以上,到了 2013 年则达到 5 倍以上,增速十分惊人。虚拟经济快速增长的背后,是金融自由化、浮动汇率、美元本位制、长期低利率等一系列制度或因素的推波助澜。除此之外,虚拟经济也依靠其获取货币信用资源的优势,通过信用创造和杠杆交易来获取高额利润。金融业天生具有"嫌贫爱富""锦上添花"的特性,信用资源往往会集中到少数富人手里,富人利用所掌握的信用和金融资源,越来越多地运用到虚拟经济领域,参与金融运作、股票投机、外汇买卖、兼并收购等活动,极大推动了虚拟经济的增长。与虚拟经济快速增长形成对照的是实体经济的长期低迷,正是虚拟经济的蓬勃发展造成当今收入差距扩大、贫富分化加剧的现实,后者对社会的总消费起到了抑制作用,从而拖累了实体经济的增长。"纵观全球,尤其是对比欧洲、日本、美国和其他发达国家的收入差距和贫富分化演变趋势,我们发现另外一个重要事实,凡是金融市场发达、金融投机活跃、资产价格泡沫反复出现的国家或地区,收入差距或贫富分化恶化的程度最高。"[1]美国、英国、欧元区各国以及中国香港等地都是举世闻名的金融中心,但与此同时也是贫富差距最为严重的地区。由贫富差距持续扩大所引发的一系列社会问题,正在困扰着这些国家和地区,并对国际经济政治格局产生深远影响。

值得一提的是,乐观预期往往成为虚拟经济过度膨胀的重要推手,并表现为虚拟经济与实体经济背离的标志性特征。乐观预期大都始于"外部冲击","某些事件的发生增强了市场信心,导致乐观情绪;确信未来会经济繁荣,利润增加,有必要进一步加大证券投资。金融机构接受了流动性较低的负债结构,而在理性环境中这种结构一般不会被接受"[2]。在"外部冲击"的作用下,金融交易一般会经历两个阶段,并涉及两类投机者。在第一个阶段,各经济主体对冲击的反应还是理性的、有限的。到了第二个阶段,上述反应就会逐步偏离理性的轨道,资本收益开始起着主要作用。两类投机者可以简单地区分为内部人和外部人,"内部人往往采取投机手段驱使价格不断上涨,并在价格最高点将投机物品出售给外部人,从而导致市场不稳定,而外部人则是在价格最高点购进商品,在内部人采取措施使市场价格下跌时又在谷底卖出商品"[3]。换言之,内部人通过牺牲外部人获取收益,投机泡沫破灭使得外部人最终"割肉离场",当新的泡沫在形成过程中时,又将吸引新的外部人入场,如此反复,投机泡沫的破灭和投机狂热表现为周期性出现的现象。

历史地看,虚拟经济之所以能够脱离实体经济而迅速扩张,根本原因在于实体经济出现了严重的积累困境,大量过剩资本从实体经济领域转移到

---

① 向松祚:《新资本论:全球金融资本主义的兴起、危机和救赎》,中信出版社 2015 年版,第 362 页。

② 查理斯·P.金德尔伯格:《经济过热、经济恐慌及经济崩溃》,北京大学出版社 2000 年版,第 32 页。

③ 同上书,第 35 页。

虚拟经济领域寻求更高的收益率,最终带动了虚拟经济的蓬勃发展。虚拟经济的资本积累原理与实体经济存在着显著不同。实体经济的资本积累必须经历物质变换过程并在此基础上通过出售实现已经增值的价值,虚拟经济则摆脱了物质变换过程的束缚,单纯依靠金融产品的价格波动来套利。金融投资对象的涉及范围极广,不仅房地产、股票、债券、期货可以成为金融投资的标的物,而且,很多与实体经济毫无关系的实体物或想象物也可以成为投资对象。虽然从长期来看,实体经济的基本面决定了金融资产价格,但从短期来看,投资者预期、心理因素以及财政和货币政策都会影响资产价格。除此之外,虚拟经济的积累往往依靠高杠杆来实现,其杠杆率远高于实体经济。实体经济的杠杆率极限是 100%,否则就会资不抵债。虚拟经济的杠杆率之所以高,是因为金融资产的流动性更强,投资者需要及时捕捉市场上出现的获利机会。这也意味着,金融市场的产品价格对于外部冲击反应更为灵敏,更容易反映在价格的波动中。面对转瞬即逝的价格波动,投资者必然会产生对杠杆资金的需求。

与虚拟经济相比,实体经济固定资产投资流动性较差、折旧速度快,这决定了产业资本积累的风险主要在于现金流的创造和维持。现金流的创造和维持与市场范围和有效需求紧密相关。产业资本的积累要求不断扩大和增加有效需求。马克思指出,资本积累一方面创造出不断扩大的生产能力,另一方面也带来了相对过剩人口和贫困的积累。在这两个方面的共同作用下,生产与消费的矛盾逐渐加剧,由此引发了实体经济的危机。与实体经济的有效需求和产品供给不同,虚拟经济的供给和需求以投机为核心,因而完全可以在贫困和大众消费不足的情况下出现供给和需求的狂热,并表现在金融资产价格泡沫化的结果中。目前主流的经济学仍旧将产业资本积累、投资和增长视为经济理论的核心,而对于虚拟经济的积累规律及其后果研究不足,为了深刻把握危机主导形式的改变及其对现有危机理论的挑战,有必要加强对虚拟资本问题、金融问题的关注和研究。

二、全球流动性无限扩张与资产价格泡沫

资产价格泡沫的破灭是金融危机的显著特征,最近半个世纪以来全球范围发生的金融危机无不伴随着资产价格泡沫的破灭。这表明,对资产价格泡沫的理解成为深刻把握金融危机现象的关键环节。危机期间流动性极度缺乏是导致资产价格泡沫破灭的主要因素,反过来说,泡沫本身则与全球范围内的流动性过剩有关。导致全球范围流动性大规模扩张的原因主要有两点:一是 20 世纪 80 年代之后全球出现的长期低利率或负利率;二是浮动

汇率制度条件下各国央行无节制的货币扩张。

首先,利率水平对货币供应起到决定性作用,是流动性过剩与否的关键影响因素。不仅如此,由于利率水平与股票等金融资产的价格成反比,在未来预期收益一定的情况下,利率水平越低,资产的价格就越高。因此,利率水平与资产价格之间也存在着紧密关联。历史上存在着诸多由低利率导致资产价格泡沫的事例。2008 年金融危机显然与格林斯潘(Alan Greenspan)领导的美联储长期实施低利率政策有关。除此之外,"20 世纪 20 年代华尔街股市疯狂并最终导致 1929 年崩盘和 20 世纪 30 年代大萧条的关键原因之一,是美联储(也就是当时主导整个美联储政策的纽约联储主席斯特朗)为配合英格兰银行恢复金本位制,刻意压低美国金融市场的利率水平"。[①]利率水平不断处于波动状态,短时期内的利率水平升高并不是什么新现象。但是,利率水平长期处于较低状态,却是 20 世纪晚期以来出现的新现象,它构成金融化时代的显著特征之一。

围绕着利率水平降低,人们主要给出了两种解释方案。一种解释方案认为,低利率是由于金融资产的过度需求引发的。以国债为例,国债需求的旺盛会提升国债价格,降低国债收益率,从而给市场的一般利率施加向下的压力。这一观点由于未能解释金融资产的过度需求是如何形成的,因此,仍然存在着重要的缺陷。另一种则认为,长期利率降低是由新兴市场国家的过度储蓄引起的,后者反映了发达国家与后发国家之间的力量对比关系的变迁。20 世纪 70 年代末期以来,全球范围包括中国、印度在内的十余个国家转向市场经济,大量廉价劳动力从属出口导向性行业。特别是中国在依靠出口积累起巨额的财富的同时,也提高了整个国家范围内的储蓄率。与发展中国家积累起巨额财富相对应的却是发达国家投资机会的减少,在这种情况下,利率水平必然下降。这种解释看似无懈可击,实则不然。从历史经验来看,储蓄率水平低并不一定意味着利率水平高,同样,储蓄率水平高也不一定代表低利率的存在。既然高储蓄率出现在新兴市场国家,那么,这些国家利率应该比较低才对,但事实并非如此。新兴市场国家的储蓄率升高是与利率维持在较高水平同时出现的。这表明,用储蓄率升高来解释利率水平下降的思路是行不通的。

由于利率低水平及资产价格的泡沫化是在经济全球化的大背景下形成的,因此,需要联系全球经济体系的基本格局来解释这一现象。以美国为首

---

① 向松祚:《新资本论:全球金融资本主义的兴起、危机和救赎》,中信出版社 2015 年版,第 293 页。

的发达国家在 20 世纪 70 年代末期开始经历去工业化,大量过剩资本转移到以中国为首的发展中国家。由此带来的结果是,发达国家成为全球储备货币和金融资产的主要供给者,而发展中国家则成为商品和服务的主要提供者。当发达国家的货币过度供给之时,就是资产价格大幅飙升之时。换言之,过剩的货币并没有流入实体经济,这就是为什么尽管利率已经很低,货币已经大规模扩张,通货膨胀水平仍然很低。2009 年美联储和欧洲各国央行实施量化宽松政策,并没有导致通货膨胀,欧元区甚至出现了通货紧缩。这表明,全球经济体内部出现了货币金融中心和制造业中心的背离,货币从制造业中心大量流向货币金融中心,既压低了货币金融中心国家的利率水平,又不断加剧了各类资产价格的膨胀。归根结底,这一结构性背离才是利率水平低及资产价格泡沫的根本原因。

其次,全球范围流动性扩张与浮动汇率体系的建立有关。固定汇率时代,各国皆实施严格的资本管制,不存在单一的国际金融市场。随着浮动汇率取代固定汇率,国际外汇市场、股票市场、期货市场、债券市场等纷纷建立起来。布雷顿森林体系代表的固定汇率制度的解体,首先使得货币的创造摆脱了黄金储备总额的约束,其次,在浮动汇率机制的作用下,货币买卖和汇率投机甚嚣尘上,为了维护汇率稳定,各国央行不得不大规模提高美元储备。这样一来,浮动汇率体系就为全球基础货币和流动性扩张注入了强大动力。起初,各国汇率的动荡不安迫使贸易商必须主动参与外汇市场进行套期保值和和规避风险。但是,随着时间的推移,投机套利的需求压倒了贸易商规避风险的需求,成为外汇市场的主导因素。"既然各国需要维持货币汇率的相对稳定,就需要入市进行外汇市场干预。由于世界绝大多数国家货币汇率皆以美元为对手货币挂钩,各国入市干预汇率的措施,自然就是买卖美元,自然就需要不断累积美元储备。所以固定汇率体系崩溃之后,全球中央银行美元储备呈直线上升。"[1]不仅如此,资产价格的泡沫会对投机性金融活动形成正反馈,吸引更多资金入市,从而进一步推动金融资产的泡沫化。

随着全球单一金融市场的形成,汇率的波动、股价的波动已经不能按照实体经济的变化来有效解释,而是很大程度上受国际投资者及其资本流动的影响。不仅如此,全球外汇市场的形成也对全球债券市场的形成起到支撑作用。新兴市场国家往往会利用利率差距,到国际金融市场发行债券为自身经济发展融资。而这些债券是以美元来计价的,投资者要想购买这些

① 向松祚:《新资本论:全球金融资本主义的兴起、危机和救赎》,中信出版社 2015 年版,第 302 页。

债券,必须先持有美元,外汇市场恰恰为外国投资者获取美元提供了主要渠道。总体来看,浮动汇率体制解体及其带来的宽松的货币环境,为各类金融产品的供给及国际金融市场的建立提供了有力刺激,并成为理解 20 世纪 70 年代末期以来的金融部门膨胀及其危机的起点。

三、危机主导形式的变迁

虚拟经济与实体经济的背离、资产价格的泡沫化为理解危机主导形式的变迁,提供了基本的背景和前提。近半个世纪各种形式的金融危机频现的事实表明,金融危机已经成为当代资本主义经济危机的主导形式。拉美国家在 80 年代普遍陷入债务危机,日本在 80 年代末出现经济金融泡沫的破灭。进入 90 年代,金融危机一浪高过一浪。1997 年 7 月亚洲金融危机的爆发,更让世人为之震惊和恐惧。当然,资本主义金融化历史上后果最为严重、影响最为深远的危机莫过于 2008 年由美国次贷危机引发的全球金融危机。此次金融危机重创了全球经济,带来高失业率、高通胀、贫富分化加剧、经济衰退等消极后果。

传统的经济危机可以被视作资本积累周期的固有环节,它往往出现在周期的最后一个阶段,并体现为资本积累过程中所积聚起来的矛盾的集中爆发。在产业资本主导资本积累的条件下,危机的典型形式是由产业部门的内在矛盾引发的生产过剩危机,金融因素的作用只在于加速危机的爆发并增强危机的破坏力。利率升高、股市暴跌、货币紧缩等等将会带来工业生产、投资以及个人消费的下降,从而使得工业企业的处境更为艰难。正如马克思所言:"信用制度加速了生产力的物质上的发展和世界市场的形成;使这两者作为新生产形式的物质基础发展到一定的高度,是资本主义的历史使命。同时,信用加速了这种矛盾的暴力的爆发,即危机,因而促进了旧生产方式解体的各要素。"①针对传统的经济危机,尽管存在着不同版本的危机理论,但是诸种危机理论都将生产过剩视作危机的主要特征,"在古典马克思主义经济危机的理论框架内,不管是'比例失调'论,还是'消费不足'论,危机随生产与消费之间的比例破坏而发生,表现为存货积压"②这意味着,可以用生产过剩危机来指称传统经济危机。

金融危机则首先由金融因素驱动,当人们开始狂热地参与到资产价格

---

① 马克思:《资本论》第 3 卷,人民出版社 2004 年版,第 500 页。
② 克拉克:《经济危机理论:马克思的视角》,杨健生译,北京师范大学出版社 2011 年版,第 7 页。

的投机中时，便已为危机埋下伏笔。一旦投机性泡沫破灭，危机就爆发了，随后就会出现金融资产价格大幅跳水、金融机构及普通投资者大面积破产的局面。以 2008 年的全球金融危机为例，其主要原因并不在于实体经济本身，而在于美国房地产和居民个人收入的过度金融化。当 21 世纪初美国 IT 泡沫破灭之后，房地产金融迅速扩张，成为拉动固定资本投资、促进经济增长的关键力量。但是，这种扩张是建立在债务（包括大量的次级贷款）基础之上的，它必然导致居民家庭与企业的过度杠杆化，也必然蕴含着巨大的不确定性和脆弱性。一旦货币政策在消费价格上涨的压力下转向紧缩，房地产泡沫就会破灭，危机就爆发了。金德尔伯格（Charles Kindleberger）在其《经济过热、经济恐慌及经济崩溃》一书中，引用了戈德史密斯（Raymond W. Goldsmith）关于金融危机的定义："所有金融指标或某一组金融指标——包括短期利率、资产（股票、不动产和土地）价格、商业清偿能力等指标都产生了不同寻常的、短暂的急剧恶化，以及金融机构倒闭。"[①]换言之，金融危机即是指资产价格大幅跳水以及金融机构的大规模倒闭。

在经济金融化深入发展的今天，金融投机的盛行左右了实体经济的前景，金融泡沫的破灭成为实体经济危机和衰退的关键因素。不仅如此，金融市场的膨胀也在通过财富效应支撑着民众的消费，进而支撑着实体经济的利润率和积累。这表明，不能再用旧的眼光来看待金融部门与产业部门的关系，正如不能如此这般看待金融危机与实体经济危机的关系。在传统的产业资本主导的积累结构中，金融危机往往是实体领域危机的派生后果。由于信用货币、虚拟资本的创造往往可以起到暂时掩盖资本积累矛盾的作用，所以，只有当矛盾积攒到一定程度，生产过剩的危机才会爆发，并由此引发以信用货币、虚拟资本贬值为特征的金融危机。希法亭是马克思主义历史上对金融资本问题做出认真和深入分析的少数几位思想家之一，依照希法亭的分析，金融资本已经在 19 世纪末 20 世纪初的资本主义中占据了主导地位。尽管如此，希法亭仍然强调，"交易所危机不过是商业危机和工业危机的征兆和端倪，因为货币市场的变化实际上是受导致危机的生产的变化所制约"[②]。这表明，金融化是不同于希法亭所言的金融资本的新现象。相反，在金融主导的资本积累结构中，实体领域的危机表现为派生性的力量，而金融危机则表现为驱动性的力量。"20 世纪 80 年代初的拉美债务危

---

① 查理斯·P.金德尔伯格：《经济过热、经济恐慌及经济崩溃》，北京大学出版社 2000 年版，第 4—5 页。

② 鲁道夫·希法亭：《金融资本：资本主义最新发展的研究》，福民等译，商务印书馆 2012 年版，第 309 页。

机、1997 年的亚洲金融危机等，首先都是金融体系和货币体系的危机，很快就蔓延到实体经济体系，酿成实体经济的衰退和萧条，各国皆为此付出巨额成本。"①在 2008 年金融危机中，危机演变路径表现为：次贷危机—金融危机—生产性危机—全球经济衰退。2008 年全球金融危机至今已过去十年有余，但是，危机带来的经济衰退及其连锁反应仍未完全消弭，经济复苏仍然步履艰难。

需要指出的是，虽然金融化进程使得金融危机在危机表现形式中占据了主导地位，但若从深层次来看，当代资本主义金融化及其积累结构的变迁本身即是实体经济内在矛盾激化的产物。实体经济的矛盾突出表现在生产过剩及资本过剩等现象上，为了克服上述过剩，既需要借助金融领域来吸收过剩资本，也需要通过金融创新增加社会资金的流动性，创造有效需求。凯恩斯主义力图通过增加公共开支、实行福利化政策来增加投资与消费，以此应对生产过剩，但是，这种扩张性的财政政策无法长期有效，最终导致滞胀的局面，西方发达资本主义国家在 20 世纪 70 年代所遭遇的现实困境即是明证。相比于凯恩斯主义政策，金融化通过将闲置货币资本化，创造出更多的流动性，从而找到了一种市场化的途径来缓解需求不足导致的危机。这里，特别需要提到的就是资产证券化。通过资产证券化，一切具有价格波动属性的标的物都可以被证券化，变成金融产品。正是在这一逻辑下，实体企业可以被证券化，市值即是其证券化价值的体现。股票指数原本只是一种统计数据，但是当每一个股指被赋予确定的值之后，就可以人为地创造出股指期货这一金融产品。不仅如此，通过将债权本身证券化，创造出担保债务凭证(CDO)这一金融产品，银行、贷款公司包括当今时代出现的互联网放贷机构可以反复发放贷款，从而将流动性创造推向极致。不言而喻，通过金融创新将民众手中的闲置货币转化成流动性资产，对于促进经济增长、延缓经济危机，具有重要的意义。但是，包括资产证券化在内的金融创新无法从根本上克服资本主义的基本矛盾，从而也无法克服资本主义的危机，至多只能改变危机的表现形式。

第二节　马克思主义危机理论的当代重构

危机是十分复杂的现象，种种经济力量都对危机的爆发起到了作用，无

---

①　向松祚：《新资本论：全球金融资本主义的兴起、危机和救赎》，中信出版社 2015 年版，第287 页。

法在《资本论》所限定的抽象化层面上得出完整的具体的现象存在。沿着《资本论》开创的理论范式和研究思路,通过批判马克思主义传统中的危机理论诸版本,能为当代重构马克思主义危机理论清理出必要的地基。一方面,重构马克思主义危机理论是在当代坚持和发展马克思主义政治经济学的题中应有之义;另一方面,对危机的反思和分析将能够为我们防范风险、化解潜在危机提供重要理论支撑,体现出构建中国特色社会主义现代化经济体系的必然要求。

一、主流经济学对危机的解释

自亚当·斯密为古典政治经济学奠基以来,主流经济学延续了斯密对市场自发调节力量的迷信,始终强调危机是偶然的扰动或人为的干预所致,否认危机的必然性。面对 20 世纪 70 年代末期以来金融危机频发的现实,主流经济学显得手足无措,越发陷入逆来顺受的犬儒主义。与主流经济学的立场不同,马克思主义传统强调危机是资本主义内在矛盾的必然体现。无论是马克思本人还是马克思主义传统的众多理论家,都对危机理论的发展做出了重要的贡献。不过,在马克思的著作中,尚找不到对于危机问题相对系统和完整的论述。后来的马克思主义理论家在危机问题上发挥出不同的理论建构,但都是立足于产业资本积累的基础之上。马克思指出:"现实的危机只能从资本主义生产的现实运动、竞争和信用中引出。"①这意味着,一种现实的危机理论必须将金融、竞争等范畴都纳入科学分析的轨道上来。

危机理论是马克思的政治经济学批判区别于古典政治经济学的显著特征。由于古典学派的经济学家或直白或隐晦地接受了萨伊定律,所以,他们将危机视作只是偶然的扰动或者某种例外状态,这就决定了他们不可能将危机纳入科学分析的轨道,并由此发展出一种危机理论。与之相反,马克思猛烈地抨击了萨伊定律,并力图廓清有关资本主义生产形式危机及其性质的种种怀疑。当李嘉图用自己的语言重新表述了一遍萨伊定律之后,马克思戏谑地说道:"这种幼稚的胡说,出自萨伊之流之口是相称的,出自李嘉图之口是不相称的。"②严格说来,萨伊定律所针对的是简单商品生产的情形(C—M—C),在这种情形之下,生产是为了消费,卖是为了买,卖和买往往是统一的,因此,萨伊定律大体上是适用的。但是,一旦将这一定律推广到资本主义生产方式,这一定律就是错误的了。资本主义作为一种历史性的

---

① 《马克思恩格斯全集》第 26 卷第 2 册,人民出版社 1974 年版,第 585 页。
② 同上书,第 573 页。

生产方式,周期性爆发的以流通中断、生产过剩为核心特点的危机构成其基本特征,这也是资本主义区别于前资本主义生产方式的重要标志。

上文已经强调金融自由化、浮动汇率制度与金融危机之间的因果关系,与这一观点不同,大多数主流经济学家否认自由化与危机的关联。在他们看来,问题不是出在了自由化,而是在于自由化还不够彻底。换言之,危机应该用外部原因去解释,正是监管环境、政策转向等外部因素影响了市场自发调节机制,从而导致危机。"以实际的经济周期理论为代表的新自由主义宏观经济波动理论认为,资本主义市场经济史具有内在稳定性,波动来自技术、信息和宏观政策这些外生的冲击。近年来的新凯恩斯主义流派尽管不支持某些新古典宏观的理论,但是本质上也是接受理性预期和市场经济内在稳定性的。"①接下来我们将以拉美国家的历史经验为依据,分析自由化如何成为危机的强有力因素,而非促进经济增长的有效手段。

大多数自由主义经济学家有一个基本共识,即,低利率会对金融发展造成抑制,高利率则会带来资源配置的合理化,从而促进经济的增长。这种主张背后的依据是,低利率条件下资源会流向那些资本效益不高的投资计划,这类计划因其成本较低而受到银行的青睐。当一个国家奉行低利率政策,往往出现三种融资渠道并存的局面:1.那些符合国家政策支持标准的企业能够获得稳定的低息贷款;2.中小企业由于自身资质加上金融市场不完善,无法获得正式渠道的贷款,转而依靠自我投资的方式推动企业发展;3.民间借贷等非正式的融资渠道。相反,当利率管制被解除之后,高利率将会取代低利率,那些效益不佳的投资计划将会被排除,资源将会全部用在效益高的计划上。在金融管制解除的前提下,由于储蓄会优先选择投资高收益的项目,那些低收益的企业甚至会逐渐消失。由此带来的结果是,高利率促进了资源配置的优化,并保证了经济持续的高增长率。

凯恩斯的观点与上述自由主义共识正相反,按照他的分析,储蓄与投资是相互促进的关系。如果投资收益超过了一般利率,投资决策就会被做出。投资的增加带来收入的增加,后者又会使储蓄增加。从凯恩斯理论的角度来看,储蓄过度恰恰反映了需求不足,会降低投资率。为了提高投资水平,需要降低利率,一旦投资水平提升,储蓄就会增加。因此,并非低利率一定会带来金融抑制,阻碍经济发展。大多数拉美国家在 20 世纪 80 年代的遭遇表明,凯恩斯的观点相比于自由主义的共识更有说服力。"在许多国家,

---

① 赵峰、马慎萧、冯志轩:《金融化与资本主义危机:后凯恩斯主义金融化理论述评》,《当代经济研究》2013 年第 1 期,第 46—51 页。

实际利率的上升总伴随着储蓄率的下降以及投资和增长的下滑。20世纪八九十年代初,从拉美不同国家的经济看,在通货膨胀大大下降、危机过去之后,高利率也并不总是伴之以投资率的大幅度增长,其中也包括墨西哥。其投资率远远未及20世纪六七十年代的水平,而那时的实际利率要么很低,要么是负的。"[①]这表明,在高利率与投资率以及经济增长之间,并不存在正相关关系。正如在低利率与金融抑制、经济停滞之间,也不存在正相关关系。

上文指出,储蓄与投资是相互促进的关系。金融自由化推动了金融创新与金融产品的繁荣,由此改变了储蓄结构。比起银行存款,人们更愿意将资金投向各种形式的股票、基金、债券等等,虽然会有更高的风险,但却也有更高的收益率。大量资金涌向资本市场,推升了资产价格并进一步加剧了储蓄结构的重组。储蓄率的降低拖累了整体的投资率以及实体经济的增长,拉美国家在金融自由化扩张的20世纪90年代十分明显地表现出储蓄率与积累率的双重下降。自由主义经济学家曾经假定,储蓄是在实际资产和货币资产之间的抉择,这种假定忽视了问题的复杂性。事实上,储蓄抉择是在多种类型的金融资产之间进行的。一旦一国通货膨胀较为严重,存款就会处于不利的地位,各类金融产品则处于有利地位。当通货膨胀上升之后,储蓄转向金融投资,金融自由化通过降低储蓄率间接地削弱了投资率,最终带来了金融抑制的效果。

为了提高储蓄率,政府会有意抬高名义利率,以此抑制通货膨胀并使政府担保的证券更有吸引力。但是,高利率必然会加剧企业的债务负担,太昂贵的借贷成本令企业害怕,使它们不敢问津新的投资计划,而利率只要稍低一点就有可能让这些投资计划得到实现。除此之外,企业资产越来越多地由金融资产组成,由于金融投资与实体经济领域的投资在收益率上的差别日益扩大,也促使更多企业转向金融活动和金融市场投资,20世纪80年代以来拉美各国普遍出现的交易所市价暴涨即说明了这一点。这意味着,企业积累战略的金融化也会对实体经济投资率的提高起到抑制作用。以上的分析使我们在金融自由化、利率提高以及投资率下降之间看到了较为明显的因果关联,换言之,金融自由化最终带来的实际结果是:储蓄率和投资率下降、经济增长速度下滑甚至于陷于停滞、企业金融化与生产性融资困难并存。上述情况在不同国家会显示出细节上的差别来,但总体来看,拉美国家

[①]　弗朗索瓦·沙奈等:《金融全球化》,齐建华、胡振良译,中央编译局出版社2000年版,第218页。

在 20 世纪 80 年代末期以来的十年内发生的情况与发达国家相差无几,甚至可以说拉美国家的情形更具有典型性。

利率提高没有带来自由主义经济学设想的结果,对此,自由主义经济学的自我辩护是:自由化仍然不够彻底。随着贸易和金融自由化的进展,加之通货膨胀下降和宏观经济稳定,拉美国家的积累率轻微增长,但增长期都比较短暂。不可否认的是,金融自由化策略在短期内刺激了拉美经济的复苏,但正如上文的分析所表明的,从结构上来看,金融自由化必将对实体经济投资率起到抑制作用。这就是为什么拉美国家的积累率只在较短的时期内实现了增长。即使不考虑金融自由化本身存在着金融抑制的一面,通过自由主义的方式走出危机也会使拉美国家大量依赖国外资本,导致整个经济体系十分脆弱。不仅如此,金融市场的开放也对资本的增值方式乃至于劳动力的管理弹性、工资水平产生了重大影响,这些都是需要加以考察的金融自由化的消极后果。总体来看,金融自由化不仅不能为拉美国家带来预期中的高增长,反而成为酿成债务危机、金融危机的罪魁祸首。

二、马克思主义危机理论的批判性考察

2008 年的全球金融危机深刻地重塑了当今国际经济金融秩序,并对当代资本主义的发展走势产生了深远的影响。危机爆发以后,学界关于危机原因的讨论方兴未艾。许多对新自由主义经济学持批判态度的学者或学派提出了各自不同的解释:以福斯特为代表的每月评论派强调从实体经济的停滞入手去追溯金融危机爆发的原因。拉帕维查斯和迪姆斯基强调从金融资本对个人及家庭部门的剥夺入手探讨危机的根源。科茨则认为,新自由主义积累体制一方面加剧了社会分配的不平等,另一方面,当其将经济增长建立在金融市场膨胀和资产价格泡沫的基础上,必然伴随着金融风险的积聚,最终将会以危机收场。以上对于金融危机原因的解释各有所长,也存在着各自的缺陷。每月评论派的解释抓住了实体经济的基本矛盾与金融危机的内在关联,这是其深刻之处,但缺点在于没有对金融危机的具体形成机制给予说明。拉帕维查斯等人虽然通过分析金融对个人及家庭部门的剥夺说明了金融危机爆发的微观机制,但却始终采取了割裂实体经济领域与金融领域的抽象态度。科茨的分析抓住了危机爆发的制度因素并具备长时段的宏观视野,但是缺乏对于细节的重视。总体来看,目前尚缺乏对于金融危机的系统性分析和全面反思,特别是如何从马克思主义的危机理论出发,构建一种具有有效解释力的统一分析框架和面向当代现实的危机理论,这正是我们所面临的迫切任务。

　　马克思曾希望在完成资本一般的抽象考察之后,再对资本主义现实中的危机问题展开分析。遗憾的是,马克思在有生之年没能完成这个具体全面的分析。从形式上看,他并没有给出相对集中统一的危机理论,而是只留下关于危机问题的诸多零散的论述,这导致了后来的马克思主义者围绕危机问题展开了激烈的争论,并形成了不同的理论流派。具体而言,主要有消费不足论、比例失调论、利润率下降论三种比较有代表性的观点。这些观点或理论流派曾在不同的历史时期占据主导地位,但总体而言,它们都是在产业资本居于统治地位的条件下形成的危机理论。这些危机理论的共同特点在于,将金融领域的货币危机、信用危机等等视作实体经济领域危机的伴生物。即使是对 19 世纪末 20 世纪初金融资本的性质与权力做出深刻分析的希法亭,也承认实体经济领域的危机是更为根本的现象。

　　20 世纪初期,在马克思主义者内部形成两个主要的危机理论流派,其中,以考茨基、卢森堡为代表的一派将危机的根源定位于由资本主义对抗性的生产关系所决定的消费不足和剩余价值实现困难,另一派如希法亭、杜冈-巴拉诺夫斯基等人则认为资本主义的整体无政府状态和比例失调才是经济危机的根本原因。根据卢森堡的危机理论,资本主义必须不断地和非资本主义地区进行交往并占据非资本主义地区的市场,而一旦资本主义扩展到整个地球,危机就是无可避免的。卢森堡理论的缺陷在于:一方面,它无法解释经济危机何以会周期性地爆发。另一方面,它忽视了现实的危机必须考虑资本之间的竞争,而不能仅仅从资本一般的角度来解释。希法亭就此批评道:"狭小的消费基础仅仅是危机的一个一般条件,而危机根本不能由'消费不足'的论断加以说明。危机的周期性尤其不能由此加以说明,因为周期性根本不能由某种经常的现象来说明。"[1]比例失调论在杜冈那里呈现出其典型形式,他指出:"假如生产组织得有条不紊,假如市场充分了解需求并且主宰生产的按比例安排,主宰劳动和资本从一个工业部门向另一个工业部门的自由转移,那么,无论消费怎样低,商品的供给都不会超过需求。可是,在国民生产毫无组织、商品市场处于无政府状态的情况下,资本积累必然要导致危机。"[2]以杜冈为代表的比例失调论存在两个方面的问题:其一,这一理论忽视了资本主义生产方式的一般特征,过分强调了资本主义生产方式的历史性特征,试图将消费从生产的目的中排除出去。其二,

①　鲁道夫·希法亭:《金融资本:资本主义最新发展的研究》,福民等译,商务印书馆 2012 年版,第 273 页。
②　杜冈-巴拉诺夫斯基:《周期性工业危机》,张凡译,商务印书馆 1982 年版,第 304 页。

这一理论假定,只要用外部手段保持正确的比例,资本主义就能避免危机,这便导向了修正主义的观点。

古典政治经济学强调,资本主义生产的宗旨同生产一般的客观目的是一回事,都在于效用和使用价值的增进。杜冈则站在了另一个极端,将交换价值的无限制扩大视作生产的一般目的,走上了割裂生产和消费的道路。在马克思看来,价值增殖的目的和创造使用价值的目的二律背反恰恰构成了资本主义社会的基本矛盾,一切其他的矛盾都是从这个矛盾派生出来的。与古典政治经济学和杜冈否认这一矛盾的做法不同,马克思对这一基本矛盾给予了高度重视,并在这个基础上证明,资本主义和以前的各种社会制度一样,都不是永存的。杜冈提出比例失调论,意在证明资本主义的危机绝不是不可避免的。随着政府对经济事务的监督,以及垄断组织的形成,资本主义的无政府状态正在受到抑制,通过采取必要的措施,将有助于消弭那些造成种种不必要痛苦的比例失调。这意味着,杜冈的比例失调论将会导向改良主义,并为修正主义路线提供经济学基础。

无论是消费不足论还是比例失调论,都将危机原因视作资本主义的某一个方面,但事实上,现实的危机总是多重因素共同作用的结果,反映的也是资本积累过程存在的多重矛盾。生产过剩、比例失调乃至于劳资矛盾加剧都是危机的不同侧面,只有将这些不同侧面综合考虑,才能构建一种正确的危机理论。与马克思本人不同,后来的马克思主义理论家是在较低的抽象层次上讨论危机问题的。这意味着,他们抛弃了马克思关于商品按均衡价值出售的假定,这一假定正是马克思得出利润率下降趋势规律的前提之一。如果将商品的价值实现视作一个问题,换言之,承认商品不能按其全部价值实现的可能性,那么,利润率下降将会获得一种新的解释。事实上,利润率下降构成所有危机的特征。消费不足和剩余价值实现困难本身会导致利润率下降,资本主义生产比例失调也会反映在利润率下降的结果上。相较于消费不足论和比例失调论,利润率下降危机论较为全面地涵盖了导致危机的多重因素和关系。换言之,以利润率下降规律为核心,可以构建一种整合了消费不足、比例失调等不同因素在内的总体性危机理论。

资本主义是以交换价值为主导的生产方式,价值增殖构成这一生产方式的基本动力。可以说,资本家感兴趣的是最大限度地提高他的利润率,当他把资本投入生产时,他所关心的首先就是这一投资是否能够超过一般利润率。反过来说,利润率的变动也将成为决定资本家是否进行投资的关键因素。"真实的情况不是利润率一定要化为乌有,或者变成负号,才会产生一场危机。只要利润率减至它的普通水平之下,致使资本家们开始以货币形式来保有他的资本,以听候更有利条件的再来,那就够了。流通过程的继续就是这样遭到破坏的,危机就是这样酿成的。"①换言之,作为一种历史性的生产方式,正是利润率下降构成资本主义流通中断以及经济危机的首要原因。马克思指出,"利润率的下降在促进人口过剩的同时,还促进生产过剩、投机、危机和资本过剩"。②

利润率下降危机理论的优越性不仅仅在于它能够整合危机的不同解释,更为紧要的是,这一理论坚持了从社会生产关系中探寻危机原因的马克思主义传统。利润率下降规律从根本上反映了资本主义生产方式中生产力与生产关系的内在矛盾。与之相反,消费不足论与比例失调论试图从分配或交换关系中寻求危机原因,当代的危机理论的某些版本则从自然的经济、心理和生态极限出发解释危机。"对于消费不足和比例失调理论的批评,主要是这两种理论过分强调分配和交换关系,完全不考虑资本主义生产关系的决定性作用。"③资本主义的动力并非市场需求,而是对于利润的获取,因此,将市场需求视为问题关键的消费不足论和比例失调论必然陷入困境。马克思主义危机理论的基本特点在于,视危机为资本主义内在矛盾的体现,以此来证明危机趋势是资本主义所固有的、标志着资本主义内在否定性的东西。在对消费不足论和比例失调论批判性考察的基础上,我们得以构建一种以利润率下降规律为核心的综合性的危机理论。但是,正如马克思所言:"现实的危机只能从资本的现实运动、竞争和信用中引出。"在资本主义经历深度金融化的今天,将货币、金融等因素纳入危机理论的分析,不仅是必要的,而且是必须的。

三、面向当代现实的马克思主义危机理论重构

以上的分析表明,阐明货币、金融因素与利润率下降趋势规律的关系构成马克思主义危机理论当代重构的关键任务。作为资本主义经济的中枢神经系统,金融体系可以起到协调整体资本流通的作用,通过让货币重新配置在不同的业务、公司、部门乃至于区域,危机本有可能被避免。"至少从表面上看,信用体系包含了一种潜力,可以跨越生产与消费之间、生产与实现之

---

① 保罗·斯威齐:《资本主义发展论:马克思主义政治经济学原理》,陈观烈、秦亚男译,商务印书馆 1997 年版,第 161 页。

② 《马克思恩格斯全集》第 25 卷,人民出版社 2001 年版,第 270 页。

③ 克拉克:《经济危机理论:马克思的视角》,杨健生译,北京师范大学出版社 2011 年版,第 79 页。

间、当前的使用与未来的劳动之间,以及生产与分配之间的对抗。"①既然如此,危机为何还是会发生?这是因为,从长期来看,信用只会使资本主义的内在矛盾进一步加剧。一方面,信用会给生产者带来错误的价格信号,从而加重比例失调及价值实现的困难。另一方面,信用体系尽管可以创造流通手段来抵消造成流通中断的力量,但是它不能解决生产中出现的问题,从而无法从根本上克服危机的爆发。马克思指出,信用体系一开始表现为克服对生产的内在束缚和限制的手段,从而可以极大地推动资本主义生产力的发展,但与此同时,它也构成了"生产过剩和商业过度投机的主要杠杆"②。信用体系最初仿佛巧妙地解决了资本主义的矛盾,却转而变成了一个有待克服的问题的所在。尽管当代金融体系相比于马克思所言的信用体系已经发生了重大的变化,但是,马克思关于金融体系对资本主义危机所起作用的判断仍然大体是适用的。金融化并不能解决资本主义的内在矛盾及其危机,反而会成为危机加速爆发的有力杠杆。

首先,金融资本的高利润率及金融部门的膨胀会对实体经济造成"抽血"效应,导致资本向金融领域转移,引发实体经济部门利润率下降和慢性衰退。在 20 世纪 80 年代以来"股东价值最大化"原则的影响下,大量资本被用于股票回购以拉升股价和企业市值。"非金融企业部门的行为呈现明显的短期化效应,越来越多的现金流投向了股票回购以操纵股价和拉升企业的账面价值,从而进一步削弱了企业内部融资的能力。"③在内部融资不足的情况下,实体部门企业不得不更多地求助于金融部门获取外部融资。由此带来的结果是:一方面,利润中越来越多的部分被用来支付利息和股息,导致实体经济净利润率持续下降。另一方面,金融资本与产业资本地位发生逆转,金融部门逐渐演变成资本主义内部的特权系统。

其次,企业内部融资不足也会带来固定资本投资的缩减,降低企业的利润水平并弱化其积累能力。由于金融运作吸收了企业大量的现金流,企业的创新能力受到拖累,工业生产能力及企业竞争力也因此受损,最终反映在成本相对上升及利润率下降的后果上。为了提升自身赢利能力,实体部门企业转而积极参与金融业务和金融市场的投机。在"股东价值最大化原则"的影响下,企业的长期发展战略为短期追求市值提升的逻辑所牺牲。不仅如此,金融化也促成了劳动力市场的弹性化,后者进一步限制了企业的盈利能力及

---

① 大卫·哈维:《资本的限度》,张寅译,中信出版社 2017 年版,第 449 页。
② 马克思:《资本论》第 3 卷,人民出版社 2004 年版,第 499 页。
③ 马锦生:《美国资本积累金融化实现机制及发展趋势》,《政治经济学评论》2014 年第 4 期,第 61—85 页。

利润率水平,"盈利能力的提高必然要求提高工人的价值创造能力,进而必须建立劳资妥协的生产关系,但是美国生产过程的重组使工人原子化、就业弹性化了,必要的劳资协定难以达成,劳动利用效率难以得到实质性改进"①。

最后,金融化的发展使得商业银行普遍转向个人及家庭的住房贷款、消费信贷等业务,带来了劳动力再生产的金融化,并使得工人遭受了来自生产领域之外的"金融掠夺"。住房贷款、消费信贷等次级的剥削形式对工人实际收入施加了巨大压力,削弱了大众的购买力,进而导致实体经济的利润率下降。随着直接融资日益取代间接融资,商业银行的传统业务受到严重冲击。企业如今不再把商业银行贷款作为首要的融资方式,而是更多地选择了通过金融市场发行债券、股票等方式进行融资。这导致企业对银行的依赖降低,并使得传统商业银行的业务萎缩。为了应对获利机会减少带来的损失,银行将目光转向工人个人及家庭收入以寻求新的利润增长点。"工人在更大程度上参与了金融机制,以满足他们基本的需要,诸如住房、教育、医疗和养老。只有这样,银行才能从工资和薪金中直接抽取可观的利润。"②

从利润率下降危机理论的综合出发,可以发现,金融化的发展从不同层面对实体经济的利润率起到了削弱作用,并由此加剧了实体经济的内在矛盾及危机趋势。面对实体经济的低迷和停滞的现实困境,货币金融体系不得不创造出源源不断的流动性以刺激经济复苏。但这样一来,通货膨胀就会成为现实,金融体系与其货币基础的矛盾由此走向前台。大卫·哈维指出:"由于货币永远只能发挥货币的职能,尽管它可以作为资本投入流通,或者作为借贷资本以供使用。只要这个货币基础还充斥着矛盾,金融的世界就树立在摇晃的基础上。资本主义金融如果挣脱了货币体系的枷锁,就会把矛盾内化到自身当中,并进入一种与自身的货币基础相对抗的姿态。"③事实上,当货币的供给空前扩张,金融体系得以最大限度地支撑实体经济的发展之时,也是其越发远离自身的货币基础之时。

金融体系与其货币基础的矛盾可以追溯到货币职能的二重性。作为支付手段的货币与作为流通手段的货币本身存在着内在张力。就前者而言,货币必须真实地代表在它的帮助下流通的价值。因此,货币管理当局必须维护货币的合法性和品质;就后者而言,货币必须适应市场价格与价值的偏

---

① 谢富胜、李安、朱安东:《马克思主义危机理论和1975—2008年美国经济的利润率》,《中国社会科学》2010年第5期,第65—82、221页。
② 考斯达斯·拉帕维查斯:《金融化了的资本主义:危机和金融掠夺》,李安译,《政治经济学评论》2009年第1期,第30—58页。
③ 大卫·哈维:《资本的限度》,张寅译,中信出版社2017年版,第402页。

离,并证明自己是资本流通和积累的灵活的润滑剂。这就要求金融体系必须依照资本积累的需要创造信用货币或纸币。随着资本主义金融化走向深入,信用的创造必然走向失控,由流动性过剩带来的资本过度积累也潜伏在幕后。21世纪初期当美国互联网泡沫破灭之后,为了推动经济复苏,美联储开启了大幅降息的宽松政策,以此来刺激固定资本投资回升。但是,在货币宽松的条件下,无论是实体部门还是金融部门的杠杆率都会提升,这必然导致美国经济领域各主体的债务负担加重,并催生出巨大的金融资产泡沫。一旦美联储出于维护美元合法性和整体利益的考虑开启加息通道,那么,债务违约就会引发系统性的金融危机。表面上看,加息只是美联储一时的政策选择,但若从深层次来看,加息反映出信用体系回归其货币基础的必然性。

金融体系与其货币基础的矛盾反映了资本主义内在矛盾转移的逻辑。为了避免矛盾在既有的层次上爆发,只得在新的层次上将矛盾创造出来。在金本位的时代,由于受到黄金总量的束缚,无法通过大量释放流动性来避免商品价格的贬值以及企业的破产,危机爆发初期,经济形势往往会呈现自由落体状态。今天,在浮动汇率的时代,种种货币政策及财政政策的刺激措施总能使得实体经济领域的潜在危机很大程度上被延缓。由此,资本主义的内在矛盾便从实体经济领域转移至金融领域,与之相适应,商品的价值丧失被货币的价值丧失取代,以生产过剩为基本特征的经济危机被货币危机、金融危机取代。这意味着,"促进金融化积累和维护货币基础合法性之间的内在矛盾是引发金融危机的直接根源"。[1]一旦央行选择将维护货币品质和控制通胀作为首要目标,由过剩流动性支撑起的金融资产泡沫就会破灭,危机由此爆发。

从深层次来看,金融危机爆发的必然性在于,金融领域的实现最终是以实体经济领域的进一步的价值实现为前提的。只要实体经济处于受到抑制的状态,金融领域的实现就是缺乏根基的。货币政策的转向只是金融危机的导火索,金融领域的过度膨胀折射出的金融资本与产业资本的矛盾才是问题的根本。"在交换领域中创造额外的货币不会给这些过程带来任何改变。印刷货币也无法纠正这个问题。价格信号的扭曲实际上使不均衡变得更糟了……过度积累的趋势很可能会增强,而不是受到制约。"[2]按照马克思的分析,虽然商品(包括劳动力)的价值丧失在短期内确实可以借助通货

---

[1] 谢富胜、李安、朱安东:《马克思主义危机理论和1975～2008年美国经济的利润率》,《中国社会科学》2010年第5期,第65—82、221页。

[2] 大卫·哈维:《资本的限度》,张寅译,中信出版社2017年版,第483页。

膨胀来避免,但是同样真实的情况是:倘若商品没有丧失价值,通货膨胀的问题就无法得到纠正。换言之,只有商品的价值丧失才能强行推动一种结构转换,让资本积累得以暂时恢复平衡。

通过将货币金融因素纳入危机理论的分析轨道,可以看到,金融化的发展在何种意义上加剧了实体经济的危机。随着黄金总量对货币供应束缚的解除,货币金融体系获得了调节经济增长、刺激资本积累的强有力手段,大量流动性由此被释放出来。然而,金融化积累模式的确立,决定了货币供给的扩张不可避免会走向失控。金融投机与金融冒险盛行最终使得虚拟经济脱离实体经济过度膨胀,在加剧金融风险和脆弱性的同时,也促使金融体系与其货币基础的矛盾来到了临界点。一旦央行货币政策在维持货币品质与维护国家整体利益的压力下发生转向,危机就会爆发。马克思主义的危机理论是迄今为止最为出色的资本主义病理学分析,在以利润率下降趋势规律为核心构建危机理论新的综合基础上,货币金融因素得以被引入对危机问题的分析中。我们的分析表明,金融化一方面会促使利润率下降,从而加剧实体经济自身的危机趋势,另一方面,金融化也通过将资本主义的基本矛盾转换为金融体系与其货币基础的矛盾,改变经济危机的表现形式、演变路径及其后果。但是,矛盾的转移不等于矛盾的克服,金融化无法从根本上解决资本主义的内在矛盾,从而也无法彻底克服资本主义的危机。

第三节　历史比较视野中的 2008 年全球金融危机

人文社会科学不同于自然科学,无法通过反复实验形成可靠的判断和结论,为了能够对研究对象有较深入的认识,历史比较不失为一种合理的方法。2008 年的全球金融危机,就其后果以及持续时长而言,无疑是大萧条以来最为严重的经济危机。前事不忘,后事之师。通过考察 20 世纪 30 年代的大萧条,并比较其与 2008 年金融危机的异同,能够获得对危机形成原因的深刻认识。在吸取危机带给我们的教训的基础上,为后危机时代采取合理的应对措施提供借鉴。纵观资本主义发展史,繁荣与危机交替出现的周期性是资本主义制度的基本特征。尽管每次危机都有其特殊之处,但是,仍然可以找出有关危机爆发的背景、演变过程的一般规律。

一、危机的时代背景及演变机制的比较分析

从危机爆发的时代背景来看,大萧条与 2008 年金融危机存在以下几个

方面的重要区别。首先,尽管两次大危机都以美国作为策源地,但美国在全球经济中扮演的角色和发挥的作用却有了较大的变化。大萧条前,美国的工业实力在资本主义全球体系中占据主导地位,是名副其实的全球最大经济体。2008 年金融危机前,美国在全球生产和贸易领域的地位相对下降,制造业中心向东亚地区转移,但美国仍然保留了在金融领域的全球主导地位。在制造业与金融业背离的全球经济格局下,美国遭遇巨额贸易逆差,政府债务也不断攀升,债务危机的压力日益加剧。与之相反,在发达国家制造业转移的背景下,发展中国家迎来了极佳的历史性发展境遇,经济增长动力强劲,综合实力快速提升。不仅如此,随着全球化的深入推进,2008 年金融危机爆发时,全球经济联系也更加紧密,全球贸易、资本流动占全球 GDP 的比重相比于大萧条时期都有较大提升。

其次,就国际货币体系而言,2008 年金融危机是在布雷顿森林体系解体以来的浮动汇率制之下爆发的,而大萧条则爆发于金本位制的大背景之下。前文已经对布雷顿森体系解体之后的浮动汇率制多有论述,这里着重谈一下金本位制的基本特征及其与大萧条的关系。在金本位制之下,货币供给应与黄金数量协调一致。当一国有黄金流入时,就应该扩张货币。相反,当一国有黄金流出,则应当紧缩货币。理论上,在价格-铸币流动机制的作用下,国与国之间的黄金流动会实现自我平衡。但在实践中,黄金盈余国往往会积累黄金储备,阻碍黄金的国际间再平衡,结果是黄金流出国会持续处于通货紧缩状态。除此之外,固定汇率也要求各国保持货币政策的一致性,因此,货币紧缩会扩散和传递到其他国家。金本位制在一战期间曾经被各国先后放弃,战后各国虽然都有意愿恢复金本位制,然而,美国的崛起与英国的相对衰落使得国际体系处于相对无序状态,金本位制已缺乏维持下去的稳定政治基础。当大萧条爆发之时,金本位制自身已处于风雨飘摇之中。

最后,就全球经济治理机制而言,大萧条时期尚没有系统的制度安排来解决和协调经济问题。在英国占据主导地位的情形下,英国可以通过召开国际会议来发挥居间调停的作用,借以保障国际秩序的稳定。但一战后,美国的崛起冲击了英国的领导地位,美国又不愿承担起国际责任而只是专注于自身的狭隘利益,这就导致 1929 年纽约股市崩溃之后,危机的爆发在短期内呈现自由落体之势。而当 2008 年金融危机爆发后,以国际货币基金组织、世界银行等为核心的全球经济治理机制发挥了稳定器和刹车系统的作用。特别是危机爆发后,二十国集团(G20)领导人峰会取代了七国集团(G7),这意味着,新兴市场国家在全球经济治理体系中得到了承认,其地位也有所提升。

　　尽管存在着显著的不同,但不可否认的是,两次大危机也在时代背景方面存在着诸多的一致性。这种一致性首先在于,两次危机前都出现了技术长周期推动的经济快速增长时期,而当技术进步的效应逐渐减弱并进入长周期末端时,由资本主义基本矛盾带来的利润率下降都使实体经济处于困境。其次,两次危机前都出现了垄断的加剧及整个社会贫富分化加大的局面。"1917 年到 1928 年美国最富有的 10％的家庭收入占总收入的比率由40％上升至 50％,美国收入差距在大萧条爆发前达到历史高点。"[1]同样,"美国社会两极分化在 2007 年再一次达到历史高点,最富有 10％家庭的收入占总收入的比率升至 50％"。[2]再次,两次大危机都是在货币宽松和监管放松的环境下爆发的,货币宽松使得无论是家庭部门还是政府都承担了过高的债务,而监管放松则使得金融投机盛行,资本主义制度已演变为马克思所说的赌博欺诈制度。最后,两次大危机都是在乐观主义情绪弥漫市场的背景下爆发的。大萧条之前和 2008 年金融危机爆发之前,美国股市都经历了一波长牛的行情。股市巨大的赚钱效应一方面在吸引着更多的资金进入市场,另一方面也使人们产生了股市会永远繁荣下去的非理性预期。

　　从危机传导和扩散的角度来看,两次危机的传导机制都表现为从金融危机到流动性危机再到实体经济的危机。1929 年纽约股市崩盘,导致大量银行陷入流动性危机甚至走向破产,银行破产导致信用紧缩,直接削弱了实体经济领域的消费和投资,进而导致大量工厂倒闭。2008 年的金融危机也表现出类似的传导机制,股市崩盘与流动性紧张逆转了财富效应支撑的负债与消费,企业投资也相应缩减,最终导致大量实体经济部门的企业开始倒闭。需要指出的是,危机背后的根本原因无疑是资本主义的固有矛盾,但是,人的贪婪本性和非理性因素也对金融资产价格的大幅波动和跳水起到了重要推动作用。"繁荣期社会盲目乐观和投机情绪盛行,金融的贪婪逐利本质发挥无疑,整个经济金融运行非常脆弱,埋下危机的种子。衰退期由于恐慌心理、传染效应、羊群效应、信息不对称加重等原因,经济金融会出现过度调整,对经济造成持久负面影响。"[3]

　　两次大危机在传导和演变机制方面也存在重要的不同之处。一方面,随着全球化的深入推进,2008 年的金融危机相比于大萧条而言,在传播途

---

①　刘鹤主编:《两次全球大危机的比较研究》,中国经济出版社 2013 年版,第 24 页。
②　同上书,第 25 页。
③　同上书,第 36 页。

径方面更加多元,波及的区域也更加广泛。特别是在信息技术和个人电脑快速发展的背景下,危机的扩散和传导更为迅速,更容易造成广泛而严重的消极后果。另一方面,两次危机对金融市场和实体经济造成的冲击也不一样。单从工业产出的下降幅度来看,2008 年金融危机不如大萧条的危害性高。但是,从受到影响的区域、持续的时间、复苏过程的曲折艰难程度而言,2008 年金融危机又超过了大萧条的危害程度。除此之外,货币体系在两次大危机期间所发挥的作用也是不一致的。大萧条期间,金本位制使得美国的通货紧缩迅速演变为全球性的通货紧缩。但是在 2008 年金融危机爆发后,由于美元作为全球储备货币的发行不受约束,全球货币扩张很好地抵消了危机带来的通货紧缩效应。

二、危机爆发原因的比较分析

两次大危机的爆发都是多方面因素共同作用的结果,其中有一些共同之处,但也存在着重要的区别。大体而言,可以从以下几个方面来考察两次大危机的爆发原因:货币政策、货币体系、监管环境以及实体经济状况。

首先,宽松的货币政策带来的资产价格泡沫是两次危机的共同原因。大萧条前的十年内,美联储不断降低贴现率并在公开市场净投放十数亿美元。一方面,宽松的货币环境降低了实体经济的融资成本,促进了工业企业的繁荣发展。另一方面,大量的低成本资金也刺激了金融投机,促进了股市泡沫的生成。与之类似,2008 年金融危机爆发前也出现了资产价格的泡沫化。不过,这次主要是房地产泡沫对危机的爆发起到了主要作用。房地产泡沫背后仍然是宽松的货币环境,当 21 世纪初互联网泡沫破灭后,美联储连续 13 次降息,力图通过货币政策刺激经济增长。但是,天量的资金主要流向了房地产市场和金融市场,与此同时,住房抵押贷款通过资产证券化和整个金融体系链接在一起。房地产价格的攀升提高了居民的借贷能力和消费能力,使得家庭部门的杠杆率急剧升高,并进一步推动房价上涨。面对着巨大的利益诱惑,金融机构降低了审核标准,向大量缺乏还贷能力的家庭发放贷款,这就为 2007 年的次贷危机及随后的全球金融危机埋下了种子。无论是大萧条还是 2008 年全球金融危机,美联储的不当处置措施都应为危机的爆发承担一定责任。在资产价格快速上涨的过程中,美联储采取了放任自流的态度。而当危机一触即发之时,美联储却不顾可能带来的危机和经济衰退,开启货币政策的急转弯,最终使危机的爆发一发不可收拾。

其次,无论是采用金本位制还是浮动汇率体系,货币体系的内在缺陷都构成危机爆发的重要因素。在一战之后错综复杂的国际国内政治经济环境中,金本位制的重建阻力重重,金本位制的不健全使其无法对经济波动起到缓冲和抑制作用。与此同时,金本位制固有的通货紧缩倾向也使得战后陷于凋敝的实体经济复苏艰难,世界经济体系由此更加不稳定,贸易保护主义盛行,最终造成 20 世纪 30 年代的大萧条。2008 年金融危机则是布雷顿森林体系解体之后美国滥用美元信用、过度透支美元特权的结果。美国为了缓解自身的双重赤字,不断通过扩张性货币政策向全世界转嫁债务负担,与此同时,也通过资产证券化等金融创新手段实现循环放贷,并将证券化手段创造出来的衍生品售给全球投资者,使得美国的巨额债务风险向全球扩散,最终酿成了全球性的金融危机。

再次,从金融监管环境的角度看,两次危机的爆发都与监管的缺位、法律的缺失存在着紧密关联。当监管和法律的发展赶不上金融创新的发展,监管缺位、法律缺失就会带来金融风险的不断累积。大萧条爆发之前,由于信奉自由放任主义的理念,政府并未对金融市场的膨胀和新业务的不断涌现采取有效的监管措施。事实上,美国第一部《证券法》是在危机爆发后的 1934 年才出台的。监管的缺位和法律的滞后,促使当时美国金融机构混业经营现象十分严重,银行的资金大量进入资本市场从事证券业务。在资金和杠杆的刺激下,股票市场的投机、欺诈和价格操纵十分盛行。与之类似,2008 年金融危机爆发之前,自由主义的理念仍然在西方主要发达国家大行其道。由于过分相信市场的自我调节能力,金融监管部门未能准确评估金融体系的风险累积。与此同时,美国金融监管体制与金融创新的泛滥存在着一定的脱节,导致影子银行体系处于监管真空地带,而银行等传统金融机构则处于重复监管的境地。随着金融衍生品的大规模扩张,风险的测量、分类与识别都变得更加困难,传统的监管方式和手段也难以发挥有效作用。

最后,尽管两次大危机都以股市崩盘、银行破产、信用紧缩为其瞩目特征,但危机的爆发无疑与实体经济领域的失衡密切相关。大萧条爆发之前,美国经济的产业结构不平衡、社会保障制度不完善、贫富差距扩大、依赖于债务的过度消费等都严重阻碍了实体经济的可持续发展。特别是美国持续扩大的生产能力与全球市场的萎缩已经形成深刻矛盾,美国经济处于危机爆发的边缘。与此同时,在贸易顺差、战争债务偿还等因素的共同作用下,大量资本流入美国,推高了美国国内金融市场的资产价格。当资产价格由于货币政策的转向而下跌后,金融体系的崩溃就会和实体经济的衰退形成相互激荡的恶性循环。无独有偶,经济结构失衡、过度消费、债务累积等也共同构成 2008 年金融危机的深层次原因。危机爆发之前,美国的双赤字问题不断恶化,美国政府通过发行国债为自身债务融资,新兴市场国家成为国际资本净输出地,而美国等发达国家则成为资本的净流入地。但是,流入美国的资本主要流向了美国的股市、债市与期市,导致美国金融市场及金融体系的不断膨胀,一方面,这加剧了美国金融体系的泡沫和风险,另一方面,当建立在巨大财富效应基础上的美国消费扩张成为全球经济增长的重要动力时,也表明全球经济失衡已经十分显著。

三、危机的应对与金融监管改革

面对危机的不断蔓延,各国政府都试图通过积极的货币政策与财政刺激政策抑制危机的蔓延、减轻危机的危害。大萧条时期,美国政府的反危机措施随着罗斯福总统取代胡佛总统经历了两个截然不同的阶段。2008年金融危机爆发以来,美国政府吸取了大萧条时期的教训,及时采取了扩张性的货币政策、财政政策,并明确反对贸易保护主义。

大萧条初期,随着股票市场的崩溃,美联储试图下调贴现率来提升市场流动性,英国、荷兰等欧洲诸国也紧随其后调低了贴现率。但是,由于受到金本位制的束缚,下调贴现率并没有起到增加货币供应量的作用,反而使得货币供应进一步萎缩,结果就是经济危机的蔓延和升级。罗斯福主政之后,废除了金本位制,扩张性货币政策开始发挥刺激经济复苏的作用。2008年金融危机爆发以来,各国央行积极采取降低基准利率等常规货币措施来刺激金融市场及实体经济复苏。从2007年4月到2008年12月,美联储共计降息10次,将基准利率从6.25%降到了0~0.5%的历史低位。当常规货币政策已经没有空间时,美联储开始启用种种非常规性货币政策,其中尤为值得一提的是量化宽松。量化宽松意味着央行绕过商业银行,通过直接购买资产向经济体注入流动性。从2009年到2012年这短短三年多里,美联储即已开启三轮量化宽松。总体来看,2008年金融危机爆发后的货币政策措施更为及时和合理,发挥了在较短时期稳定金融市场、推动实体经济复苏的作用。

从财政政策的角度来看,大萧条爆发初期,由于受到预算平衡理念的束缚,西方各国政府采取的主要反危机财政措施是减税。罗斯福入主白宫后,通过大量举债增加政府支出,突破了预算平衡的束缚,带动了经济的复苏和触底回升。2008年金融危机爆发以来,减税和扩大财政支出的措施得到延续,除此之外,各国政府大都通过贷款、债务担保以及注资等方式救助处于困境之中的金融机构。在上述措施的共同作用下,金融市场和实体经济在较短的时间内呈现出向好的态势。回顾大萧条爆发之后的危机应对措施,尤为令人感到惋惜的是,贸易保护主义加剧了危机的破坏力并阻碍了经济的复苏。通过吸取大萧条时期的惨痛经验教训，2008年金融危机爆发后，各主要经济体的领导人共同呼吁自觉抵制贸易保护主义。各国领导人逐渐认识到必须联手合作、主动干预，尽可能地降低危机的破坏力。加上金融安全网和社会保障制度的建立，2008年金融危机爆发后，各国抵御危机的能力明显强于大萧条时期。但是，积极的货币政策和财政政策也带来了附带的消极后果，加上人口老龄化、劳动力市场黏性等因素的作用，危机的后续演变显示出艰难曲折的一面。刺激政策推动了西方主要国家债务水平的快速提升，欧洲债务危机愈演愈烈，成为全球经济复苏道路上的严重威胁。我们需要高度警惕欧债危机的连锁反应，避免各国为复苏经济所做出的努力毁于一旦。

危机的爆发带来巨大的破坏性后果，这促使人们去反思如何才能更好地防范和化解危机。正如前文所述，危机的爆发与监管的缺位存在着不可分割的联系。两次危机之前的十年内都是自由主义占据支配地位的时期，在自由主义理念的影响下，监管放松成为两次危机爆发前的共同特征。2008年金融危机之前，不仅各国金融监管主体都在通过降低监管标准提升本国金融机构的优势，而且，一系列重要的金融监管法案被陆续废除。实施了半个多世纪的《格拉斯-斯蒂格尔法案》于1999年被废除，从此商业银行和金融市场的界限被打破。一年之后，美国证券交易委员会取消了对金融衍生品的监管。四年之后，投资银行的杠杆率限制也被取消，从此为投资银行的高杠杆经营扫除了障碍。监管缺失不仅体现在降低监管标准或取消监管上，也体现在由于金融创新以及金融体系复杂化所带来的监管真空上。对于对冲基金、结构性投资工具以及大型投资银行等影子银行体系中的金融机构而言，传统的监管理念和监管措施是无法有效应对的，监管的缺位将会带来金融风险的不断累积。除此之外，由监管标准不一致导致的监管套利行为也需要引起高度警惕。市场主体有充分的动机从监管负担较高的业务和领域转向监管负担较低的业务和领域，尽管监管标准的一致化是大势所趋，但就目前的实际情况来看，不仅国与国之间存在监管标准不一，即使在一国之内的不同地区之间也会存在监管标准的差异。不言而喻，这种差异将导致监管的约束作用减弱。

危机之后，西方各国内部要求推进金融监管改革的呼声不断。早在大萧条之后的罗斯福主政时期，一系列加强监管的举措和法案开始陆续出台，主要包括《联邦证券法》《银行存款保险法》《1993年银行法》等法案。这些法案明确了商业银行与投资银行分业经营的原则，强化了对证券业的监管，建立了存款保险制度。2008年金融危机爆发之后，金融监管在吸取历史上成功做法的基础上进一步加强。总体来看,新一轮金融监管改革主要侧重于以下几个方面:建立风险隔离、强化监管权力、加强退出机制以及监管架构改革。2010年7月,美国金融改革法案在国会获得通过。这一法案扩大了美联储的监管权限,调整了监管目标,并将原先属于监管真空地带的对冲基金、私募基金等金融机构纳入监管范围。通过对金融企业的薪酬制定规则实施干预,美联储对金融企业管理层过度从事高风险的投机行为起到了抑制作用。

除此之外,金融危机期间大量银行破产的局面也促使人们反思现有的问题金融机构退出机制,本轮金融监管改革的亮点之一即强化了问题金融机构的退出机制。美国提出要建立濒临破产银行控股公司及非银行金融机构的问题解决机制,英国则在《2009年银行法案》中建立了整套的银行破产程序以及特别处理机制。事实上,危机对于资本主义的存续来说,往往能够起到合理化的作用,其中的奥秘就在于,每次大危机都会推动资本主义制度的自我更新、自我完善。金融监管制度架构的调整亦是如此。大萧条之后,监管架构调整主要涉及建立证券交易委员会、创建联邦住房贷款银行委员会和联邦储蓄贷款保险公司,以此来弥补大萧条之前存在的监管空白。2008年金融危机之后,各主要发达资本主义国家总结经验、吸取教训,纷纷将宏观审慎监管作为架构调整的主要着力点。在此背景下,美国成立了金融稳定监督委员会,欧盟则成立了系统性风险理事会。这些机构成立的目的都在于增强宏观审慎分析层面的协调能力,强化对系统性金融风险的应对能力。

四、2008年全球金融危机对中国的启示

20世纪80年代以来,全球范围已经发生一百多次金融危机,许多发展中国家在危机中损失巨大,大量民众为此承担了惨痛的代价。尽管2008年金融危机之后,各国都在积极推进金融监管改革,但金融体系的内在脆弱性并未得到根本克服。与此同时,金融创新的不断进展也为现有的监管体系带来新的难题和挑战,这就决定了金融危机仍然是高悬于各国头上的达摩克利斯之剑,防范和化解系统性金融风险仍然是各国政府必须加以正视的紧迫任务。

面对当前复杂的国内外经济金融形势,认真总结2008年金融危机爆发以来的经验和教训,反思危机爆发的种种原因,探究危机的演变路径和应对措施,是保障中国金融体系健康发展、金融运行安全稳定的重要基础。大萧条时代,中国经济尚未真正参与到全球化的经济体系中。当2008年金融危

机爆发时,中国经济已经成为全球经济体系的重要组成部分,并日益发挥着拉动世界经济增长的重要作用。在此背景下,中国已经无法自外于由金融危机带来的各种渠道、各种方式的冲击。不仅如此,近些年来中国金融业也在经历快速发展,金融体系、金融创新在日趋复杂化的过程中也在不断累积着风险,这意味着,我们既需要防范外来危机的冲击,也需要警惕我国内部发生系统性金融危机的可能性。

2020 年以来,全球经济受到新冠疫情的重创,产业链、供应链、价值链出现断裂,无论供给端还是需求端都急剧萎缩,经济衰退的阴影笼罩全球。尽管中国采取了及时有力的防控措施,在全球率先实现全年经济正增长,但是,疫情的冲击叠加中美贸易摩擦、全球经济失衡等既有问题,使得中国经济的外部环境十分严峻。参照上文所讨论的两次大危机的形成原因,可以发现,中国经济程度不同地隐含着可能导致危机的因素。首先,贫富差距存在着拉大的趋势,若进一步扩大将制约社会总需求的提升,最终拖累实体经济的增长。而一旦实体经济陷入停滞和衰退,金融领域的发展就是无源之水。不言而喻,上文讨论的两次大危机的最深层次原因依然是实体经济自身的积累困境和矛盾。其次,中国房地产业也在过去若干年经历了过快增长,房地产泡沫化迹象正在逐步显现,特别是北京、上海等一线城市房价收入比远高于欧美同等级城市。考虑到 2008 年全球金融危机正是由房地产泡沫破灭所引发的,中国应当继续坚持“房住不炒”的基本原则,通过有力的调控措施抑制房地产价格泡沫,维护经济金融的健康稳定运行。事实上,房地产的价格泡沫加大了居民生活成本,抑制了居民的可支配收入及有效需求,不利于中国构建以国内大循环为主体的新发展格局。最后,就中国金融体系的发展现状和水平而言,存在两方面的突出问题:直接融资规模偏小和金融行业集中度偏高。下一步发展的总体方向应当是借鉴欧美资本市场的发展经验,提高直接融资的比重。与此同时,也应警惕“大而不能倒”绑架金融监管的前车之鉴,抑制金融领域的资本集中与垄断趋向。

为了防范和化解系统性金融风险,首先要处理好虚拟经济与实体经济的关系。这意味着,要坚持引导金融体系回归服务实体经济的本源。2008年金融危机率先在美国爆发,关键原因就在于此前若干年美国经济已经深度金融化。危机爆发之前,美国的金融机构、金融资本、金融市场都偏离了自身的基本定位,造成虚拟经济自我循环、自我膨胀的扭曲局面。金融领域的膨胀或者说资产价格的泡沫会强化市场主体对未来的乐观预期,这种乐观预期往往会带来债务的过度扩张,提升家庭部门、企业部门、政府部门的债务水平和杠杆率,进而加剧整个经济体系的脆弱性和不稳定性。债务的确会刺激消费、拉动投资,但是,债务扩张并不能从根本上解决问题,至多只是用虚假繁荣来延缓危机的最终爆发。缺乏实体经济的必要支撑,债务违约必然会大量出现,银行体系乃至于整个金融体系都会因此受到冲击。只要金融化带来的投资率下降并没有得到解决,只要投资率仍旧处于较低水平,利润的前景就是令人忧虑的。不仅如此,投资率的降低也会阻碍新技术的引入,由此,相对剩余价值的增长受到限制,同时,与技术进步相联系的现代高强度劳动也无法实现。在此背景下,只有依靠强化对旧形式的绝对剩余价值的剥削,亦即延长工作日长度,增加不必支付的劳动量,才能确保企业保持必要的赢利能力。

其次,要辩证认识金融创新活动,既看到其分散风险、服务于实体经济发展的一面,也看到其放大风险、脱离实体经济过度泛滥的一面。尽管诸如利息的分配、资本与劳动收入不平等扩大、积累率降低、失业率提升等都体现出了金融活动的寄生性和投机性的一面,但是金融活动也具有重要的积极意义,它为利润的获取开辟了新的来源,保障了生产经营活动的顺利进行,抵御了利率风险、汇率风险等风险。金融活动有其自身的限度,超过一定限度就可能弊大于利,就会变成"邪恶的"金融。如果金融化导致实体经济投资率的降低,那么,这种金融化就是"邪恶的"。由于投资不足使利润降低,所以,企业只有在保持其增值水平的情况下(一般通过提价)才能取得生产领域的正利润。但是,企业提高商品价格将导致通货膨胀,通货膨胀的加剧已影响实际工资,这表明,维持增值水平最终要靠牺牲实际工资才能实现。

不仅如此,把握好金融创新与风险控制、基础资产与衍生品之间的关系,避免出现由衍生品过度扩张带来的宏观风险加剧也是当前的重要任务。无论金融创新如何复杂,都不能忘记金融创新的本质目的。正如中国银监会所要求的,衡量金融创新有效性的核心标准就是要看其是否能满足实体经济和客户的真实需求,是否能实现利益相关各方的合作共赢。中国尚未充分发展出以监管套利、追求高风险、高收益为目标的金融创新。不过,近些年来大量出现的由银行与信托公司合作产生的银信产品以及地下钱庄等现象,也为监管部门提出了挑战,增加了金融体系的总体风险。从历次金融危机的实际后果来看,社会公众都是承受最大损失的群体。2008年金融危机的经验教训表明,金融监管需要协调好金融消费者保护与风险防范的双重目标,不能为了促进行业发展而牺牲消费者的利益。中国需要加强对金融机构的规范和引导,促使其做好信息披露、风险提示工作,并通过加强消费者的市场风险教育,切实保障金融消费者的利益。

最后,要建立和完善金融市场健康运行所需要的外部监管机制。两次大危机的经验表明,金融市场的波动会加剧和放大实体经济领域的危机,形成虚拟经济与实体经济负向反馈、共同振荡的严峻后果。为了调控金融市场引发的波动,必须加快构建宏观审慎的监管框架,推进社会主义金融体系的制度创新和改革。除了制度建设之外,监管者缺乏执行力和监管能力也是金融危机的重要原因。每一次金融危机爆发前,总是会出现经济过热和资产价格的泡沫,如何保持清醒的头脑并及时采取行动为市场降温,就成为防范危机爆发的关键。2008年金融危机爆发之前,美联储作为法定监管部门,并未采取有效的行动阻止次级抵押贷款的发放,也并未干预整个证券化链条的运转,从而使“有毒”资产充斥整个金融体系,为危机的爆发埋下了隐患。监管者的执行力建立在监管能力和充分的法律授权的基础之上,在这方面,中国既需要赋予监管部门更大权限,同时也要加快培养高素质的金融监管人才。

五、拉美国家金融化实践的教训与启示

发达资本主义国家在20世纪70年代普遍陷入了滞胀危机的泥潭,当发达资本主义国家通货膨胀有所缓和的时候,拉美国家的通货膨胀问题开始严重起来。进入80年代,当主要发达资本主义国家经济开始复苏的时候,拉美国家却经历了几次大的衰退,这就是所谓的“失去的十年”。在经济总量滑坡的同时,除阿根廷、乌拉圭和智利之外的拉美国家也在经历着不平等和贫困的双重打击。为了走出上述困境,拉美国家采取了几乎是全盘自由化的发展道路,这一发展道路促进了金融部门的迅速发展,但与此同时,也使得金融体系的脆弱性和风险不断累积,并带来了诸如收入不平等的加重、就业机会进一步减少等一系列严峻问题。上文通过历史比较的方式着重考察了2008年金融危机,与这一危机不同,拉美国家的金融危机与外国投资者的决策所造成的冲击紧密相关,换言之,在拉美国家金融危机爆发的诸种原因中,外部因素起到了较大作用。如果说以美国为策源地的2008年金融危机表现为中心国家爆发并向外围传导的危机,那么,拉美国家的金融危机显然走了一条相反的道路。中国与拉美国家同样作为发展中国家,并且中国正在融入金融全球化的历史进程之中,拉美各国在金融化道路上的经验教训值得我们认真总结和吸取,其所面临的发展难题及其解决方案也值得我们反复研究。

要想理解拉美国家的金融化发展道路,首先需要回到20世纪70年代布雷顿森林体系解体这一金融全球化的历史起点。布雷顿森林体系的解体

使得美元的发行解除了黄金的束缚。大量美元被美联储印刷出来,美元指数从 1971 年特别是 1973 年石油危机之后的一路走低,表明美元确实供应过量了。为了避免美国国内通货膨胀的出现,美国将美元输送到世界各地。正是在这一背景下,拉丁美洲吸引了大量美元的流入,并在投资的拉动下经历了 70 年代的经济繁荣。到了 70 年代末,美元指数开始走强,换言之,流入拉丁美洲的美元开始减少。投资减少以及部分资本的撤出导致拉美各国遭遇了资金链断裂、流动性困境等一系列问题,经济危机一触即发。陷入困境的拉美各国纷纷想办法自救,阿根廷采取了战争的方式力图脱困,马岛战争正是在此背景下爆发。但是,战争却使得拉美地区的投资环境恶化,加速了资本撤出的步伐。美元的流出致使拉美国家经济一片狼藉,与此同时,美国的股市、债市、期市却在美元回流的刺激下一路走高,美国人由此获得了极高的资本收益。当拉美国家在危机中资产价格大幅贬值之时,美国资本开始进入拉美国家抄底,由此掌握了拉美国家大量的优质资产。

自由化和金融化成了 20 世纪 80 年代拉美国家走出危机的战略选择。随着金融化的深入发展,拉美国家的金融市场成为极具吸引力的市场。诸种原因共同导致资本大量流入拉美国家:拉美国家与美国的利率差以及金融资产的收益差、金融自由化和资本自由流动得到保障、美国等发达国家资本积累遭遇困境等等。资本的大量涌入引起汇率抬升,由此带来进口产品的价格降低与出口竞争力的削弱,导致贸易逆差进一步加大。在外贸赤字越来越严重的时候,对金融的依赖大幅度增加,能否成功摆脱危机完全取决于资本的流入。资本的流入与汇率及利差有关,一旦国外资本对汇率产生疑虑,资本的撤出就会引发严重的危机。"对贬值的担忧,甚至是对支付不力的担忧迅速蔓延,并且因此引起可怕的金融危机。因此,只要增长节奏放慢,甚至稍有差错,就可能出现三种无法面对的付款期限:第一种来自对贸易赤字的投资;第二种因原有外债造成;第三种来自新的外债。"①总之,金融化和自由化使得拉美国家处于可能重演 70 年代末历史悲剧的危险境地。

随着 80 年代末期拉美国家的经济复苏和通货膨胀下降,金融化的推进在短期内是与经济增长、收入普遍提升等现象一同出现的。但是,新的问题也随之而来,新的技术引入带来了新的剥削形式,其与旧的剥削形式叠加在一起,使得劳动力的处境十分险恶。为了应对利润率下跌,弹性的劳动组织被采用,以便提高劳动强度。"不论资本弹性还是劳动弹性,再按经合组织

---

① 弗朗索瓦·沙奈等:《金融全球化》,齐建华、胡振良译,中央编译局出版社 2000 年版,第 233 页。

的说法,不论职能弹性还是数量弹性,追求的都是增加劳动强度,它们只是因制约因素不同而有所不同。"①尽管弹性的劳动组织有助于改善资本增殖,但是,金融化以及由此而来的投资不足、更高程度的外在制约、工业技术水平落后等,必然会从根本上制约资本增殖。总而言之,在一个相对封闭的经济体中,金融的快速发展会对积累和劳动力的剥削形式带来十分恶劣的影响。劳动弹性提高会与对劳动力的现代剥削形式并存。除非投资率提升,否则,失业、社会排斥、贫困等问题就无法得到根本解决。

拉美国家金融化的失败不仅体现在实体经济投资率的下降以及对劳动力的剥削加剧等现象上,而且,也反映在金融危机频发的事实中。不言而喻,金融危机往往会与实体领域的衰退、失业率上升、剥削强调加剧等相互振荡、相互加强。1994 年 12 月,墨西哥政府宣布比索贬值,这一消息一经宣布便引发墨西哥股市、债市的剧烈动荡,一场金融危机顷刻间席卷而来。这场危机使人们认识到在何种意义上金融脆弱性成为系统性风险的根源,也见证了国际游资在完全自由化市场上遵循的行为方式。在这场危机爆发初期,投资者的模仿和恐惧加剧了危机的传导效应。早在 1982 年,墨西哥就因为无力偿还国际银行提供的贷款的利息和部分本金而陷入危机,结果就是墨西哥经济更加依附于美国经济,并不得不同美国签署北美自由贸易区协定。为了拯救危机,美联储拿出 80 亿美元进行干预,才使得危机的蔓延得到控制。1994 年底爆发的危机是在不同的背景下出现的,此时的墨西哥拥有面向外界资本开放的金融市场,贸易赤字及财政赤字叠加在一起使得墨西哥处于前所未有的困境中。

危机的第一阶段是资本的大量外逃,资本外逃导致比索加快贬值,墨西哥国内各类资产价格也遭遇大幅度跳水。危机在通过银行体系传导之后,引发了严重的经济衰退。"1995 年国民生产总值下降 7%,通货膨胀率上升近 50%,25% 的就业人口面临失业,工资购买力丧失 55%,250 万人进入'超贫'的门槛。"②为了使比索升值,必须提高利率,但这样一来,不仅银行将会因为过去的债务承受沉重的负担,而且企业也会因此而陷于倒闭的境地。墨西哥的金融危机不仅使自身损失惨重,也使得美国及国际货币基金组织付出了代价。但在美国国会看来,按照占主导地位的新自由主义观念,拯救墨西哥并不是美国政府的义务,这就决定了通过注入流动性缓解墨西

① 弗朗索瓦·沙奈等:《金融全球化》,齐建华、胡振良译,中央编译局出版社 2000 年版,第 241 页。
② 同上书,第 284 页。

哥金融危机必然面临重重阻力,危机后美国政府的表现也证明了这一点。克林顿政府在拯救危机的时候行动十分迟缓,只是在最后时刻才宣布了一项挽救计划。

1994～1995 年间的墨西哥金融危机只是拉美国家频频出现的金融危机的典型事例,阿根廷、智利等国也曾遭遇程度不同的金融危机。20 世纪 70 年代以来,世界范围金融危机频发的现实使得人们改变了从循环理论的角度认识和理解金融危机的做法,金融的脆弱性和体系风险这些概念成为人们理解当代金融危机的核心范畴。过去三四十年内发生的金融危机与资本主义前几个时期发生的金融危机有很大不同。这些危机并不是在严重过热发展到顶点或接近顶点时出现的,也不是传统的生产过剩危机造成的纯粹金融动荡,而是与内在于金融化积累方式中的体系脆弱性紧密相关。1981～1983 年美国发生的经济萧条与其说与生产领域的资本积累有关,不如说是由保罗·沃尔克 1979～1980 年实施的货币政策引起的。随后的 1983～1989 年期间,接连发生了一系列与生产和交换状况没有直接联系的金融动荡。这些事实都表明 20 世纪 70 年代以来的金融危机主要与货币金融领域的问题有关。事实上,由于金融恶性膨胀,金融体系的规模和复杂程度也会引起"体系的脆弱性",金融体系的脆弱性主要通过运作者的行为方式表现出来。

金融膨胀并不是资本主义发展的偶然现象,而是标志着资本积累结构的金融化转型,这一转型一度使资本主义国家摆脱了战后 30 年黄金时代长期积累的困境和福特主义调节危机。资本积累的金融化与金融资本对短期投机活动的偏好有关,金融资本追逐收益的主要方式是利用价格变化来获取价差。金融市场对工业资本的投资战略施加了压力,使得后者日益陷入"短期主义"的漩涡。可以说,追求短期增值目标构成世界范围积累金融化制度的典型特征。无论是拉美国家发生的金融危机还是后来的亚洲金融危机,都与短期主义的金融投机脱不开干系。危机的爆发往往是与货币贬值有关,而货币贬值则往往与外汇投机紧密相关。除此之外,货币政策,特别是美联储的货币政策,则是调节资本积累金融化的主要机制。美元的升值、美联储的加息政策往往与危机的爆发存在着重要关联。不仅如此,美联储的货币政策也有力地保证了自由化和放宽金融管制措施在国际上的传播,保证了经合组织绝大多数国家接受了弥补赤字的方式。

金融脆弱性与体系性风险并不是凭空出现的,它背后存在着诸多值得深入分析的原因。随着金融体系从间接融资向直接融资的转变,证券市场占据了金融体系的核心地位。证券市场不断推升的资产价格泡沫,重要资产类别与实际经济中的基本面联系越来越微弱,以及证券市场与衍生品市场的连锁反应等,都是金融脆弱性与体系性风险的重要原因。由于证券市场上的投资者倾向于在预期和决策方面模仿其他投资者,所以证券市场上的危机总会表现出"反应过分"的特点。危机蔓延是否能够得到遏制既取决于最终贷款人干预的程度,又取决于国家信贷机制能否迅速创造出大量流动性。然而,金融全球化以及金融体系去中介化的发展都削弱了银行体系的力量,这使得国家信贷体系在危机面前显得力不从心。在国际货币基金组织和世界银行的压力之下,许多发展中国家被迫开放了金融市场,屈从了新自由主义的制度安排。但这样一来,受国际投机资本控制的金融动荡便更容易在经济脆弱的发展中国家蔓延,对这些国家的金融职能造成损害,甚至会波及实体经济领域。1994～1995年墨西哥金融危机爆发后,金融市场的崩溃在短短几天之内就引发了银行体系的瘫痪,恰好证明了这一点。不仅如此,外汇交易危机与债券市场危机也成为金融脆弱性的重要根源,在国债占世界金融资产三分之一的条件下,债券持有人无疑构成一股强大的力量,他们有能力推动政府施行有利于债权人的政策。当这种政策对实体经济产生消极影响时,增长的不景气最终会激化金融领域的竞争,迫使金融投资者参与更高风险的投机,最终加剧整个体系的脆弱性并提升风险指数。

拉美国家在国际货币基金组织、世界银行以及美国政府的压力下被迫放宽金融管制,屈从于新自由主义的经济金融政策,意味着这些国家的经济向国际投机性资本敞开了大门,同时,也意味着它们被纳入了金融全球化时代的国际财富转移机制。但是,这样一来,"这些国家融入金融全球化和对新自由主义政策的绝对服从也在国际范围内增添了又一种重要的体系风险因素。如果一个国家过去是一种封闭的体系,领导人既不了解市场金融的奥妙也没有杜绝政治腐败,那么当这样一个国家加入'不完全的'和'不完善的'金融全球化制度中,其结果只能造就一些非常脆弱的金融体系"①。这一金融体系之所以脆弱,关键就在于它无力抵御国际投机资本异常流动所引起的金融冲击,这些国家的金融市场不够完善,也缺乏强有力的政府监管以及实力雄厚的中央银行承担最后贷款人的角色。

拉美国家的金融失败留下了惨痛的教训,一种带来工业投资率下降、就业机会越来越少、越来越不稳定、社会和政治倒退的自由化和金融化道路,绝不是值得模仿和借鉴的对象。马克思曾以一种辩证的态度来看待信用制

---

① 弗朗索瓦·沙奈等:《金融全球化》,齐建华、胡振良译,中央编译局出版社2000年版,第308页。

度对于经济发展的重要意义,认为:"信用制度加速了生产力的物质上的发展和世界市场的形成……同时,信用加速了这种矛盾的暴力的爆发,即危机,因而促进了旧生产方式的解体的各要素。"①不言而喻,当代金融体系的复杂程度已经远远超过马克思所言的信用制度,但是,以一种辩证的眼光看待实体经济与金融领域(信用制度)的关系仍然对我们具有重要启示意义。上述种种伴随虚拟资本积累而来的结构性矛盾共同导致周期性的金融危机,从1998年的亚洲金融危机到2008年的次贷危机再到2010年的主权债务危机,世界经济似乎始终摆脱不了金融危机的阴影。金融危机暴露出虚拟资本积累的毁灭性及狰狞的一面,激发了人们对于金融领域从业者的敌对情绪,2011年的"占领华尔街"运动可以看作民众怒火的集中爆发。但同时,我们也应看到虚拟经济积极的、推动实体经济的一面,没有虚拟经济,实体经济将会长期反复出现资金链的断裂和过剩资本的闲置浪费,从而使经济效率十分低下。正是虚拟资本的存在使得企业的发展获得了源源不断的资本支持,突破了产业资本积累的固有限制,并且,市场上大量的普通投资者在为企业提供融资的同时,也能够分享企业发展带来的利润,实现社会各个主体间的共赢。因此,我们既不应对金融发展持一种质疑和仇视的态度,也不应放任金融领域过分膨胀,相反,我们应该理顺金融领域与实体经济的关系,认识到虚拟资本应当为产业资本服务,只有产业资本才是价值的第一创造者。如果虚拟资本脱离产业资本自我膨胀、自我循环,那么它也就成了无源之水,不但不会实际增加社会财富的积累,反而会拖累实体经济的发展。

随着金融领域的日益膨胀,食利者阶层的力量不断壮大,他们成为政府政策的最大受益者,与此同时,越来越多的工资领取者和无业青年在社会中却遭遇了排斥并被边缘化。拉美国家的金融失败尽管有其特殊性,但背后反映的金融脆弱性和体系性风险却具有普遍性。在金融冲击、银行困难重重、央行干预能力减弱和金融日趋膨胀等各种问题的共同作用下,主要国家金融体系上的脆弱性几乎是在机械性地上升。除此之外,拉美国家的经验也表明,金融化的影响绝不限于经济领域,也会带来严重的社会政治后果。

---

① 马克思:《资本论》(第三卷),人民出版社2004年版,第500页。

第五章　金融化的社会政治效应

本章将讨论金融化的社会政治效应,从马克思主义政治经济学批判的总体性视域出发,金融化不仅仅是经济现象,而且在社会、政治、文化以及日常生活领域也有其反映。相比于19世纪末20世纪初的金融垄断资本,20世纪70年代以来金融化的独特性在于,金融交易和金融活动不再仅仅涉及企业的生产经营,而且也在很大程度上扩展到民众的日常生活领域,并进入政府治理模式和日常运作。金融理念和金融思维既影响了个体的选择,又重塑了政府、社会部门的行为方式。可以说,我们今天面对的是企业、政府、家庭以及个人的全面金融化。"金融资本通过全球化将金融、信贷思维和投资理念推向整个世界市场和单个个体,深刻地影响和改变着民族国家的政府政策、劳动力雇佣原则、社会关系和家庭生活。这意味着经济金融化的影响并不局限于经济领域,而是一个政治、经济和社会全面扩张的过程,以经济领域的金融资本积累为核心辐射到政治、社会、文化等各个领域。"[1]

1973年之后,金融资本的跨国掠夺也走向了前台。为了应对1973～1975年过度积累的危机,资本主义全球经济经历了一次剧烈的重组。金融流动成为权力的资本主义逻辑的主要表现方式。然而一旦金融资本的潘多拉盒子被打开,国家机器进行适应性转变的压力也随之上升。如果反复无常且难以计数的信贷和流动资金危机是全球经济的一大特点,那么帝国主义就必须通过诸如国际货币基金组织之类的机构来调和这些危机,以此保护资本积累的核心区域免受贬值的打击。这也正是二十多年以来,"华尔街—美国财政部—国际货币基金组织"复合体及欧洲和日本当局成功实施的行为。这一复合体的行为已经遭到世界范围的激烈反抗,日益上涨的反抗浪潮可能会对现有经济与社会秩序造成冲击,不断蔓延的无助和不安情绪也正在催生出民粹主义政治的复兴。

---

[1]　杨典、欧阳璇宇:《金融资本主义的崛起及其影响:对资本主义新形态的社会学分析》,《中国社会科学》2018年第12期,第110—133、201—202页。

近些年来,"逆全球化"浪潮及民粹主义在欧美发达资本主义国家逐渐兴起。先是英国的"脱欧"公投,后是言辞夸张的特朗普当选为美国总统。尔后,法国、意大利的政坛也出现了明显的向右转趋势。我们的时代或许会重新陷入贸易保护主义,而正是贸易保护主义对二战的爆发产生了推动作用。由此,全球化时代的经济、政治乃至军事格局,正在得到深刻改造。那些更倾向于选择具有"逆全球化"倾向的政治领导人的西方选民,自身往往便是新自由主义的全球化、金融化的受害者,或者,至少他们已经将自己视为这样的受害者。换言之,全球化并没有带来期望中的"均富化",却使得全世界的富人联合了起来,而全世界的穷人开始互相埋怨。不可否认的是,经济领域的金融化与政治领域的"向右转"是有明显的关系的。①

第一节　金融化与贫富差距扩大

皮凯蒂在《21世纪资本论》中分析了发达国家近一百年来的贫富分化演变史,凭借着翔实的统计数据,力图证明,如果放任现有的资本积累体系继续发展下去,人类必将面临一个极端不平等、阶层固化以及特权横行的未来。皮凯蒂写作的基本背景是过去几十年金融化深度发展的资本主义新阶段,与二战之后的岁月相比,发达资本主义国家的不平等状况在金融化新阶段明显恶化了。近年来,关于财富分配不平等的讨论始终牵动着人们敏感的神经,相关的重要著作一经出版,往往就会受到追捧。人们关心的并不是书中复杂的经济学、政治学等社会科学理论,而是渴望了解为何自己深陷贫穷境地以及如何才能摆脱这种境地。事实上,贫富分化是资本主义诞生以来始终困扰着人类的难题,似乎经济的增长与贫富分化是必然相伴相生的,一方面人们渴望利用资本推动生产力发展并提升经济效率,另一方面又不得不承受与资本积累相伴随的贫困的积累。历史上诸多思想家曾为探求克服贫富分化之道而殚精竭虑,从古典政治经济学到马克思主义传统再到当代的福利经济学,都曾为思考这一问题作出过重要贡献。为了把握资本主义金融化与当今全球范围贫富分化日益严峻之间的内在关联,首先需要从一般意义上认清资本主义制造不平等及财富分化的基本机制。

---

① 迪梅尼尔、莱维:《新自由主义的危机》,魏怡译,商务印书馆2015年版,第367页。

一、资本积累与贫困积累的二律背反

李嘉图是公认的把分配作为研究重心的古典政治经济学家,但仔细考察起来,分配问题或许早在古典政治经济学的奠基人亚当·斯密那里,即已成为思考和分析的焦点。只不过斯密巧妙地转换了这一问题,将改善下层人民物质福利的问题视作从根本上由增加财富总量决定的,换言之,斯密认为问题的关键不在于分好蛋糕,而在于做大蛋糕。斯密的思路预示了后来的西方经济学所谓"涓滴效应"的理念,即只要财富的总量不断增加,最终将会使社会中包括最下层在内的各个阶层都因此而受益。在《国富论》一书的序论部分,通过与美洲的野蛮部落做对比,斯密旗帜鲜明地为他身处其中的苏格兰商业社会做辩护:"在文明繁荣的民族间,虽然有许多人全然不从事劳动,而且他们所消费的劳动生产物,往往比大多数劳动者所消费的要多过十倍乃至百倍。但由于社会全部劳动生产物非常之多,往往一切人都有充足的供给,就连最下等最贫穷的劳动者,只要勤勉节俭,也比野蛮人享受更多的生活必需品和便利品。"①这里,辩护的依据即在于,尽管分配不公,但商业社会的最下层人民获得的生活必需品、便利品及享乐品也要比野蛮部落中的酋长所能享受到的更多。因此,从结果上来看,不平等的商业社会是比较为平等的野蛮部落更令人向往和期待的。

按照斯密的理论预设,资本主义的发展将会使下层人民受益,劳动者的处境将会逐步改善。但后来的历史发展却与斯密的观点截然不同,身处资本主义重压之下的劳动者并未能分享经济增长带来的好处,甚至于随着技术的进步、机器的发明,大量产业后备军被制造出来,劳动者的处境变得更糟糕了。在现实面前,李嘉图不得不放弃斯密的乐观主义,转而以一种冷峻的笔调直面分配问题。在 1820 年写给马尔萨斯(Thomas Robert Malthus)的一份信中,李嘉图写道:"你认为,政治经济学是对财富的性质和来源的研究——我认为,它应该研究各个阶级如何瓜分它们共同创造的社会产品的规律。无法得到有关其数量的规律,但比较可靠的关于比例的规律却可以被找出来。每一天,我都更加确信:前者的研究是徒劳的,而只有后者才是经济科学的真正目的。"②依照李嘉图的分析,工资、地租与利润三者之间存在着如下的关系:一方面,在社会总收入的分配中,地租对应的份额将会随

---

① 斯密:《国民财富的性质和原因的研究》上卷,郭大力、王亚南译,商务印书馆 2017 年版,第 2 页。
② 凯恩斯:《就业、利息和货币通论》,高鸿业译,商务印书馆 2021 年版,第 8 页。

着人口的增长越来越大,从而对利润及资本积累构成威胁;另一方面,工资与利润之间是此消彼长的关系,换言之,工人和资本家之间在经济利益上处于尖锐对立的境地,资本家有压低工资的强烈动机。总体来看,财富的增进并不能使最下层的劳动者受益,甚至于其处境将变得更糟,而地主则享受了农产品价格上涨及产品份额增长带来的双重好处。在李嘉图看来,地主阶级构成了资本主义发展的严重阻碍,反对地主阶级为资产阶级辩护是其基本立场。

马克思持有一种十分强烈的信念,即资本主义的发展将会导致地主阶级的没落,整个社会最终会简化为劳动和资本两大阵营。因此,地主对资本主义积累所带来的挑战远不如劳动和资本的矛盾带来的影响更大。借助剩余价值概念,马克思直指资本主义分配制度的不合理,换言之,资本与劳动的交换并不是什么等价交换,而是在等价交换的表象下隐藏着对劳动者所创造剩余价值的无偿占有。剥削是这种无偿占有的另一个说法。正是因为剥削的存在,资本主义制度下必然存在着贫富差距分化的趋势。从一种动态的角度来看,马克思揭示了技术的进步如何影响了劳动者与资本家之间的博弈关系,从而使得工资水平朝向不利于工人的方向波动。"提升劳动生产力的技术变革会导致企业裁员、劳动者失业。资本因此在控制自身的劳动力需求之际,获得影响剩余劳动力供给的客观势力。"①不言而喻,在节省劳动力的技术上进行投资,已经成为资本压低薪资、控制劳动的重要手段。

除了节省劳动力的技术变革之外,全球化时代的资本跨国流动以及对工会的打击也为资本提供了控制劳动并实现自身利益最大化的有利手段。一方面,相对于劳动力,资本拥有着更高的流动性,凭借这种流动性资本可以以跨国迁移为要挟,迫使劳动者放弃提高工资和改善工作环境的渴望。另一方面,新自由主义政治经济方案本身就包含着对工会力量的削弱和攻击。"70 年代危机之后,利用劳动力过剩和工会力量减弱的机会,资本大力推行了这种弹性化的雇佣模式。在外包过程中,大企业不再维持内部稳定的雇佣关系。而随着外包制度的发展,大企业内部的核心劳动力数量还呈现出缩减趋势。"②由于工会力量的瓦解,资本的权力得以进一步扩张,以工资收入为主的广大中产阶层逐渐萎缩,下层工人则面临工资不升反降的局面,整个社会范围内的贫富差距由此进一步扩大。

---

① 大卫·哈维:《资本社会的 17 个矛盾》,许瑞宋译,中信出版社 2016 年版,第 189 页。
② 秦臻、王生升:《信息技术条件下生产网络的特征与影响:一个政治经济学分析》,《教学与研究》2022 年第 5 期,第 99—111 页。

不仅如此,随着数字技术的发展,众包模式也开始逐渐兴起。在众包模式中,大量分散世界各地的不稳定劳动者接受平台分配的工作任务,在规定时间内完成并领取相应报酬。众包模式下的劳动者与平台之间并无正式的雇佣关系,以为苹果应用商店提供应用程序的软件开发者为例,苹果公司并不参与对他们的管理和监督,而是采取灌输个人主义价值观的方式实现隐性的控制。换言之,在激烈的市场竞争环境下,软件开发者为了能够获取更多收入,一定程度上不得不自我规训并自我商品化,通过不断更新自己的知识技能以及高强度的劳动来创造迎合市场需求的应用程序。

众包模式的核心是通过缩减企业在工资、福利、劳动保障等方面的义务从而降低企业成本,劳动者由此处于朝不保夕、地位十分不稳定的境地。与众包模式相适应的是,劳动过程的重塑及劳动者的去技能化。"通过平台进行的数据标准化采集处理,简化和降低了大多数从事统计和管理工作的劳动者技能及其需求;基于数字互联网逻辑对知识劳动进行的科学分解和重组,使得大型平台企业可以便捷地使用'众包'、离岸外包等方式,降低雇佣劳动者的成本。"①总体来看,无论是技术变革创造产业后备军、资本的全球迁移还是采取众包模式,都是资本所采取的旨在降低劳动者议价能力的策略,于是,工资被压制在较低水平,收入分配处于不断恶化的局面,而现实中出现的结果总是资本积累与贫困积累的二律背反。20 世纪 70 年代以来的资本主义金融化转型导致了金融资本的强势崛起,金融资本的出现为贫富差距的扩大增添了新的变量,是我们在今天理解贫富分化问题无法绕过的关键环节。

二、金融化加剧贫富分化

尽管资本的全球迁移及弹性积累体制的建立对理解当代全球范围贫富分化的现实至关重要,但是仅凭这两个因素尚不足以解释当今时代的贫富差距现状,用利润与工资的二律背反及资本对利润的无止境追求来解释也过于笼统。"有统计数据表明,美国收入前 1% 人群所占国民总收入的比率,从 1976 年的 9% 上升到 2011 年的 20%。另外的统计数据表明,1973 年,20% 最富有美国家庭的总收入占美国全部家庭收入的 44%,2002 年上升到 50%,2010 年上升到 53%……目前美国收入前 10% 的最富有人群拥有美国 78% 的财富,40 年前,该比率还只是 48%。"②美国的情况反映了西

---

① 谢富胜、吴越、王生升:《平台经济全球化的政治经济学分析》,《中国社会科学》2019 年第 12 期,第 61—81、200 页。

② 向松祚:《新资本论:全球金融资本主义的兴起、危机和救赎》,中信出版社 2015 年版,第 341 页。

方大多数发达国家财富及收入分配的一般趋势,尽管基于不同统计口径的数据有所差异,但总体来看,20世纪70年代以来全球范围贫富分化迅速扩大却是不争的事实。国外研究表明,食利者收入与工资收入的差距日益拉大已经成为当代资本主义金融化条件下的不争事实。"经合组织(OECD)国家的食利者收入在20世纪80年代后显著上升,特别是以美国为首的西方发达资本主义国家,极力通过牺牲工资收入和其他非食利者收入的方式来增加食利者收入。"①考虑到工资收入中有很大一部分被高管获取,现实中的贫富差距扩大会以更加惊人的面目显露出来。

随着20世纪70年代末期滞胀危机的到来,金融资本主导的新自由主义政治经济方案最终取代了传统的凯恩斯主义政策,社会福利被消减,资本流动的束缚被解除。在经济虚拟化程度不断提高的同时,被高福利掩盖的资本主义社会不公与两极分化趋势重新显现,甚至以更加严峻的态势展现出来。新自由主义转向不仅促使上层资本家阶级在劳资斗争中重新获得优势,而且也为资本主义的金融化转型奠定了必要的制度性前提。作为金融化的社会后果,"自从20世纪70年代以来,收入不平等在发达国家显著增加,尤其是美国,其在21世纪头十年的收入集中度回到了(事实上略微超过了)20世纪的第二个十年"②。具体来说,金融化从三个层面加剧了不平等:

首先,金融资本的崛起建立在实体经济陷入滞胀危机的基础上,为了寻求更高的收益率,大量过剩资本涌入金融领域,由此推动了金融领域的过度膨胀。金融领域的繁荣对实体经济产生了挤出效应,大量资金被用于金融投资,企业的生产性投资及技术革新受到抑制,这使得资本收益率与经济增长率的差距呈扩大趋势。迪梅尼尔和莱维对美国企业部门的利润率水平的研究揭示了金融化与资本收益率及经济增长率的关系:"在20世纪70年代以来的金融化阶段,利润率从低水平形成了一股稍微上升的趋势,但是,利润率仍然低于战后二十年的普遍的利润率水平。当利润在税后进行衡量时,可以看到利润率数值回归20世纪五六十年代的水平,但是由于企业支付的股息的增加,留存利润率一直处于下降趋势。"③这意味着,20世纪70年代以来,金融资本的收益对总利润的侵蚀加强了,换言之,资本收益率与经济增长率的差距逐步被拉开。皮凯蒂指出:"如果资本收益率仍在较长一

---

① 陈享光:《金融化及其对收入分配的影响》,《社会科学战线》2020年第8期,第36—43页。
② 皮凯蒂:《21世纪资本论》,巴曙松等译,中信出版社2014年版,第16页。
③ 迪梅尼尔、莱维:《新自由主义的危机》,魏怡译,商务印书馆2015年版,第66页。

段时间显著高于经济增长率(这种情况在增长率低的时候更有可能发生,虽然并不会自发发生),那么财富分配差异化的风险就变得非常高。"①可以说,金融化正是借助皮凯蒂所言的 $r>g$(资本收益率大于经济增长率)的财富分化机制极大地推动了不平等的深化。资本收益主要包括利息、股息以及股票市场中的所得。对于绝大多数工薪阶层而言,主要的收入来源仍然是工资收入,而大多数富有阶层则更多依靠诸如股息、利息、租金等财产性收入或资本收益。即使从一般常识的角度来看,资本收益率大于经济增长率也是不利于工薪阶层而有利于富有阶层的。

众所周知,在资产阶级内部存在着较为明确的等级体系,从中小企业到大量的跨国公司股份组合的持有人,等级体系将资产阶级内部分成了众多既相互依赖又存在利益冲突的派系。当金融资本占据主导地位时,它可以借助国家权力以及中央银行来谋取自身的利益。在资本主义发展史上,通货膨胀的发生是财富从贷款人大量转向借款人的源头所在,它对于金融机构和证券持有人的财富产生了大量影响。这一历史经验导致上层阶级对通货膨胀的厌恶。为了扭转这种状况,美联储在 1979 年突然提高利率,由此导致美国和欧洲国家的严重金融危机、第三世界 1982 年的债务危机,以及自二战以来美国更为严重的经济衰退。1980 年通过的《存款机构解除管制与货币控制法案》允许打破之前的监管框架,与此同时,该法案增强了美联储的权力。这次突变开启了 1983 年以后一个宏观政策相对稳定并且通货膨胀受到限制的时期,这是一直持续到 2001 年衰退的新自由主义的典型特征。以上种种表明,金融资本家集团作为资产阶级内部的主导性派系,正在利用国家权力和新自由主义意识形态为自己谋求利益最大化。在金融资本的利益面前,中央银行可以为了资本收益率而牺牲就业,使得大量工薪阶层遭受灾难性打击。这从另一个层面说明金融资本如何在谋求自身利益的同时损害了下层民众的利益,进而使得收入和财富分配恶化。

其次,在新自由主义去除管制的政策背景下,金融创新呈泛滥趋势,资本市场越来越复杂,由此,资本收益率与投资组合初始规模的相关性越来越高,不同资本规模回报上的不平等推动着全球财富分配状况进一步恶化。换言之,不同规模资本收益率的不平等也在很大程度上放大了 $r>g$ 导致不平等的效果。经济学的模型或许会假定资本收益与财富所有权规模无关,换言之,不论财富的规模是大是小,资本收益都是相同的。但事实上,这一点与现实情况是不符合的。从全球范围来看,越是富裕的阶层财富增长

---

① 迪梅尼尔、莱维:《新自由主义的危机》,魏怡译,商务印书馆 2015 年版,第 27 页。

速度越快,这一机制对贫富分化起到了明显的加速作用。

可以从两个方面来解释这种资本收益率的不平等,一方面,财富规模与能够享受到的金融服务质量正相关。"一个拥有 1 000 万欧元的人肯定要比拥有 10 万欧元的人更能聘请到优秀的理财师或财务顾问;同理,一个拥有 10 亿欧元的富豪在这方面也会超过拥有 1 000 万欧元的小富豪。如果这些理财中介是管用的,他们能较常人找到更好的投资选择,那么在资产管理中就可能出现'规模经济'效应,即资产管理规模越大,平均收益率就越高。"①另一方面,财富的规模与承担风险的能力成正比,这使得处于财富顶层的阶级更能沉得住气,更能摆脱非理性情绪对投资行为的负面影响。换言之,财富规模会对投资者的心理及投资策略产生切实影响,从而导致资本收益率的波动。对于理解国内财富差距的扩大,资本收益率的不同是一个重要的变量。从长远来看,国内财富的差距扩大问题远比国家间的财富差距更令人担忧。

最后,伴随着金融全球化的深度推进,工薪群体的收入不仅承受着股东价值最大化原则施加的压力,而且也遭受着来自金融资本的二次剥削。在股东价值最大化原则的支配下,企业越来越陷于追逐短期利润,以便快速拉升股价。为了奖励管理层以股东价值为出发点的经济决策,管理层相对于普通员工的收入差距被极大地拉开了。"在过去 30 年中,无论在发达国家还是发展中国家,管理者薪酬都呈爆炸式增长。1979 年,CEO 的薪酬是工人平均工资的 38 倍;到 2005 年,这一数字已激增为 262 倍。"②成长性不高的公司承受着巨大的压力,资本为了股票收益而毫不犹豫地撤出那些仍然赚钱的企业,作为一种应对金融市场压力的方案,企业不得不缩减劳动力成本方面的支出以提高自身竞争力。"以金融市场股权为代表的金融力量改变了社会的收入分配机制、重组了社会结构,握有股权的公司高管和股东获取了大量社会财富。在工人阶级日益贫困化、中产阶级不断萎缩的同时,以私募股权基金经理、风险投资基金经理和公司高管为代表的一批批超级富豪也在不断诞生,整个社会的贫富分化日益严重。"③不言而喻,金融化的兴起正在使财富和收入分配变得极度扭曲,与此同时,资本主义固有的生产和实现的矛盾也变得越发尖锐。

---

① 皮凯蒂:《21世纪资本论》,巴曙松等译,中信出版社 2014 年版,第 444 页。

② 拜斯德伯·达斯古普塔:《金融化、劳动力市场弹性化、全球危机和新帝国主义:马克思主义的视角》,车艳秋译,《国外理论动态》2014 年第 11 期,第 31—43 页。

③ 杨典、欧阳璇宇:《金融资本主义的崛起及其影响:对资本主义新形态的社会学分析》,《中国社会科学》2018 年第 12 期,第 110—133、201—202 页。

正如上文所述,新自由主义促进了各个领域的管制解除,尤其是对金融运作的管制解除。它强制推行强有力的宏观政策,旨在通过实行价格稳定并开放贸易和资本前沿从而保护贷款人。对收入分配的研究已经表明将薪资收入作为一个同质整体是可疑的。这种质疑出于两方面的考虑。首先,最富裕人口的收入中的相当部分源于薪资。其次,这些薪资的历史变化区别于其他人口的薪资的普遍趋势。值得注意的是,在每一个社会秩序中,经理人发挥的特殊作用及其与资产阶级或者大众阶级之间不断变化的关系,是影响这些收入分配模式的一个重要的因素。这意味着,在新自由主义盛行的数十年里,上层收入阶层的高薪资成为促成收入集中于金字塔尖的一个重要因素。总之,顶层收入人群的资本收益和高薪资都以极大的比率受益于新自由主义发展趋势。

不仅如此,随着住房贷款、养老金、消费金融等面向个人的金融业务的兴起,劳动者遭受到来自金融资本的二次剥削。金融资本已经不再满足于同产业资本共同分割剩余价值,而是将目光转向了工人的必要价值即工资。这意味着,劳动力的再生产金融化了。福利国家解体、政府公共开支缩减的直接结果是,工人不得不依靠金融市场来满足养老、医疗、教育等方面的需求,由此,劳动者日益卷入金融市场,并遭受金融资本的二次剥削。二次剥削的存在使得工人实际可支配收入进一步缩减,财富和收入的不平等状况由此持续恶化。

资本主义在其兴起的历史过程中,曾竭力挣脱来自商业资本、高利贷资本等的束缚,如今,随着资本主义的金融化转型,高利贷资本以及食利者阶层重又回归,产业资本陷于重重重压之下,劳动者则遭受无情的压榨。"根本问题是新自由主义的金融化。金融资本主义不是工业资本主义,它沦为债权主义和食利性新封建主义。银行家今天扮演着地主在 19 世纪的角色,从房地产、股票和信贷债券的资本收益和债务杠杆中赚取了没有相应价值的财富——其置存资产费用增加了经济的生活和经商成本。"[①]2008 年的金融危机强化了人们对于金融业的敌意,"占领华尔街"运动是这类敌意的集中体现。金融作为现代经济的核心,掌握着资源配置的关键权力,因此,人们自然会将财富不平等分配与金融业的畸形发展联系起来。但问题在于,这是否构成废除金融体系的足够理由,什么样的财富分配又是可以普遍接受的呢? 由于金融对于发展经济特别是促进技术进步具有不可替代的作

---

①　迈克尔·赫德森:《金融资本主义与工业资本主义——食利者的复苏和接管》,蒋林编译,《国外理论动态》2023 年第 1 期,第 117—126 页。

用,因此,就目前的情形来看,改善财富分配现状的方法不应该是废除金融体系,而是应着眼于金融体系的改革,促进金融的大众化、民主化,以便在经济总量提升的同时实现尽可能高水平的公平正义。

三、贫富分化背后的阶级格局

金融化在恶化财富和收入分配的同时,也改变了二战之后建立起来的以"妥协"为核心的阶级格局。今天的全球金融资本主义,蕴含着阶级张力和冲突不断紧张化的趋势。这主要包括两个方面:一方面,上层资本家阶级内部经历了结构性重组,金融资本家的地位提升,产业资本家的地位相对下降。高级管理层则受到股东价值原则的制约,并很大程度上由于股权激励计划而与金融资本家阶层结盟。另一方面,下层劳动力表现出十分明显的高流动性、弹性化及分散化趋势,这不仅意味着劳动者无法团结起来形成有组织的力量,而且也意味着劳动者的现实处境日益艰难。总体来看,金融化时代的阶级格局对于下层劳动者而言十分不利,贫富分化加剧只是这种不利地位在物质生活层面的反映。

从经典马克思主义的理论视角来看,一个时期的经济制度以及不同的经济地位是其基本阶级划分的根源。"在古罗马社会,由于经济制度是围绕奴隶制建立起来的,所以其基本阶级就分为靠拥有奴隶而生活的人(贵族或公民)、奴隶,以及既不是奴隶也不是奴隶拥有者的人(平民或自由民)。在中世纪的封建社会,领地是经济制度的基础,其主要阶级是拥有土地并拥有依附于土地之上的农民的劳动的贵族和提供农业劳动的农奴或农民。"[①]与之相类似,生产资料为资本家所有,工人除了自己的劳动力之外一无所有,就构成资本主义生产方式的基本特征。因此,阶级可以划分为资产阶级和无产阶级。这样的阶级划分仍然可以进一步细化,以资本主义经济制度为例,资产阶级内部存在着金融资本家、工业资本家、土地所有者、小资产阶级,而工人阶级内部也有熟练工人与非熟练工人乃至最底层的流氓无产阶级的区分。在马克思看来,资本主义的发展将会使得小资产阶级、小土地所有者等趋于覆灭,无产阶级与资产阶级的对立将尖锐化并最终导向阶级革命。

传统马克思主义理论的基本立场是,劳资矛盾是资本主义经济制度的主要矛盾,其他形式的矛盾和斗争都是次要的或附属的,只有劳资矛盾及由

---

① 兰德尔·柯林斯、迈克尔·马科夫斯基:《发现社会:西方社会学思想评述》,李霞译,商务印书馆 2019 年版,第 57 页。

此引发的阶级斗争能够为超越资本主义生产方式提供动力。为此,无产阶级必须团结起来、组织起来,先是推翻资产阶级的政治统治,进而施行社会生产关系的变革。"在 20 世纪的大多数时间里,特别是在发达资本主义国家,根据这一理论进行的斗争取得了丰硕的成果。尽管并没有发生革命性变革,但是工人阶级组织和政党日渐增长的权力非常显著地提高了他们的物质生活水平,并使得各种各样的社会保护得以制度化。"①1973 年之后,在阶级斗争的长期动态发展中,世界各地的工人都处于守势。尽管这些斗争所呈现的状态具有很大的不均衡性,但由此产生的结果通常都是降低了这些运动的力量,并由此影响了全球资本主义发展的轨迹。在世界上很多地方,从拉丁美洲到欧洲和北美洲,金融资本的勃兴、更加自由的贸易,以及由开放资本市场内的跨界流动形成的对国家的约束,使得传统形式的工会组织变得更加难以适应。革命或改革运动(比如阿连德在智利所领导的运动)均遭到了军队的暴力镇压。

以往关于阶级问题的研究更多的是抓住了劳动与资本之间的对抗性关系,较少关注资产阶级内部的不同派系之间既合作又斗争的关系。但是,对于把握资本主义的动态变化乃至于结构转型,资产阶级内部的派系关系是十分重要的线索。事实上,资本主义自诞生以来经历了从商业资本主导到产业资本主导再到 20 世纪以来的金融资本主导的历史变迁,这恰恰反映了资产阶级内部的派系关系变化。如果不理解金融资本在当代的运行规律及相对于产业资本的统治地位,那么,对于当代资本主义的理解很大程度必定处于一知半解的状态。20 世纪 70 年代以来的金融化进程,使得列宁、希法亭等人的金融资本分析框架遭遇了解释力不足的困境。从阶级格局的角度来看,被列宁、希法亭等人忽视的经理人阶级恰恰是理解当代资本主义的关键要素。

阶级妥协是二战之后很长一段时间内西方资本主义国家的突出特征,在这一时期,大众阶级的境况得到改善,经理人阶级的权力得到强化,而资产阶级利益则受到限制。"工人不掌握权力与资产阶级所有者的权力受到限制,这两种现象意味着管理阶级被赋予了得到强化的角色和自主权。"②经理人阶级主要关心企业投资和技术变革,其目标指向经济增长与增加就业。经理人阶级的自主权表现在有相当份额的留存利润可用于投资,而不

---

① 大卫·哈维:《新帝国主义》,初立忠、沈晓雷译,社会科学文献出版社 2009 年版,第 139 页。

② 迪梅尼尔、莱维:《新自由主义的危机》,魏怡译,商务印书馆 2015 年版,第 87 页。

是像 20 世纪 70 年代之后将很大一部分利润用于支付股息、利息等资本收益。管理实践不仅体现在企业内部,也出现在了政府部门,依照凯恩斯主义的宏观政策,中央机构的官员灵活运用财政和货币政策来实现既定的目标。与管理阶级的权力上升形成鲜明对照的是,资产阶级的权力出现了一定程度的衰落。金融部门在"管理资本主义"阶段仅仅是非金融企业中的一个服务于积累的部门,资产阶级也很大程度上失去了对金融部门的控制权,而这曾经是资产阶级实现霸权的重要工具。

20 世纪 70 年代以来的金融化过程见证了以金融资本家为核心的资产阶级霸权地位的恢复和重建,19 世纪末 20 世纪初的金融资本统治在今天再次成为现实,只不过所采取的形式与过去有所区别。如果说第一次金融霸权时期金融资本统治主要是建立在银行资本与产业资本融合的基础上,那么,当代阶级统治的核心则在于企业内部治理机制的转变。换言之,金融资本通过与管理层结盟的方式,获取了对企业经济决策的影响和塑造权力。20 世纪以来,多种多样的金融机构建立起来:共同基金、养老金和对冲基金,私募股权公司和家族事务公司,联邦机构和政府支持企业,中央银行,国际货币基金组织和世界银行等国际机构,以及大量新金融工具。所有这些金融机构和工具都在金融霸权的建立过程中发挥了核心的作用。国家是放松监管、强制推行自由贸易和资本在全球范围自由流动的实施者。中央银行也扮演了十分重要的角色,它可以为了资本收益提高利率,由此加剧失业问题。大量资本由资产管理人控制,他们将自由主义规范强加于非金融企业。更受限制的金融机构将金融运作的优势集中于资产阶级的上层人群拥有机会的地方。总体来看,金融利益和金融目标成为整个经济生活必须遵循的最高原则。

在上层资产阶级与经理人阶级的结盟中,管理职能的发展并没有停顿,但是,经理人阶级的自主性日益服从上层资产阶级的目标。不仅如此,金融经理人在经理人内部的地位也明显提升,这在金融经理人的巨额报酬中可窥见一斑。金融化转型使得管理的金融特征占据了主导性地位,股东价值最大化、在衍生品市场进行兼并收购变得比以往时候都为重要。"金融运作,尤其是兼并和收购,对于技术-组织成就的伤害发挥了超群绝伦的作用。后面这些职能被分派至等级体系的较低阶层,并受制于金融标准的压力。顶层管理被转变成金融管理。"①总之,20 世纪 70 年代以来的资本主义表现为金融利益压倒了产业资本的利益,由此造成的结果是,金融膨胀以牺牲实

① 迪梅尼尔、莱维:《新自由主义的危机》,魏怡译,商务印书馆 2015 年版,第 94 页。

体经济的良性发展为代价。

以金融为核心的上层阶级权力得到强化和巩固的同时,大众劳动者却经历了购买力停滞不前、福利缩减、失业等多重打击。从劳动者的角度来看,金融化时代的最突出特征是流动性、弹性化,大众劳动者陷于不稳定就业的艰难局面,资本对劳动的控制则空前加强。一方面是劳动者在不同职业以及失业与就业之间来回切换越发频繁;另一方面是劳动力在经济全球化的压力之下在空间的跨区域乃至跨国流动。阶级过程可以被定义为对剩余劳动的占有、分配的过程,参与剩余劳动生产和分配的劳动者对应着主要阶级过程,而为剩余劳动的产生和占有提供条件的则属于附属阶级过程。在金融化时代,劳动者的流动性表现在同一劳动者往往既参与了主要的阶级过程(作为生产工人、办公室职员等),又从属于附属的阶级过程(作为私营业主、兼职工作等),只有这样才能勉强维持生计。

就劳动力的弹性化而言,可以从不同角度加以界定。拜斯德伯·达斯古普塔(Byasdeb Dasgupta)将劳动力的弹性化区分为四种类型:(1)数量弹性,即通过非正式雇佣、外包等方式轻松解聘并灵活调整工人数量,以适应需求水平和技术变化的要求;(2)功能弹性,通过工作轮换、技能培训、内部轮岗等方式使得既有劳动者适应企业的组织和技术变革带来的新需求;(3)工资弹性,通过削弱工会力量、影响劳动力法规等方式掌握自主调整工资的权力;(4)时间弹性,即根据产品需求的时间或季节变化调整劳动时间。总体来看,这四种弹性有助于建立一种积累更多剩余价值并将之分配给金融部门的劳动力机制。[1]在劳动力弹性化的上述四种表现中,最核心的是数量弹性,这意味着工人处于随时可能被裁员的危险境地。20世纪70年代以来,实现数量弹性最重要的手段就是跨国企业的外包模式,由此跨国企业可以在不与散落在世界各地的廉价劳动力发生直接关系的情况下高效地剥削他们。外包模式表明资本主义生产活动组织形式发生了重要的结构性转变,原先的福特制垂直一体化被扁平化的网络结构取代。"全球经济中出现的各种经济安排与福特主义积累体制向新的后福特主义的弹性积累体制的转型联系在了一起。"[2]

现代资本主义蕴含的阶级模式要比19世纪资本主义中资本家与生产工人的区分复杂得多。除了小农、商店主和手工艺者等传统中产阶级之外,

---

[1]　拜斯德伯·达斯古普塔:《金融化、劳动力市场弹性化、全球危机和新帝国主义:马克思主义的视角》,车艳秋译,《国外理论动态》2014年第11期,第31—43页。

[2]　威廉·I. 罗宾逊:《全球资本主义论:跨国世界中的生产、阶级与国家》,高明秀译,社会科学文献出版社2009年版,第20页。

现代资本主义还出现了经理人和办公室工作人员。这些社会趋势所导致的结果并不是在所有者与生产工人之间形成一个单一的同质的中间阶级,即新的中产阶级,从而混淆阶级界限。与此相反,在这些群体内部出现了尖锐的对立,这意味着在工薪人群中出现了一种新的等级制度,即领导与下属类别的区分。从阶级格局的角度来看,金融化阶段意味着经理人阶级与资本家阶级的妥协取代了旧的经理人阶级与大众阶级的妥协。迪梅尼尔和莱维正是从这一角度来说明 20 世纪资本主义的历史变迁,他们认为,20 世纪初的第一次金融霸权意味着"金融与经理人阶级的上层部分之间普遍存在的一种妥协"[①],而战后妥协则意味着"就阶级关系而言,在战后妥协中的权力结构必须被解读为经理人与大众阶级在经理人领导下的一种联盟。尽管资产阶级还远未消除,也没有被完全排除在这一妥协之外,但是私人管理、政策和强有力的政府干预表明,社会利益明显区别于资产阶级的利益,就像后面在新自由主义中狭义表达的那样"[②]。

如果资产阶级与经理人阶级——尤其是其上层部分——之间没有结盟,金融化浪潮就不可能出现。在第二次金融霸权阶段,资产阶级与经理人阶级之间的妥协代替了战后数十年经理人阶级与大众阶级之间的妥协。总体而言,社会秩序的历史顺序体现了持续的阶级斗争——历史的引擎——的暂时结果,上述三种行为主体在这些持续的阶级斗争中相互作用。然而,这些冲突所导致的结果却在很大程度上依赖于特殊的经济环境,诸如技术-组织的变化、利润率趋势,以及负责宏观经济稳定性的体制框架的成熟等。当前的全球资本主义正处于新自由主义危机时期,2008 年金融危机正是其典型表现。大萧条与当前后危机时代的共同之处在于,它们都标志着一个金融霸权的巅峰。两者皆是金融资本行使霸权——即阶级霸权和国际霸权——所导致的结果,上层阶级的无限扩张将经济推向可持续发展的边界,并最终超越了这一边界。

第二节　金融化的政治冲击

金融化对政治领域的冲击主要表现在两个方面:一方面,随着金融化带来的收入分配恶化与实体经济停滞的同步出现,阶级冲突和对抗日益尖锐,

---

① 迪梅尼尔、莱维:《新自由主义的危机》,魏怡译,商务印书馆 2015 年版,第 17 页。
② 同上书,第 18 页。

社会极化以及民粹主义在西方诸多国家开始兴起。另一方面,金融资本的全球流动很大程度上削弱了主权国家的经济自主权,各国在颁布经济政策时,必须适应金融市场提出的各种要求和标准。为了吸引更多外资进入本国,主权国家如今必须在创造更优质营商环境方面与其他国家竞争。"提供法律和监管的政府必须能够确保公司愿意消费这些法律和规章制度,否则它们就会到别处购买。"①除此之外,金融机构和金融寡头通过游说等方式对政治权力的运作施加了显著影响。

一、社会极化与民粹主义的兴起

2016 年及 2024 年的美国大选最终都以特朗普胜选落下帷幕,如果说 2024 年的胜选是在与民主党候选人难分伯仲的情况下完成的,那么 2016 年的胜选或多或少让不少时事观察家感到始料未及。表面看起来不可思议的事实背后实则有着清晰的逻辑和根据。仔细考察起来,特朗普的胜选是以美国社会的现实背景和经济基础作为前提的,它反映了美国国内经济结构的变化,以及由这种变化带来的社会极化以及民粹主义的兴起。自 20 世纪 80 年代以来,随着传统制造业企业的衰落,白人工人经历了大规模失业,逐渐从社会的中坚力量转变为边缘人群。从宏观层面来看,这种边缘化乃是 20 世纪 70 年代滞胀危机之后以美国为首的资本主义世界新自由主义金融化转型的重要后果。

二战之后,美国经济出现了高速发展。由于战后工人阶级与经理人阶层的结盟,一种相对于资产阶级而言得到增强的管理自主权,伴随一种有利于投资和技术变革的大公司的管理,以及国家对于经济更大程度的干预(监管,尤其是金融监管,与发展和宏观政策,特别是低利率,以及刺激性的货币和财政政策),共同构成战后最初几十年资本主义秩序的主要特征。与此同时,金融业严格受到限制,其存在的意义被限定为服务于实体经济,工业资本尤其是大型垄断企业在经济结构中占据支配性地位。布雷顿森林体系对资本流动性有明确的约束,正体现了工业资本相对于金融资本的强势。这一时期大多数美国人坚信,大型工业企业是美国的经济基础,"美国是一个装在汽车轮子上的国家"的说法在二战之后的数年内深入人心,事实上,在总体工人中有相当大的比率确实在汽车制造相关产业。这些在制造业企业工作的工人构成美国社会的中间阶层,他们大多享受到二战之后经济高速增长带来的时代红利。虽然身份上仍属工薪阶层,但是他们的物质福利和

---

① 戴维斯:《金融改变一个国家》,李建军、汪川译,机械工业出版社 2011 年版,第 21 页。

生活质量相比于过去已经有了巨大的提升,甚至于很多原本只有管理层及资本家能享受到的物质满足,他们也可以享受到。

然而,随着经济结构的转型,财富的分配出现了深刻调整,原本的中间阶层的利益受到冲击,美国社会自 20 世纪 70 年代末期以来,实际工资水平不升反降。事实上,中间阶层的衰落是与金融化及去工业化同步出现的,去工业化造成了大量工人的失业,金融化则使得企业组织变得越来越不稳定,频繁的兼并和重组导致工人无法形成有效的团结。在新自由主义重建上层阶级权力的大背景下,工会力量在政府的打击之下也处于日益衰弱的境地,这决定了工会组织无法再为中间阶层的利益而与资本家集团相抗衡,结果就是大量的工人陷入失业或者不得不忍受低薪、低福利,而工作强度则超越了过去的水平。

"1％VS99％"常被用来形容美国阶级对立和分化尖锐的状态,这样的判断表面上看起来合理,实际上却很有问题。如果是传统的阶级对立的问题,也就是所谓的资产阶级与无产阶级对立问题,那绝对不会是 1％VS99％。事实上,这一对立反映的背景是金融化,是金融垄断集团控制了整个经济活动,成了经济活动的最大受益者,从而引起了美国社会的广泛反对,甚至包括特朗普这样的人。特朗普激烈抨击华尔街,他本人也不是一个金融大鳄。他想振兴的还是美国的产业包括工商业,他对经济全球化、金融化持否定性看法,想要做出某种修正。正是过去四十多年的金融化历程造成 1％与99％的对立,这正是社会极化的典型表现。面对金融化所导致的美国社会结构的变化,如果还是沿用传统的社会学概念加以分析和理解,那么,必然是外在和不得要领的。特朗普之所以能够当选成功,主要的原因是适应和反映了大量在金融化进程中被边缘化的社会群体的诉求。通过为这部分群体呼吁和发声,特朗普获得了选民中不小部分的坚定支持。

不难发现,这样一种社会趋势及其群体代表着"新民粹"力量的抬头。民粹主义能够吸引众多对现状不满的社会底层以及一部分具有朴素平等观的中层群体,然而它追求平等的方式却是偏狭与不平等的。在处理国内问题时,民粹主义专注于在社会中定义"人民"的范畴,以社会运动的方式抑制"他者"的诉求,从而保障"人民"的权利"均匀"。如果说特朗普现象背后的社会经济基础是阶级分化与对立,那么特朗普的成功本身却预示着美式民主遭遇了危机。福山(Francis Fukuyama)认为,特朗普当选美国总统将对既有的国际秩序产生严重冲击,在民粹主义和美国优先逻辑的裹挟之下,美国可能处于自身经济利益的考虑放弃对全球秩序的支撑和引领地位。2008年的金融危机充分暴露了发达资本主义国家金融化模式的缺陷,金融精英及其创造的名目繁多的复杂金融工具受到了普遍质疑。与此同时,金融危机及其带来的财富再分配效应,不仅让民众对于贫富差距扩大的现实有了切身之痛,而且也让笼罩在金融化模式之上的新自由主义意识形态陷入失败。危机爆发之后,纳税人的钱被用来挽救那些所谓"大而不能倒"的金融机构,金融精英们可以继续享受高薪待遇。而大多数民众则承受了失业、住房丧失赎回权、破产等多重打击,民众对于金融体系的怒火已经到了即将爆发的临界值。那些头部金融机构之所以"大而不能倒",很大程度上是因为金融化的发展已经将普通民众的生活与金融市场的表现深度绑定,换言之,"当普通民众的消费、储蓄和保险、退休之后的养老金都交由投资机构和金融市场管理时,金融体系的失败将威胁整个社会安全网,此时遭到金融绑架的政府别无选择,只能服从'大而不能倒',出手拯救华尔街"①。

2016 年美国总统选举的结果折射出美国政治体制的功能失调,金钱民主的本质暴露无遗,民众对于建制派精英已经完全失望。正是这种失望情绪推动了右翼的特朗普和左翼的桑德斯获得了大量选票,而希拉里则成为左翼和右翼共同攻击的对象。那么,美国政治体制功能失调的根源何在呢?"真正的问题部分植根于美国社会的特质,部分植根于美国的制度。就人种、民族、宗教、地理和文化而言,从每一个可以想见的角度来看,美国人都是高度多样繁复的。过去二十年间,他们也变得高度极化……除了意识形态上的极化,美国还经历了庞大的利益群体的兴起……自 20 世纪 90 年代晚期以来,美国政治活动中金钱的数量已经增加了一个数量级以上;募资如今成了所有官员的重大急务,特别是众议院议员,他们必须为每两年一次的连任打拼。"②另一方面,美国的宪政架构也将权力分散在政府的各个分支中,权力的分散本意是实现一种相互制衡的政治安排。但在贫富分化、社会极化以及民粹主义兴起的大背景下,结果必然是福山所说的"否决制"困境。换言之,既得利益者阶层完全可以利用民主制度否决对自己不利的政策,同时阻碍有利于普遍利益的举措的最终通过。不难发现,正是得益于"否决制",金融精英们才可以享受各种避税措施及低税率带来的巨大利益。

站在民粹主义对立面的建制派精英是强大利益团体的代言人,他们手中的权力服务于利益团体的诉求,结果是体制本身逐步被扭曲,公共利益被牺牲。与此同时,对现有体制的改革又受到惯性和旧的思维方式的阻碍。

---

① 袁辉:《从金融资本到金融化资本积累的政治经济学分析》,《教学与研究》2024 年第 2 期,第 100—112 页。

② 福山:《政治秩序与政治衰败》,毛俊杰译,广西师范大学出版社 2015 年版,第 403 页。

由此带来的结果是,政治的不平等及其代表性危机,而政治不平等如前文分析又植根于经济不平等。这一不平等被认同的话语所掩盖。传统的左翼人士在观察不平等问题时,首先关注的是因为族群、文化、种族等等导致的不平等现象,他们关注的重点是来自世界各地的非法移民、文化上的少数族群以及非洲裔美国人。对这些群体,贫困无疑是问题的主要方面,但是,在金融化的影响之下,白人群体也无法自外于贫困的境况。可以说,经济不平等及贫富分化显示出跨越族群、文化及种族的普遍性。如来自政治光谱对立两端的社会观察人士查尔斯·墨里(Charles Murray)和罗伯特·帕特南(Robert Patnan)指出的那样,阶级分化是要比种族对立更为严重的社会难题,美国社会至今对解决这一难题无能为力。

2021年1月6日美国国会山爆发了一场令全球震惊的骚乱,特朗普的支持者试图冲击国会山,阻挠各州选举人票最终确认的宪法程序。这次骚乱虽然持续时间不长,但却对美国的宪政秩序构成严重挑战和威胁。沿着上文的分析思路,可以发现,这场"宪政危机"的深层次根源同样是金融化造成的美国社会极化及民粹主义兴起趋势。2008年全球金融危机之后,先后兴起了茶党运动和"占领华尔街"运动等民粹主义运动,特朗普当选美国总统和英国脱欧成功标志着民粹主义在欧美发达国家达到了顶峰。民粹主义兴起的首要原因无疑是经济结构的变化,但文化因素和政治因素也对民粹主义的兴起起到推波助澜的作用。从文化的角度来看,多元主义及移民的大量涌入正在造成美国人的身份认同危机。从政治的角度来看,大量普通民众认为自己的文化遭遇和经济遭遇无人倾听,也得不到充分代表。

面对社会极化和民粹主义抬头的现实,可能的出路在哪里?重大调整是必要的,这种调整将指向超越新自由主义金融化的资本主义现存秩序。这种超越可以在偏右或偏左的新的社会安排下完成,但现存的政治环境却暗示了所选择的道路是偏右的方案。换言之,在西方发达资本主义国家,管理阶级和资产阶级将会继续结盟,只是管理阶级在新的结盟中会占据更重的分量。因此,企业的管理将不再以金融利益为根本考量。尽管历史情形截然不同,2008年的全球金融危机也使人们联想到大萧条的情况,它们的共同之处在于,都为民众斗争创造了重要的历史机遇。掌控美国经济当前的发展状况——重建金融体系、恢复积累趋势以及纠正失衡状况——就要求对金融利益进行抑制。从阶级分析的角度来看,要想抑制金融资本与金融机构的利益,最有效的手段是来自大众阶级的不断增强的压力。一种悲观的前景是,极右势力登上政治舞台,这一点在今天已经或多或少成为现实。这正是罗斯福总统的新政在两次大战期间试图避免的状况,而在其他国家,譬如在纳粹统治下的德国,极右选择占据上风。总体而言,目前西方各国表现出"向右转"的趋势,这种趋势能否为超越金融化提供可能,抑或将带来更加灾难性的局面,仍然有待进一步的观察。

二、经济金融主权受到削弱

列宁在分析19世纪末20世纪初的金融垄断资本时曾言:"金融资本是一种存在于一切经济关系和一切国际关系中的巨大力量,可以说是起决定性作用的力量,它甚至能够支配而且实际上已经支配着一些政治上完全独立的国家。"①在金融化深度进展的今天,当代金融资本对主权国家的冲击有过之而无不及,并且呈现出复杂而独特的形式、路径及后果。具体来看,金融资本对主权国家经济自主性的削弱主要基于以下三个方面的机制:金融利益绑架政治权力、债务危机以及为吸引外资流入而展开的"逐底竞争"。

首先,金融化使资本对利润的无止境追求一定程度上摆脱了现实物质生产、流通环节价值实现等等的束缚,这是金融资本区别于产业资本的关键所在。由于金融资本具有更高的流动性,从而能及时抓住转瞬即逝的获利机会进行投机,产业资本则只有完成资本积累循环才能实现增殖。为了金融投机得以顺利展开,需要政府放松监管并出台有利于金融资产价格的货币金融政策,这就需要金融资本通过游说、政治献金等方式影响乃至操控政府相关部门。货币金融政策对于金融资本盈利的重要性表现在以下事实中:如果没有宽松的货币政策为金融体系注入大量流动性,那么金融市场的各类资产价格膨胀是不可设想的。如果没有政府对所谓"大而不能倒"的金融机构进行大规模救市,金融市场是无法在短期内走向复苏的。所有这些政治权力的实践和政策背后都反映了金融资本的利益,可以说,金融资本的利益在很大程度上已经绑架了政治权力。

华尔街和华盛顿之间双向流动的"旋转门效应"可谓是金融资本利益绑架政治权力最为典型的表现,华尔街的高管卸任后摇身一变成为美国政府部门的关键人物,或者反过来,政府部门的高官在辞职后进入金融机构获取巨额年薪。一方面,通过将自身利益的代理人输送到政府部门,金融机构能够从制度和组织内部为自己寻找代理人,进而可以最大限度地实现自身利益。美国从卡特主政时期开始持续推进金融放松管制,背后显示的是华尔街利益的代理人对政府决策的实际影响和推动。另一方面,借助"旋转门效应",私人部门可以获得自己发展所迫切需要的、具有政府部门相关经验和

---

① 《列宁专题文集:论资本主义》,人民出版社2009年版,第169页。

广泛人脉关系的官员加盟,从而得以有效依据政府的要求对本部门进行调整和监管,或者游说政府部门做出有益于本部门的决定。"旋转门效应"尽管在打通私人部门和公共部门人才交流这一点上具有积极意义,但总体来看,其负面效应远远超过积极意义。

其次,债务危机是当今世界各国政府普遍面临的难题,它不仅构成了对全球金融体系平稳运行的重大威胁,而且也是导致主权国家经济金融主权被削弱的重要机制。2008 年全球金融危机爆发之后,各国的赤字和债务问题不仅没有缓解,反而有愈演愈烈之势。"2016 年第一季度末,欧元区 19 个成员国的政府债务额占 GDP 比重平均达 91.7%,较 2015 年第四季度末的 90.7%上升了一个百分点;美国联邦政府债务总额则由 20 世纪 80 年代的约 9 000 亿美元上升到 2014 年 11 月底的 19.01 万亿美元,历史上首次超过该国年度国内生产总值规模。"①赤字财政和债台高筑使诸多国家深陷债务危机,美国、希腊、西班牙等国的主权信用级别都曾遭国际评级机构的下调,而每次下调无不引发全球金融市场的剧烈动荡。可以说,主权国家的债务危机已经成为高悬在全球金融体系之上的"达摩克利斯之剑"。

债务危机往往导致主权国家经济自主权一定程度的丧失,由于急需借助国际资本发展本国经济,发展中国家向国际金融机构借贷了大量款项。由于贷款以美元结算,一旦美元利率上调,就会使经济实力较弱的国家无法偿还贷款。在这种情况下,国际金融机构会借机将自身的意志强加于主权国家,要求主权国家就经济制度和政策做出一定调整,以便国际金融资本更好地实现跨国剥夺。"为回报债务偿还期限的调整举措,债务国被要求施行制度改革,包括削减福利开支、更灵活的劳动市场和私有化。就此发明了'结构性调整'。"②墨西哥是第一个在债务危机之后接受国际货币基金组织和世界银行强加的"结构性调整"的国家,在此之后,已有不少国家被迫按照这种标准方式处理债务危机。这些国家的事例充分表明,债务危机已经成为国际金融资本削弱主权国家经济自主性的重要手段。

最后,对于大多数发展中国家而言,调整自身经济制度和政策以吸引外资不仅仅是被迫的行为,而且也以自觉的方式表现出来。正如上文所言,吸引外资是推动本国经济发展的重要手段,与之相对应,全球化时代的跨国公司在世界范围寻求创造更高利润的制度环境和经济条件。金融市场由此对

① 程恩富、谢长安:《当代垄断资本主义经济金融化的本质、特征、影响及中国对策》,《社会科学辑刊》2016 年第 6 期,第 54—63 页。
② 大卫·哈维:《新自由主义简史》,王钦译,上海译文出版社 2016 年版,第 30 页。

于各国政府来说显得至关重要,为了赢得金融市场的信赖,各国政府转而成为竞相提供优越营商环境的"供应商"。有学者指出:"各国政府争相为企业提供'最优'、成本最低的法律和制度环境,以吸引企业投资,尤其是跨国公司的投资。这种'探底竞争'在某种程度上削弱了各国政府管理经济和贸易活动的自主权和独立性,被迫卷入一轮轮旨在为金融资本投资收益最大化而提供各项'最低营商成本'的制度和政策竞争中。"[1]

20世纪70年代以来,在货币资本过度积累的大背景下,金融部门的扩张与虚拟资本的爆炸性增长成为吸收货币资本的主要场所,并且以其在流动性方面的优势与高利润率不断吸引产业资本转向金融领域。杜梅尼尔和莱维指出:"美国非金融企业拥有的金融资产和债务与现实资本的比率分别从1960年的40％和50％左右飙升至2001年的90％以上。"[2]这表明,社会资源配置出现了极度的不平衡。金融机构及金融市场的重要性随着这一不平衡而不断提升,这使得各国政府在制定自身政策时,不得不考虑金融市场可能会有的反应。换言之,在各主权国家的公共政策目标与全球金融市场的需要之间存在着明显的张力。信息技术革命使全球金融市场日益在时间和空间上连为一体,市场对相关信息的反应瞬时完成,凡此种种都在越来越大的程度上制约着一国的政治经济政策的制定及实施。

需要指出的是,金融市场与主权国家的关系并非单方面的,应当看到,国家本身负有监管和引导本国金融体系健康发展的使命。从宏观层面看,社会资源配置失衡导致的结果即是虚拟资本的积累日益脱离产业资本的积累,陷入了相对独立的自我膨胀、自我维持的怪圈。金融业的利润绝大部分是来自对实体经济利润的分割以及对个人的金融掠夺,在这个意义上,虚拟资本的过度积累越严重,对实体经济抑制作用越大,它赖以获得积累的利润源泉就越萎缩,从而实体经济与金融领域的结构性矛盾就越加深。美国学者洛仁·戈尔德纳(Loren Goldner)在《虚拟资本与资本主义终结》一文中指出:"金融化已经给世界实体经济造成损害,同时也使得世界劳动人民处境更为艰难……1973年以来的资本主义危机和以前危机最大的不同之处在于,它是一场大规模的全球性的长期隐蔽萧条,资本主义已进入慢性死亡阶段。"[3]

---

[1]　杨典、欧阳璇宇:《金融资本主义的崛起及其影响:对资本主义新形态的社会学分析》,《中国社会科学》2018年第12期,第110—133、201—202页。

[2]　迪梅尼尔、莱维:《美国金融道路必须终结》,张春颖译,《国外理论动态》2009年第9期,第11—13页。

[3]　洛仁·戈尔德纳:《虚拟资本与资本主义终结》,谷明淑、姜伟译,《国外理论动态》2008年第6期,第16—22页。

从微观层面看,在全球金融资本主义时代,"企业成为一个金融概念,从追求长期增长与创新的非流动性实际资产的组合转变为以每时每刻都在追求股价最大化的流动性单位的金融资产组合"①。为了实现短期内将企业股价尽可能推升的目标,管理层可能会采取一些揠苗助长的行动,忽略长此以往造成的危害,也可能给其继任者留下一个难以收拾的烂摊子。不仅如此,为了不造成股价的波动,管理层甚至会利用财务手段隐瞒经营的真实情况,而一旦危机爆发,将会对大多数小股东造成巨大的损害。另外,近些年来对冲基金和私人股本基金在金融市场上的兴起,也使得金融领域的投机性和短期套利性大大加剧。由于对冲基金、私人股本基金以及养老金、共同基金等机构投资者,将企业仅仅看作投资组合的组成部分,并且越来越倾向于短期持有企业股票,企业相比于过去更加频繁地受到金融市场力量的冲击。面对这种情形,企业只能选择主动适应并参与到金融化的浪潮中去,由此导致的结果是,即使在非金融企业内部,产业资本与虚拟资本的不平衡也日益凸显。

由于虚拟资本的积累与金融体系的脆弱性总是一同增长,当投机性泡沫最大的时候也就是金融体系最为脆弱的时候。正如上文所述,虚拟资本的积累需要投机所建构的二级市场,但投机会不定期引发资产泡沫,尤其是在信用扩张时期泡沫现象将十分严重。现如今,泡沫事件已经成为在金融体系下人们生活不可或缺的一部分,当泡沫破灭时,往往会造成剧烈的经济波动与失衡,并且由于银行的流动性问题与偿付能力问题的相互叠加,经济波动将愈演愈烈。这构成了伴随虚拟资本积累而来的结构性矛盾,即一方面虚拟资本的积累、金融市场的繁荣需要投机,另一方面投机本身蕴含的泡沫倾向将使繁荣终结并带来经济衰退。但是,泡沫究竟是如何产生的呢?金德尔伯格曾在《新帕尔格雷夫经济学大辞典》中给出了一个著名的表述:"一项资产或者一系列资产的价格,在一个连续的过程中,陡然上升,最初的上升将产生进一步上升的预期,吸引新的买主,通常投机者只对从资产交易中获得利润感兴趣,而不是对它的用途和获利能力感兴趣。"②换言之,这里存在着一个反馈循环,即实际的上升引发对进一步上升的预期,而这种预期将吸引更多的投资者进入,造成新的实际上升。由此,资产价格严重偏离其内在价值,形成泡沫。可以说,泡沫"产生—成长—放大—破灭"的周期构成

---

① James Crotty, "The Neoliberal Paradox: The Impact of Destructive Product Market Competition and Modern Financial Markets on Nonfinancial Corporation Performance in the Neoliberal Era", *Review of Radical Political Economics*, Vol.35, 2003.

② 刘纪鹏:《资本金融学》,中信出版社 2012 年版,第 86 页。

股市运行的周期,在这个意义上,泡沫与股市乃至于虚拟资本的积累是相伴相生的。

以上的分析表明,放任金融业无序扩张、过度膨胀,将会对实体经济造成负面后果,同时也会使金融危机频繁出现,这就凸显了政府相关部门监管及制度约束的重要性。总体来看,在全球金融资本主义的条件下,一方面,政府自身的金融治理能力受到制约,经济金融主权遭到削弱,金融市场上股票、期货、货币供应量等等的波动对一国的经济指标会产生直接影响。不仅如此,由于金融市场的表现被认为能够对政府的经济决策的未来影响做出正确评估,因此政府在决策时不得不考虑金融市场的反应,并以后者作为指导。另一方面,政府又不得不采取必要的干预措施,以确保金融市场的繁荣发展。悖论的地方在于,一国的金融市场越发展、越与国际接轨,政府相关部门的金融治理效果就越会受到限制,换言之,政府的金融治理从结果上看具有自反性特征。

第三节 日常生活的金融化

金融化在重塑社会经济结构和运行方式的同时,也带来了包括基本需求满足、业余生活、意识形态等方面在内的日常生活的金融化。作为维系总体资本积累与流通秩序的重要环节,日常生活的金融化一方面直接反映了当代人类的生存境况,另一方面也是透视当代资本积累内在矛盾和演变趋势的重要窗口。垄断资本的过剩积累难题、新自由主义的放松管制以及信息技术革命共同推动了金融市场的繁荣发展及日常生活的金融化。尽管金融化进程为过剩资本提供了盈利渠道,一定程度上缓解了垄断资本的过剩积累困境,但却是以实体经济的停滞及频繁发生的金融危机为代价的。究其实质,日常生活的金融化意味着被规训的微观金融主体的生成,意味着剥削的深化以及碎片化、对抗性的投资者社会的兴起。

当住房被理解为金融资产,教育被理解为人力资本投资,朋友被理解为社会资本,当社会生活的方方面面都从"投资—收益"的金融逻辑出发得到理解,日常生活的金融化便无可争议地成为当代的现实。围绕着当代金融资本运动规律、金融危机等议题,已有不少学者从马克思主义政治经济学、社会学等学科入手开展研究,深化对当代金融资本主义发展演化及结构性矛盾的认识。然而,这类研究更多是从宏观层面聚焦于资本主义整体运行情况,较少对金融化转型条件下当代人类生存境况的变化进行专题性研究。

为了深化对金融化这一当代资本主义重要变化的认识,有必要从日常生活的角度入手,立足于马克思主义政治经济学批判的基本立场和方法,阐明日常生活金融化的表征、生成及其后果。

马克思开创的政治经济学批判路向与西方主流经济学的最重要差别,就在于前者始终坚持从社会历史的总体性出发,力图穿透现象层面的种种"迷雾",而后者则停留于纯经济的分析,忽视了隐藏在经济现象背后的社会关系,最终走向对经济变量进行纯粹数理分析的歧路。马克思曾言:"在一切社会形式中都有一种一定的生产决定其他一切生产的地位和影响,因而它的关系也决定其他一切关系的地位和影响。这是一种普照的光,它掩盖了其他一切色彩,改变着它们的特点。这是一种特殊的以太,它决定着它里面显露出来的一切存在的比重。"①对于理解金融化时代的人类日常生活境况而言,关键之处正在于抓住金融资本运行逻辑这一"普照的光"。本文的分析表明,日常生活的金融化在为资本积累开辟新领域、新渠道的同时,也加剧了当代资本主义的矛盾及危机趋势。金融资本无疑在促进生产力发展方面发挥了巨大的作用,人类历史上的重大技术革新几乎都与金融创新相伴相生,但不容忽视的是,金融资本的无序扩张也为当代人类的生存和发展带来了诸多挑战。总的来说,生存世界的金融化不仅未能促成人类对美好生活的追求,反而加剧了贫富分化并带来金融逐利主义的蔓延。

一、日常生活金融化的现实表达

依照赫勒(Agnes Heller)的定义,日常生活首先是一个劳动力再生产的领域,它意味着"使社会再生产成为可能的个体再生产要素的集合"②。在现代世界中,日常生活受到技术理性、市场交换、符号秩序等多重因素渗透。面对科学技术正在更大程度地渗透到日常生活中的现实,列斐伏尔(Henri Lefebvre)指出,尽管带来了更多的便利和自由时间,技术进步却无法消除日常生活的平庸琐碎,也不能以创造性活动取代日常生活的异化状况。③在恰好相同的意义上,金融化也以一种悖论性的面目出现在现代日常生活中。依靠名目繁多的金融工具和金融创新,金融体系极大地提升了社会生产力并为分散风险提供了有效手段,但却是以危机和衰退等更为深重的负面效应为代价的。随着金融产品、金融交易以及金融思维向日常生活

---

① 《马克思恩格斯选集》第 2 卷,人民出版社 1995 年版,第 24 页。
② 赫勒:《日常生活》,衣俊卿译,黑龙江大学出版社 2010 年版,第 3 页。
③ 列斐伏尔:《日常生活批判》第 2 卷,叶齐茂、倪晓辉译,社会科学文献出版社 2018 年版,第 236 页。

领域全面渗透,日常生活的金融化正在成为现实。具体来说,表现在以下三个方面:需求满足的金融化、金融文化与金融思维的盛行以及业余生活的金融化。

首先,与需求满足相关的各类消费活动日益依赖于金融工具、金融合约以及金融市场,与之相适应,住房贷款、消费金融、医疗保险等金融元素充斥在现代人的生存世界之中。伴随着新自由主义的兴起,企业从二战之后管理资本主义主导时期的"社会组织"转变为以金融为导向的关系网络。作为一种"社会组织",管理资本主义时期的企业承担了社会福利方面的大部分责任,为员工提供了稳定的收入、健康保险以及退休保障计划等。作为一种关系网络,企业则被理解为特定投资组合的一部分,企业的股价和市值成为评判企业经营状况的主要标准。"随着 20 世纪 80 年代并购浪潮的兴起以及股东价值运动的出现,这种主流的对公司的观念发生了改变,公司的治理导向完全是以股票价格为导向。"[1]在股东价值至上原则的影响下,企业的兼并重组频繁进行,员工未来的收入及福利前景都处于风雨飘摇之中,工薪阶层不得不转向金融市场以寻求物质层面的保障。随着传统的以固定福利为特征的养老金计划被"固定缴款"计划所取代,养老金大量流入股票市场参与金融投资,由此,成千上万民众退休后的基本生活保障与金融市场的表现挂上了钩。

20 世纪 70 年代以来的工人实际工资增长停滞、贫富差距持续扩大推动了需求满足的金融化。长期来看,经济金融化对实体经济发展存在着抑制效应,资本收益率与经济增长率的差距逐步被拉开,这导致全球范围收入及财富分配状况不断恶化。皮凯蒂指出:"如果资本收益率仍在较长一段时间内显著高于经济增长率(这种情况在增长率低的时候更有可能发生,虽然并不会自发发生),那么财富分配差异化的风险就变得非常高。"[2]为了维持劳动力再生产及与特定阶级地位相适应的消费水平,越来越多的民众被迫求助于金融机构以弥补收入与消费的缺口。住房贷款、消费金融、网络借贷等金融工具和手段应运而生。不仅如此,诸如水、空气、石油、粮食、农产品等关涉基本需求满足的生活资料如今也卷入了金融化的机制之中,它们的价格由国际期货市场的价格所决定,由此带来的价格波动决定了无数人的命运。人类曾经渴望借由技术的进步彻底解决长久以来困扰人类的贫困、饥荒等问题,但是,即使在过去几百年技术与经济总量都有了巨大的进步,

---

① 戴维斯:《金融改变一个国家》,李建军、汪川译,机械工业出版社 2011 年版,第 58—59 页。

② 皮凯蒂:《21 世纪资本论》,巴曙松等译,中信出版社 2014 年版,第 27 页。

今天仍然有大量的人口处于饥饿的严重威胁之下。金融资本看来并不是问题的解药,而只是使问题变得更为复杂。

其次,日常生活的金融化也反映在文化和意识形态层面,可以说,金融化改变了人们的思维方式和言说方式。马克思在《资本论》中将金融资本的本质界定为资本拜物教,他指出:"在 G—G′ 上,我们看到了资本没有概念的形式,看到了生产关系的最高度的颠倒和物化。"①作为资本拜物教,金融资本力求摆脱生产过程的中介而直接实现增值。但是,由于剩余价值只能来源于产业资本推动的价值增值过程,而金融资本只是分割或博取剩余价值,这就决定了金融资本必然要以产业资本的积累为前提。金融资本对产业资本的从属关系在人们的日常意识中是以颠倒的形式表现出来的。换言之,不是产业资本,而是作为从属性资本形式的金融资本在人们的日常意识中"表现为资本纯粹的、真正的、非伪造的形式"②。由于这种意识的颠倒,"G—G′"(投资—收益)的金融化模式被视作资本运动的基本范式。

"G—G′"(投资—收益)的金融化模式绝不仅仅是局限于经济领域的原则,事实上,它已经成为今天我们理解自身以及与他人关系的基本尺度。在传统的经济学分析中,劳动者始终被视作被动的因素,劳动力商品正如任何一种其他商品一样服从市场经济的供求规律。在金融化的语境下,劳动者依照投资—收益模式将自身理解为投资主体,或者说,劳动者是福柯(Michel Foucault)所说的微型企业家,"作为自己的企业家,其自身是自己的资本,是自己收入的来源",与之相适应,"工资只是某种资本的报酬或收益,这种资本我们将称其为人力资本"③。换言之,人们不再将自身理解为在市场上出卖劳动力商品的交换主体,而是将自身视作追逐人力资本收益的投资主体。从这一视角出发,教育、职业培训、社会交往等等都具有了人力资本投资的意义。在一个金融化的生存世界中,提出如下问题是十分合乎逻辑的:"在儿童的家庭生活中,会是什么产生出人力资本? 何种刺激,何种生活形式,与父母、成年人、其他人的何种关系,能够凝聚成人力资本?"④

人力资本概念的兴起表明金融化已经深刻改造了人们的思维方式和言说方式,金融思维和金融文化盛行构成今天日常意识的典型特征。"随着后工业社会和金融的兴起,美国创造出了一个投资组合的社会。在这样的社

---

① 马克思:《资本论》第 3 卷,人民出版社 2004 年版,第 442 页。
② 卢卡奇:《历史与阶级意识:关于马克思主义辩证法的研究》,杜章智等译,商务印书馆 2009 年版,第 159 页。
③ 福柯:《生命政治的诞生》,莫伟民、赵伟译,上海人民出版社 2018 年版,第 298—299 页。
④ 同上书,第 303 页。

会中,'资本幻觉'成为主宰。随着整个经济都围绕着金融来运行,就好比行星围绕太阳运转一样,美国整个的社会生活都已经被证券化,都变成了一种资本。"①不仅政府和企业具有金融投资理念,个体和家庭也在金融思维和金融文化的影响下,主动投身构建适合自身的投资组合的大潮。如今,个体和家庭必须学会像金融经济学家那样思考,以管理他们的消费、投资和债务。

最后,信息技术及移动互联网的发展在为参与金融活动提供巨大便利的同时,也实现了对民众业余时间的吸纳,越来越多的碎片化时间被卷入金融投机活动之中。在金融全球化的背景下,金融交易几乎实现了 24 小时不间断的进行,与此同时,人们需要获取的财经信息也不再是地方性的而是全球性的。由于参与金融市场被视作一个实现财富增值保值及风险分散的积极行为,再加上潜在的高额收益的诱惑,越来越多人将金融投资视作自身生活中的重要组成部分。股票、期货、债券等金融市场的价格波动使人们看到了投机获利的巨大机会,并且,每天可以自由选择投资或撤出投资的权力也使人们感到兴奋。从心理学的角度来看,股票交易带来的兴奋感与多巴胺系统的作用机制紧密相关。"神经学专家沃尔弗拉姆·舒尔茨(Wolfram Schultz)监测了多巴胺系统传递信息的规律,并发现这个系统仅对意外的信息作出反应,也就是说其只识别不在预想中的回报,他更进一步地发现,这个系统不是在享受(比如吃东西)实际发生时才作出反应,而是在得知可以享受时就产生了反应。"②当股价上涨时,尽管回报并未真正兑现,多巴胺系统已经释放出了足以让人兴奋的信号,正是对兴奋感的追逐使人们一步步沉陷于金融投机而不能自拔。

一旦参与金融市场,潜在的风险便是人们不得不去应对的挑战。现代社会是一个风险社会,日常生活的深度金融化放大了人们面临的风险,利率、汇率、通胀等等的波动都会对人们的生活产生重大的影响。正如斯特兰奇(Susan Strange)指出的:"现在,不仅懒惰、能力不够或厄运都可能使你失业。因一些难以预料的变化,如利率、商品价格改变或另一些过去被认为稳定可靠的因素发生变化,可能使人一生的积蓄付诸东流、使在国外的度假费用加倍或减半、使企业遭到破产的厄运。"③尽管信息技术极大促进了民众对金融的广泛参与,但民众的参与归根结底服务于金融机构的剥削及其对高额利润的榨取。由于缺乏足够的专业知识及投资经验,普通民众面临

---

① 戴维斯:《金融改变一个国家》,李建军、汪川译,机械工业出版社 2011 年版,第 194—195 页。

② 罗伯特·希勒:《金融与好的社会》,束宇译,中信出版社 2012 年版,第 85 页。

③ 苏珊·斯特兰奇:《赌场资本主义》,李红梅译,社会科学文献出版社 2000 年版,第 3 页。

的金融风险显著高于依赖专业投研团队的机构投资者。为了应对风险,普通投资者必须及时掌握全球范围内的财经信息,并不断根据情况实时调整资产组合,这意味着,应对风险将是一个需要耗费大量精力、持续不断的过程。

总体来看,无论是主动融入还是被动转型,日常生活的金融化都成为今天金融资本主导的资本积累结构下的客观现实。我们正在见证着投资者社会的兴起。亚当·斯密曾在《国富论》中谈到市场社会的基本特征是"人人皆商人",今天,金融化时代的基本特征可以概括为"人人皆投资者"。值得一提的是,资产证券化业务在推动日常生活金融化的过程中发挥了独特的作用,正是它使得金融活动可以极大地超出原有限度而扩张,从而将普通民众更深地卷入金融资本的运作之中。2008 年全球金融危机由次贷危机引爆,而次级贷款的大量发行,背后的基本机制就是资产证券化。正是因为有了资产证券化,投资银行、评级机构、商业银行等金融体系中的各个环节才形成一个统一的链条,最终使得次贷危机演变成为系统性的金融危机。

二、日常生活金融化的实质

日常生活往往表现为例行化的常规性社会实践,在这一过程中,传统以及被塑造的实践意识成为组织和规范日常存在的关键因素。资本主义的兴起及其带来的劳动力商品化、城市土地的商品化等等,很大程度上破坏了传统本具有的广泛影响。随着金融资本主义的崛起,这种对传统的破坏进一步加强,日常生活由此经历了深刻的重塑。究其实质,日常生活的金融化意味着被规训的微观金融主体的生成,意味着剥削的极端化以及一个碎片化、对抗性以及高度不确定性的生存世界的降临。

首先,日常生活的金融化意味着被规训的微观金融主体的生成,这一生成既得益于经济、金融理论的普及,也受到有关积极管理自身财务状况的媒体话语的推动。依照现代金融学的基本理念,金融市场是可以精确反映各类资产价格的有效市场。2013 年 10 月,芝加哥大学教授尤金·法马(Eugene F. Fama)因为提出有效市场假说而获得诺贝尔经济学奖,这标志着有效市场假说成为金融学的正统和标准看法。有效市场假说之所以重要,是因为可以从它引申出以下结论:(1)公司经营的好坏及公司的价值可以通过股票市值得到反映,这意味着,股票价格变成了评判公司经营战略和状况的"神圣标准"。(2)金融市场的参与者越多、交易越活跃、市场规模越大,市场的有效性程度就越高。从这一视角出发,放松金融管制、实施金融开放政策就成为题中应有之义。可以说,有效市场假说已经成为推动金融开放、促进公司上市、增加市场流动性等当代全球金融资本主义基本政策趋向的理论基石。除此之外,金融市场也被认为具有分散风险、构建资产组合以及促进资本积累的正面意义。总体来看,按照现代金融学理论的描绘,金融业的发展不仅会带来远超其潜在负面效应的好处,而且也是决定经济是否能快速发展的关键所在。既然金融市场是有效的,金融业的发展也对社会有益,那么,民众参与金融市场并由此分享上市公司发展带来的红利就应该受到鼓励。现代金融学为个体参与金融活动提供了理论上的正当性及所应遵循的基本规则,客观上促进了微观金融主体的生成。

除了金融学理论的影响之外,媒体话语也在金融化微观主体的生成过程中起到重要作用。借助各式各样的新旧媒介,理财知识介绍、财富管理产品宣传、投资者创富成功事迹等纷纷向个体袭来,在这些媒体宣传背后隐藏的是主动承担风险、自我管理、自我实现的话语。正是这些话语将个体引向金融市场,再加上人性中的过度自信倾向,人们日益沉陷于金融市场不能自拔。"在判断这些心理因素对股市的影响时,我们发现人们往往具有走向过度自信的强烈趋势。许多人会在别人认为他不该有信心的那些事情上采取行动。"①在世界范围通货膨胀长期存在的条件下,人们普遍希望通过积极理财实现自身财富的保值增值。从这一视角出发重新审视日常生活,日常生活中的几乎一切似乎都染上了金融属性。住房是这方面的典型事例,在金融化的逻辑中,人们购买住房的首要考量不再是使用价值,而是其潜在的升值能力。为了购买住房,抵押贷款对很多人来说是绕不开的选择,除此之外,以租养房也被视作面向未来的金融安排。总之,购买住房是人们卷入金融化机制和金融资本运行逻辑中的重要推手。

随着微观金融主体的生成,金融工具、金融动机、金融市场在人们的生活中分量越来越重,而与此同时,或隐或显的规训机制也开始发生作用。参与金融市场的个体往往被要求具备一定的资质,为了构建良好的信用,个体必须自我规训以便达到基本的准入条件。在数字技术的支撑下,个体的职业信息、消费信息、信贷信息等都处于被监控及记录的状态。换言之,所有这些个人信息都会转化为数据,并反映在对个体的信用评分上。这里,十分明显的是,监视及规范化裁决构成了金融规训机制的核心。正如福柯所言:"规训权力的成功无疑应该归因于使用了简单的手段:层级监视、规范化裁决以及它们在该权力特有的程序——检查——中的组合。"②福柯将规训机

---

① 罗伯特·希勒:《非理性繁荣》,李心丹等译,中国人民大学出版社2014年版,第219页。
② 福柯:《规训与惩罚》,刘北成、杨远婴译,生活·读书·新知三联书店2012年版,第193—194页。

制视作一种权力的"微观物理学",因为它"遵循着光学和力学法则而运作,即玩弄一整套空间、线条、格网、波段、程度的游戏"。①今天,十分明显的是,数字技术为规训权力提供了全新的物理基础。除此之外,债务负担也会对个体的行为施加特定的规则。"一旦负债,个体就被债务标准化,从而不大可能提出违背公共信念的观点或采取与之相悖的行为。"②事实上,债务的规训作用不仅对个体有效,而且也可以将规训施加于主权国家之上,拉美国家转向新自由主义的过程即清晰地显示出这一点。

其次,作为当代金融资本主义的最显著特征,日常生活的金融化意味着剥削突破了工厂与工作日的时空界限,这造就了在流通领域对工人进行金融掠夺的独特现实。经典的剥削理论将目光聚焦于生产过程中对剩余劳动及剩余价值的无偿占有,今天的情况则是剥削延伸至流通领域,工资收入成为被剥削和掠夺的对象。"金融掠夺是流通领域产生的一项额外的利润来源。它与个人收入相联系,包括已经存在了的货币和价值的流动,而不是新的剩余价值。然而,尽管发生在流通中,它却系统性地且通过经济过程发生,因而具有剥削性的方面。"③以生产领域的剥削为参照,通过住房贷款、消费信贷等形式实现的金融掠夺可以被视作一种次级形式的剥削,正如马克思所言:"工人阶级也会受到供应他们生活资料的零售商人的欺诈。这是伴随着在生产过程本身中直接进行的原有剥削的一种第二级剥削。"④金融掠夺的兴起与商业银行的转型密切相关,在信息技术及金融自由化的冲击下,商业银行的传统业务日益萎缩。为了开辟新的利润来源,商业银行将目光转向了与个人及家庭相关的金融业务。不仅如此,通过资产证券化,个人的债务以银行为中介延伸到金融体系的各个环节。由于已经将贷款违约的风险很大程度上转嫁给世界各地的投资者,银行便敢于以更加激进的方式放贷。不言而喻,银行在信贷方面的冒险将会为整个金融体系埋下巨大的风险隐患。

无论是以利息的形式将大量工资收入转化为金融资本的利润,还是通过在资本市场上收割普通劳动者有限的收入,实质上都表现为工人可支配货币工资的减少,与之相对应的是资本利润的增加。从结果来看,资本对劳动的剥削程度显著提高了。不仅如此,在金融全球化的时代,金融资本还可

---

① 福柯:《规训与惩罚》,刘北成、杨远婴译,生活·读书·新知三联书店 2012 年版,第 200 页。

② 李连波:《新自由主义、主体性重构与日常生活的金融化》,《马克思主义与现实》2019 年第 3 期,第 149—155 页。

③ 考斯达斯·拉帕维查斯:《金融化了的资本主义:危机和金融掠夺》,李安译,载《政治经济学评论》2009 年第 1 期,第 30—58 页。

④ 《马克思恩格斯文集》第 7 卷,人民出版社 2009 年版,第 688—689 页。

以通过跨国掠夺的方式获取高额利润,在这一过程中,金融欺诈和操纵时有发生。"经济松绑使得金融体系可以通过投机、掠夺、欺骗、偷窃,成为再分配活动的主要中心之一。存货促销、庞氏骗局、借助通胀进行的结构性资产破坏、通过合并与收购进行的资产倒卖、债务责任等级提升(甚至在发达资本主义国家也致使全体人民变成债务奴隶),更别提信贷和证券操纵所进行的企业欺骗和资产掠夺了(借助证券和企业破产来掠夺和撤销养老基金)——所有这些都是资本主义金融体系的核心特征。"①安然公司的破产便是一个十分典型的例子,它向世人展示了金融资本家的贪婪如何使得成千上万人丧失了维持生计与晚年生活的养老金权利。

值得一提的是,对债务危机的操纵也是金融强国掠夺弱国、富人攫取穷人财富的有效策略。"这些债务危机被制造、管理、控制,既是为了将体系合理化,也是为了重新分配资产。自 20 世纪 80 年代起,据计算有'超过五十项马歇尔计划(超过四点六万亿美元)由外围民众递交给他们在中心的债权人'。"②与此同时,失业也被有意地制造出来,以便为资本积累创造有利的投资环境。只有降低劳动力成本,企业的利润才能提高,反映在股价上才会有更优异的表现。总之,金融资本不仅通过股东价值至上原则将自己的利益强加于实体企业,也间接决定了普通劳动者的命运。

最后,资本市场是一个博弈异常激烈的领域,其中一部分人的收益建立在另一部分人的损失的基础上,资本市场加剧了人与人之间的对抗,使得集体行动越来越难以实现,个体日益陷入原子化、孤立化的生存境况。如今,在股票、期货、债券等金融投资中实现快速致富成为许多人内心深处最强烈的渴望,对个人资产升值的关注压倒了社会责任感,个体存在的价值不再用对社会的贡献来衡量,而是用身价、市值等来衡量。一旦卷入金融化机制,个体生命就会日复一日沉浸在"投资—风险—套利"的生存范式之中,"人在这个过程中被彻底改变了,都变成了不自觉的赌徒。人一旦成为赌徒,对于社会制度的忠诚和信心将迅速消退③。换言之,金融化条件下的人们倾向于退回私生活的领地,作为原子式的个体与其他金融市场的参与者进行"搏杀",以求实现创富奇迹。但是,金融化的世界同时也是一个充满风险、高度不确定的世界,在信息技术飞速发展的条件下,金融市场波动更加剧烈,这就决定了参与金融交易的个体持有的虚拟金融财富时刻处于面临巨额亏损的境地。

---

① 大卫·哈维:《新自由主义简史》,王钦译,上海译文出版社 2016 年版,第 168 页。
② 同上书,第 170 页。
③ 苏珊·斯特兰奇:《赌场资本主义》,李红梅译,社会科学文献出版社 2000 年版,第 4 页。

一旦"黑天鹅""灰犀牛"等极端事件出现,个体的生活将会遭受毁灭性打击。

普通民众对于金融行业从业者的敌意或多或少来自资本市场博弈中的结构性不平等及由此导致的普通民众更容易遭受损失的结果。"在当前的大环境下,民众对金融从业者最强烈的不满恐怕还是针对交易员的,因为在民众眼里,交易员没有以任何直接的方式向其提供服务,他们认为交易员就是不停地买卖股票,只为自己赚钱。交易员的行为还让人将其与赌博联系在一起,并且一部分精通交易的人取得的成就确实容易激发仇富的情绪。"①专业的金融交易员懂得如何利用人性的弱点及信息的不对称"占别人的便宜",即我们俗称的"割韭菜"行为。除此之外,民众的敌意也来自诸如基金经理等金融从业者极高的薪酬水平,如果基金经理在获取高额报酬的同时,又无法为自己管理的投资基金获取高于市场均值的回报,那么这种敌意将会充分爆发。

三、日常生活金融化的内在矛盾及其抗争

列宁曾言:"《资本论》的成就之所以如此之大,是由于'德国经济学家'的这部书使读者看到整个资本主义社会形态是活生生的形态:有它的日常生活的各个方面,有它的生产关系所固有的阶级对抗的实际社会表现,有维护资本家阶级统治的资产阶级政治上层建筑,有资产阶级的自由平等之类的思想,有资产阶级的家庭关系。"②列宁的这段话表明,马克思的《资本论》是对作为有机总体的资本主义社会的理论再现。为了说明资本主义社会的有机总体性,列宁以类比的方式将资本的运行与增殖视作资本主义社会的"骨骼",而将建立在资本逻辑基础之上的日常生活、政治上层建筑、意识形态等等视作"血肉"。列宁的观点启示我们,不能孤立地去考察日常生活,而应该将日常生活视作社会有机总体的环节,并从其与总体其他环节的联系中理解和把握它。

日常生活金融化意味着金融资本的积累将触角伸向了日常生活领域,家庭与个体成为金融资本重要的利润来源。日常生活的金融化与 20 世纪 70 年代以来经济结构的系统性转变有关,这种转变背后的动力是垄断资本积累过程中面临的困境和矛盾的加剧,滞胀危机正是这一困境和矛盾的集中体现。从这一视角出发,日常生活的金融化是一种服务于当代资本主义摆脱积累困境实现自我修复的矛盾转移机制。作为一种矛盾转移机制,金融化并不能彻底克服资本主义的内在矛盾,而只是将矛盾在新的层面再生

---

① 罗伯特·希勒:《金融与好的社会》,束宇译,中信出版社 2012 年版,第 82 页。
② 《列宁选集》第 1 卷,人民出版社 2012 年版,第 9 页。

产出来。不仅如此,由于金融化并不只是单纯的经济现象,而是日益渗透到政治、文化、日常生活等社会生活的各个领域,因此,金融危机也展现出蔓延、衍生为政治危机、文化危机、生态危机等趋势。各种危机相互交织、相互加强,使得资本主义的总体性危机越来越具有破坏性和冲击力,从而引发了全球范围此起彼伏的金融抗争运动,标志着以新自由主义金融化为核心的当代资本主义秩序正处于系统性转变的临界点。

首先,金融活动的大众化、民主化与金融寡头对关键金融资源、金融技术的独占之间的矛盾和张力越发明显。尽管在信息技术的帮助下,民众对金融参与的广度及深度都得到了提升,但是,金融资本的权力却并未被削弱,反而得到了加强。股权的分散使得对企业的控制权更加牢固地掌握在大股东手里,这是因为,大量小股东持有的股票仅有收益权而无表决权。二战之后长达 30 年的时间里,以美国为首的西方发达资本主义国家盛行一种可称为"管理资本主义"的经济运行模式,在这一模式下,大型公司是社会的主导力量,公司高管掌握着经营决策方面的主要权力,金融资本、金融动机等等对企业的渗透和影响十分有限。随着金融化转型的开启,公司的经营和发展战略逐渐处于金融市场的强烈影响和支配之下。"在 20 世纪八九十年代公司重组期间,公司又从社会机构变回了一个以股东利益为导向的契约组织。通过不断的试错,那些管理公司的高管知道了股票市场到底需要什么……股东价值被市场价值观所引导,因此为公司经济制定了行动准则。"[1]通过薪资和股权激励计划,公司高管已经与大股东在利益上高度绑定,由此,金融寡头取得了对于企业的控制权,与此同时,弹性劳动力市场和非正式雇佣的盛行进一步削弱了企业员工的话语权。

由于信息技术的发展并没有突破资本对媒体的掌控,金融资本和金融机构可以通过控制财经媒体或收买财经"大 V"传播有利于自身的信息,诱使大量散户接盘,以实现对于普通大众的金融掠夺。金融掠夺构成大众财富向金融寡头、食利者阶层转移的重要途径。随着收入及财富差距的进一步拉大,劳资矛盾在加剧的同时,金融寡头及金融机构相对于普通民众的权力也得到进一步巩固。不仅如此,金融资本与普通民众的矛盾还表现在,一旦民众失去了利用价值,就会被金融资本无情地驱逐,沦落为游离于资本主义秩序之外的过剩人口。一方面,政府和企业为了取悦金融市场,必须尽力维持良好的信誉及财务形象。为了做到这一点,必须驱逐那些不再有利可图的过剩人口,换言之,必须将他们从各种经济数据、统计数据中剥离出去。

① 戴维斯:《金融改变一个国家》,李建军、汪川译,机械工业出版社 2011 年版,第 5 页。

"那些亲历生活条件恶化的人是股东繁荣的附带伤害,他们是政府和企业为了发展而不得不放弃的过剩人力资本。"①另一方面,金融化对过剩人口的驱逐也在其他非金融领域被复制。那些从事非物质劳动的人必须进行精神上的自我投资,以便具备必要的交际和沟通技能。一旦这些人耗尽了自身的精神能量,陷入倦怠、抑郁等消极状态,他们对于无偿占有其非物质劳动的公司便失去了价值,变得多余。在此情形下,等待他们的命运便是被无情地驱逐出去。马克思在《资本论》中生动地描绘了资本主义诞生过程中残酷而血腥的原始积累图景,今天,金融化正在以一种新的方式再写原始积累的基本逻辑。

其次,日常生活金融化使民众对金融安全、财务安全的追求与金融市场的不确定性及高风险性之间的矛盾日益凸显。一方面,金融风险首先来自市场参与者的非理性或者说人性中的弱点,经济学理论习惯于将市场主体设想为理性经济人,但就实际情况来看,参与市场特别是金融市场的个体往往具有追逐风险的本能。"经济学理论都把普通人描述为极度厌恶风险且理性地避免任何不确定性的个体,但是人的本性中有另外一面,促使他们采取与上面的假设完全相反的行为,也就是将自己放置在有风险的环境中。"②这种追逐风险的冲动可以解释为何人类喜欢赌博,也能说明为何很多人会频繁购买彩票,由于人性中的自负倾向,人们倾向于相信自己的冒险能够取得获得好的结果,这更加刺激了人们追逐风险的投机行为。但事实上,金融市场是变幻莫测的,盲目追逐风险只会使自己损失惨重。

另一方面,基于复杂数学模型的金融创新层出不穷,信息不对称也导致普通民众在参与金融活动时频频遭遇风险。"日常生活金融化是紧紧伴随着信息科技发展、新自由主义政策实施、福利国家退却、金融技术过度创新等金融自由化浪潮而发生的。金融自由化导致金融垄断资本流动的规模速度、结构层级、时空边界、场域效应的复杂性、多样性、交叉性、冲击性大大增强。"③金融自由化及创新泛滥在为监管提出严峻挑战的同时,也使得在金融市场上可交易的东西越来越多,从一般股票到房屋抵押贷款再到自然灾害债券及重大疾病保险合同,似乎没有什么不可以通过资产证券化的转换变成金融交易标的。如今,很多证券的价值被复杂的数学模型所掩盖,只有

① 蒂姆·克里斯蒂安斯:《金融新自由主义与排斥:超越福柯的思考》,孙秦敏、徐梦瑶译,《国外理论动态》2020年第4期,第37—46页。
② 罗伯特·希勒:《金融与好的社会》,束宇译,中信出版社2012年版,第203页。
③ 欧阳彬:《当代资本主义日常生活金融化批判》,《马克思主义研究》2018年第5期,第72—82页。

借助计算机技术才能评估。甚至对于那些在一流金融机构中拿着高薪并受过专业数学训练的人来说,其价值也是难以理解的。在此情形下,普通民众被误导甚至被欺诈的概率都极大地提升了。

最后,日常生活的金融化既加剧了虚拟经济与实体经济的背离,也使得产业资本积累中生产与消费的矛盾更加尖锐。在金融化浪潮的影响下,家庭部门的储蓄大量流入金融市场,共同基金的管理规模迅速增长。与此同时,养老金也从原来明确的公司福利,转变成能够转移的、被员工拥有的基金投资计划。"20 世纪中期,只有不超过 1/10 的家庭拥有公司的股票,近一半的家庭只持有一家公司的股票,而且通常是这个家庭主要成员工作的公司或者政府事业公司的股票。50 年后的今天,约有一半的美国家庭在股票市场进行投资,而且是通过共同基金进行分散化的投资。"①大量民间资金流入金融市场,在促进金融市场持续繁荣的同时,也对实体经济带来了"抽血"效应,结果就是虚拟经济繁荣与实体经济萎缩同步出现。以实体经济萎缩为基础的金融大发展,本身是无源之水,无本之木,无法持续下去,当泡沫到达极限就会爆发危机。而危机中遭受惨重损失的往往也是在收入分配中处于劣势的下层群体,失业、丧失房屋赎回权、金融资产的大幅贬值,所有这些最终都会反映在普通民众的生存困境及消费需求不足上。总体来看,日常生活的金融化意味着大多数人的经济安全与金融市场绑定在了一起,这就使得大多人的生活具有更大的脆弱性,并且更加容易受到金融危机的冲击。

日常生活金融化蕴含的诸种矛盾及多重负面效应,激起了世界范围民众的抗争运动。从 2008 年金融危机之后爆发的"占领华尔街"运动到近年来以"另类货币"为核心的金融抗争形式,金融寡头与普通民众的冲突日趋尖锐、日趋广泛。"从 20 世纪 70 年代至今,以轮换储蓄和信贷协会、地方交换与贸易系统、在地货币制度、时间货币制度、社区互助银行等为主要形式的'另类货币'运动正在欧美、墨西哥、阿根廷等资本主义国家不断涌现。"②这种抗争运动,意在剥夺货币的金融投资功能,而仅保留其作为流通手段和交易中介的功能,以此来摆脱金融资本剥夺性积累对民众日常生活的负面影响。尽管此类抗争运动在不同地区展现出迥异的特征,但其矛头共同指向了资本主义的秩序本身,正在汇聚成越发强大的力量,将从根基处对资本主义生产方式构成挑战。

---

① 戴维斯:《金融改变一个国家》,李建军、汪川译,机械工业出版社 2011 年版,第 3 页。
② 欧阳彬:《当代资本主义日常生活金融化批判》,《马克思主义研究》2018 年第 5 期,第 72—82 页。

结语:驾驭金融资本与推进中国式现代化

中国式现代化是以人民为中心的现代化,是对西方以资本为中心的现代化的扬弃和超越。西方发达资本主义国家20世纪80年代以来的金融化道路启示我们,放任金融资本无序扩张,必将加剧整个社会的贫富分化趋势,并带来金融逐利主义蔓延以及民粹主义泛滥等一系列负面后果。坚守中国式现代化道路的社会主义方向、实现全体人民的共同富裕,必然要求展开以驾驭金融资本为旨归的金融资本批判。从理论层面看,马克思在《资本论》中对金融资本前提与限度的揭示以及列宁、希法亭等人对19世纪末20世纪初的金融资本运动规律的分析,为我们合理驾驭金融资本,规范和引导金融体系健康发展提供了理论前提。从实践层面看,驾驭金融资本是中国式现代化实现世界各国共同发展规律与中国特殊国情相统一、金融资本逻辑的一般原理与社会主义生产方式相统一的必然要求,只有在推进上述统一的基础上,方能获得驾驭金融资本的实践定向。

历史上走资本主义道路实现现代化的国家数不胜数,这很容易使人形成一种思维定式:似乎只有走资本主义道路才能成功实现现代化。但是,资本主义现代化所导致的种种困境启示人们,如果放任资本逻辑无序扩张,现代化进程必将是不断积聚各种矛盾与问题的过程。习近平指出:"我们党领导人民不仅创造了世所罕见的经济快速发展和社会长期稳定的两大奇迹,而且成功走出了中国式现代化道路,创造了人类文明新形态。这些前无古人的壮举,破解了人类社会发展的诸多难题,摒弃了西方以资本为中心的现代化、两极分化的现代化、物质主义膨胀的现代化、对外扩张掠夺的现代化老路,拓展了发展中国家走向现代化的途径,为人类对更好社会制度的探索提供了中国方案。"[①]这一重要论述深刻揭示了中国式现代化相比于西方以资本为中心的现代化的优越之处,也提示出合理驾驭资本是中国式现代化的内在要求。

---

① 习近平:《以史为鉴、开创未来 埋头苦干、勇毅前行》,《求是》2022年第1期,第4—15页。

中国式现代化之所以能够化解西方现代化进程中的种种矛盾与悖论，从根本上得益于我们始终坚持既利用资本又驾驭资本的态度。在资本的诸多形态中，金融资本占据十分特殊的位置。金融作为现代经济的制高点，扮演着现代经济的神经中枢的角色。通过控制资金的流动与分配，金融体系有效决定了资源配置的方向与形式，进而对企业及市场经济的发展本身产生重要影响。要实现中国经济的高质量发展，关键在于推动技术创新，而技术创新离不开金融体系的支持。不仅如此，对现有金融体系和规则的改革与创新，也将极大地改善财富和收入分配，进而推动共同富裕的实现。如果说驾驭资本是中国式现代化道路的关键环节，那么，驾驭金融资本则构成关键中的关键。

一、驾驭金融资本是中国式现代化的迫切议题

马克思在《资本论》中以资本逻辑为研究对象，通过揭示资本运动过程的否定辩证法，阐明了资本逻辑的历史性限度。正如马克思所言："资本不可遏制地追求的普遍性，在资本本身的性质上遇到了限制，这些限制在资本发展到一定阶段时，会使人们认识到资本本身就是这种趋势的最大限制，因而驱使人们利用资本来消灭资本。"[1]《资本论》对资本逻辑历史性限度的阐明，为今天构筑一种以驾驭资本为旨归的政治经济学提供了合法性依据。换言之，只有当资本运行逻辑不再是一个如铁的自然规律一般的经济规律，那么驾驭资本甚至最终扬弃资本逻辑才是可能的。马克思的资本批判理论以扬弃资本为旨归，与之不同，中国式现代化语境中的资本批判以驾驭资本为落脚点。扬弃资本与驾驭资本并不是相互脱节的，事实上，驾驭资本服务于对资本的最终扬弃。正如有学者所指出的："社会主义扬弃资本主义的历史辩证法扎根于资本逻辑及其超越趋势之中，因而凝聚于'驾驭资本'的创造性实践以至'利用资本本身消灭资本'的发展方式之中。"[2]

金融资本是现代经济体系的核心，它牢牢掌握着投资和融资两条主线，主导着人类的经济活动和财富创造。虽然服务于实体经济，却在事实上主导着利益的分配，这就决定了金融资本是支配和影响人类市场经济活动最主要的杠杆和力量。纵观历史，世界第一强国的更替往往伴随着世界金融中心的转移。从17世纪的荷兰到18世纪的英国，再到19世纪的美国，金

---

① 《马克思恩格斯全集》第30卷，人民出版社1995年版，第390—391页。
② 郗戈：《驾驭资本与中国式现代化的"理论思考"》，《中国社会科学》2023年第12期，第4—18页。

融体系的繁荣和高度发达成为大国崛起与权力转移的关键因素。探索中国式的现代化新道路,应当高度重视金融对经济发展的推动作用。与此同时,也应当高度警惕金融资本过度膨胀带来的收入差距扩大、金融创新泛滥所带来的系统性金融风险加剧等负面效应。

从积极效应来看,金融资本与金融体系的发展关乎我国能否实现高质量发展。高质量发展首先要求转换增长动力,用创新驱动取代过去以要素驱动经济增长的粗放发展模式,而创新驱动离不开金融体系及金融机构的支撑。"每一次工业革命的发生都是因为新技术引发了产业的变化,与此同时,每一次工业革命也都是由金融革命来支持的,包括信息产业革命、互联网的出现和普及,都是由资本市场的发展来推动的。"[1]纵观历史,贸易带来的巨大利润和战争造成的财富转移固然是大国崛起的重要原因,但世界性金融中心的形成无疑为这些国家的崛起注入了强大的动力。美国能够保持持续的经济增长,发达的科技创新能力非常关键,而这一能力的形成又直接得益于美国发达的资本市场体系。由于拥有健全、多层次的资本市场,美国的高新科技企业能够及时获得资金支持,尤其是纳斯达克市场组建后,对新兴科技类企业的支持作用更加明显。微软、苹果、脸谱等企业的成功离不开美国发达的资本市场。

当前我国的金融服务供给与高质量发展要求的不适应、不匹配问题仍十分突出,具体表现在融资结构不合理、实体经济融资成本较高、金融资源配置效率不高、小微企业以及农业经营主体融资难等方面。为了解决上述问题,必须深入推进金融供给侧结构性改革,通过提高金融服务的适应性和灵活性,实现金融制度的优化和金融服务效率的提升。党的二十大报告指出,要以中国式现代化推进中华民族的伟大复兴。当前,逆全球化、保护主义、世界经济复苏乏力等全球性问题加剧叠加世纪疫情带来的负面影响,使得中国式现代化面临着多重现实挑战,其中,最为突出的当属经济增速下降与城乡居民收入差距较大。中国式现代化离不开经济的高质量发展,但是如果不能维持较长时期的中高速增长,全体人民共同富裕就缺乏坚实的物质基础,且可能增加跨越中等收入陷阱的难度与风险。与此同时,城乡居民收入差距较大的问题如果得不到逐步解决,不仅会削弱人民群众的获得感和幸福感,而且也会影响社会稳定和经济发展。无论是经济增速的下降还是城乡居民收入差距较大的问题,都需要在金融供给侧结构性改革方面有所着力,既要通过增强金融服务实体经济的能力促进经济增长保持合理增

---

[1] 黄益平:《金融的价值:改革、创新、监管与我们的未来》,中信出版社 2021 年版,第 18 页。

速,又要为居民财富管理和风险管理提供更好渠道,并通过普惠金融的发展助力实现共同富裕。

需要指出的是,即使从一般意义上来看,金融机构及金融服务对于社会发展及人们的美好生活需要的满足也能发挥十分正面和积极的作用。历史上反复出现的金融危机及其灾难性后果,容易使人们将矛头指向金融体系本身,认为金融体系是不负责任且不道德的。但事实上,金融业对促进经济社会发展的正向作用直到今天依然无可取代,在当前的条件下,为了实现经济的繁荣和社会的进步,我们无法设想一个没有金融体系的经济制度。金融学是本质上是一门功能性的学科,它的存在将为多种多样的社会目标的实现提供手段。因此,问题不在于摧毁或颠覆现有的金融体系,而是要消除现有金融体系的弊端,推进金融体系的普惠化、民主化。总体来看,金融已经具备了为未来服务的特征,面对全球不断增长的人口及伴生而来的对美好生活的要求,金融将有助于平等社会这一宏伟目标的最终实现。

从消极效应来看,西方发达国家 20 世纪 80 年代以来金融化道路的经验启示我们,金融资本过度膨胀恰恰构成了加剧贫富分化的主要推动力量。二战之后,面对社会主义的制度竞争以及资本主义国家经济复苏的现实需要,西方发达资本主义国家普遍建立了"从摇篮到坟墓"的福利社会体系。由此,贫富差距、阶级矛盾等得到暂时的缓和。但是,随着 20 世纪 70 年代末期滞胀危机的到来,金融资本主导的新自由主义政治经济方案最终取代了传统的凯恩斯主义政策,社会福利被消减、资本流动的束缚被解除。在经济虚拟化程度不断提高的同时,曾经被高福利掩盖的资本主义社会不公与两极分化重新显现,甚至以更加严峻的态势展现出来。新自由主义转向不仅促使上层资本家阶级在劳资斗争中重新获得优势,而且也为金融资本的崛起奠定了必要的制度性前提。与金融资本崛起一同出现的是,过去半个世纪以来,发达资本主义国家的贫富差距持续扩大,工薪阶层的实际工资水平不升反降。

随着金融化导致的贫富分化日益加剧,西方发达资本主义国家正在见证"食利者阶层"的兴起。"食利者阶层"的兴起从根本上威胁了现代社会的基本价值理念,因为它意味着社会差别和不平等并非根源于个人能力和努力程度的差别,而是主要来源于遗产和租金。这种不平等不符合正义原则,不仅是理性上不可接受的,而且可能引发政治动荡。值得注意的是,金融资本的崛起不仅加剧了整个社会的贫富分化趋势,而且展现出对社会系统日益增强的控制力和影响力。在金融资本的推动下,主流金融学理念借助媒体话语重塑了个体的选择和行为,金融思维和金融文化开始渗透日常生活,整个社会充斥着浓厚的投机氛围。在深度金融化的今天,教育、住房、朋友等日常生活的种种事物皆获得了金融属性。在金融思维与金融文化的影响下,短期主义投机逻辑不仅压倒了艰苦奋斗的价值观,而且成为金融泡沫周期性形成及破灭的重要催化因素。

驾驭金融资本不仅关乎是否能够避免掉入"食利者阶层"的陷阱,进而实现共同富裕,而且关乎能否成功抵制投机性金融思维和金融文化对日常生活的渗透,以便建构健全的社会文化和社会精神。习近平指出:"要历史地、辩证地、发展地认识和把握我国社会存在的各类资本及其作用。在社会主义市场经济体制下,资本是带动各类生产要素集聚配置的重要纽带,是促进社会生产力发展的重要力量,要发挥资本促进社会生产力发展的积极作用。同时,必须认识到,资本具有逐利本性,如不加以规范和约束,就会给经济社会发展带来不可估量的危害。"①从这一立场出发,推进中国式现代化必须借助包括金融资本在内的各类资本的积极作用,实现生产力在质和量上的双重提升,进而带动整个经济的增长。与此同时,必须以一种辩证的态度对待资本,在发挥资本的动力作用的同时,也要为资本设置"红绿灯",通过驾驭资本将资本的运作引导至中国式现代化所规定的方向和道路上来。为了实现对资本的驾驭,首先需要对资本特别是金融资本的运动规律有清晰的认识,这就要求我们回到马克思主义经典作家的相关论述中,去领会和把握他们对于包括金融资本在内的资本本性及运动规律的深刻洞察。

二、驾驭金融资本的前提:把握金融资本的特性和运动规律

尽管马克思并没有使用"金融资本"概念,但一致公认的是,他在《资本论》中有关生息资本的大量论述为后来的金融资本理论奠定了基础。②可以说,马克思用"生息资本"概念对他那个时代的金融现象给予了深刻而富有想象力的说明。在马克思之后,拉法格、希法亭、列宁以及布哈林等人都对马克思主义金融资本理论的构建作出过贡献,其中,贡献最大的当属列宁和希法亭。列宁和希法亭通过分析 19 世纪末 20 世纪初的股份制、证券交易所、期货市场、参与制等金融制度和金融技术,深刻把握了金融资本在那个阶段展现出的运动规律。尽管在新自由主义转向及信息技术发展的推波助澜下,20 世纪 70 年代末期以来金融创新日趋泛滥,金融活动日趋复杂,金

---

① 习近平:《依法规范和引导我国资本健康发展 发挥资本作为重要生产要素的积极作用》,《人民日报》2022 年 5 月 1 日,第 1 版。
② 张宇、蔡万焕:《马克思主义金融资本理论及其在当代的发展》,《马克思主义与现实》2010 年第 6 期,第 101—106 页。

融资本由此呈现出新的运动规律，但是，马克思主义传统的金融资本批判理论对于理解当今时代的金融资本仍然具有重要启发意义。

马克思在思考金融资本问题时，始终是以产业资本为参照的，这一点决定了他坚决拒斥金融资本的独立性和自主性。在与产业资本相联系的视野中，金融资本的本质被界定为代表物化最高实现的资本拜物教。单纯从形式上来看，金融资本的运动摆脱了物质生产过程的束缚，而只以参与金融交易双方的共同意志为转移。由于金融资本的运动可以归结为法律上的交易，这就难免陷入意志任意性的领地。在现实的物质生产过程中，商品能否实现自身价值，取决于是否存在足够的有效需求。但金融产品却可以借助复杂的数学模型以及精致的金融叙事，促成金融合约的订立，完成金融产品的销售。金融创新的泛滥不仅反映了监管的缺位，更重要的是，它蕴含在金融资本的本性中。

不仅如此，由于金融资本的运动不涉及物质生产过程中价值形态的变换，因此，金融资本的运动也就表现为一种自身联系。"在生息资本上，这个自动的物神，自行增殖的价值，会生出货币的货币，纯粹地表现出来了，并且在这个形式上再也看不到它的起源的任何痕迹了。社会关系最终成为一种物即货币同它自身的联系。"①表面上看，金融资本的运动是不依赖于产业资本并具有独立性的，但仔细考察起来，这种独立性只是虚假的独立性。这是因为，离开了产业资本的运动，价值创造过程就会终止。由于金融资本只是参与分割或者博取剩余价值，而非独立创造剩余价值，因此，金融资本的运动必然以产业资本为前提。换言之，金融资本的独立性是有限度的，它只能在一定限度内偏离产业资本，但最终必然要回归产业资本这一前提。

归根结底，所谓金融资本的独立性、任意性，都是与作为资本拜物教的金融资本相适应的意识形态幻觉。金融资本试图摆脱物质生产过程束缚实现自身增殖，这一点在现实中的表现就是，虚拟经济越来越脱离实体经济而过度膨胀。但是，正如金融资本必然要回归自身在物质生产领域的基础，虚拟经济也必然要回归实体经济作为自己的归宿。在马克思的时代，获取利息的银行借贷资本是金融资本的主体，而在今天以直接融资为主的资本金融时代，股票、期货以及由资产证券化等金融创新创造的衍生品为金融投机提供了异常丰富的虚拟经济空间。这一方面使得金融投机越来越走向失控，另一方面，也使得整个经济体系蕴含着巨大的不稳定性，20 世纪 80 年

---

① 马克思《资本论》第 3 卷，人民出版社 2004 年版，第 441 页。

代以来频繁发生的金融危机即是明证。

在马克思写作《资本论》的时代,金融资本尚未在经济体系中占据主导地位,信用制度的发展仍然有限,股份制尽管已经出现,但并未成长为支配整个经济生活的普遍形式。在此背景下,马克思虽然能够对金融资本的本质、前提及限度作出原则性的揭示,但由于当时的金融体系尚不成熟,诸如资产证券化、股指期货等金融衍生品仍然在马克思的研究视野之外。随着金融创新的泛滥以及金融体系在当代的日益复杂化,马克思的相关理论需要在面向当代现实的语境中被不断激活。

希法亭是马克思主义传统中对金融资本理论作过重要贡献的理论家,他的贡献大体上可以概况为以下两个方面:其一,对金融资本及其所代表的权力的成长史作了深入剖析。在希法亭看来,银行从支付信用转向资本信用,股份制的出现,垄断的形成,都不过是金融资本权力成长史的不同阶段。这一成长史的最终结果是金融资本在垄断基础上建立起相对于产业资本的巨大统治权力。其二,通过从经济性质上区分股份公司和私人企业,希法亭把握到了创业利润的秘密,从而真正理解了股份公司创立背后的内在机制。股份制的基本特征在于资本所有权与实际经营权的分离。这一分离是如何实现的? 希法亭借助资本动员、创业利润、证券市场等范畴,阐明了上述分离的秘密以及产业资本家转化成单纯货币资本家的内在机制。按照希法亭的定义,创业利润意味着"产生平均利润的资本与产生平均股息的资本之间的差额"。[1]通过把企业变成股份公司并在证券市场上发行股票,创业人就可以攫取上述差额。创业利润的存在为股份制公司的创立提供了极大的激励,同时也促进了资本所有权与经营权的分离。除此之外,证券市场的存在也保证了参与股权投资的资本具有最大限度的流动性,换言之,资本家可以不为他所投资的某个企业的命运所约束。流动性对于金融资本实现最大限度增殖十分关键,正是证券市场的存在,使得证券的持有者可以随时通过出售所持有的证券实现资本的动员,获得所需要的流动性。

在对希法亭金融资本理论批判性继承的基础上,列宁将金融垄断资本视作帝国主义的经济基础。一方面,列宁不满于希法亭的金融资本定义忽视生产领域的缺陷,明确强调帝国主义时代的金融资本是以垄断为基础的。随着产业垄断和银行垄断的同步进行,产业资本和银行资本也日益融合起来,金融资本由此生成。另一方面,在金融资本支配产业资本的方式上,列

---

① 鲁道夫·希法亭:《金融资本:资本主义最新发展的研究》,福民等译,商务印书馆 2012 年版,第 109 页。

宁着重分析了"参与制"的作用，从而加深了对金融资本运动规律的认识。银行可以通过占有股票以及派驻监事或董事的方式与企业建立起联系，换言之，通过"参与制"的方式实现对于产业部门的控制。不仅如此，列宁也在对金融资本深入分析的基础上，探讨了金融资本的统治何以必然助长各帝国主义国家的食利性和寄生性，"帝国主义就是货币资本大量聚焦于少数国家，其数额，如我们看到的，分别达到 1 000 亿～1 500 亿法郎（有价证券）。于是，以'剪息票'为生，根本不参与任何企业经营、终日游手好闲的食利者阶级，确切些说，食利者阶层，就大大地增长起来。"①不难发现，帝国主义国家能够通过建立殖民地来获取高额垄断利润，并用这种利润来收买上层无产阶级，从而培植、形成和巩固机会主义。

尽管当代金融资本的形态、运动规律等呈现出了新的特点并展现出新的形式，马克思主义金融资本理论的核心内涵在今天依然是成立的。具体而言，主要有以下三点启示：其一，马克思关于金融资本前提与限度的反思，启发我们必须坚持金融服务实体经济，大力发展实体经济的基本原则。金融如果离开了实体经济就会变成无源之水，20 世纪 80 年代以来，西方发达资本主义国家金融危机频发，究其深层次根源，就在于缺乏对金融资本前提与限度的清醒认识。其二，希法亭对金融资本权力形成和扩张机制的分析，启发我们必须警惕金融资本对社会生活诸领域的渗透和控制作用。在希法亭的时代，金融资本的权力主要是相对于产业资本而言的。在今天，随着20 世纪70 年代以来金融全球化的深入发展，金融资本的影响力大大加深了，其对经济、政治、日常生活乃至于意识形态领域都展现出巨大的控制力。如果放任金融资本野蛮生长，必将带来诸如金融逐利主义价值取向和拜物教观念的盛行以及人与自然对抗性加剧等多重负面效应。因此，必须为金融资本的运行设置规范和边界，防止金融资本权力的无序扩张。其三，列宁对金融资本运动规律的深刻阐明及其对金融资本寄生性和腐朽性的批判，为我们今天在中国式现代化语境下警惕食利者阶层的崛起、实现全体人民共同富裕提供了有益启发。完善收入分配及调节机制，避免食利者阶层的过度膨胀，是实现共同富裕的必由之路。不仅如此，列宁将金融垄断资本作为帝国主义的经济基础，揭示了金融垄断资本与帝国主义国家殖民扩张的霸权主义道路的内在关联，也为我们防范跨国金融资本推动的全球掠夺、坚守和平发展的现代化道路提供了理论依据。

---

① 《列宁选集》第 2 卷，人民出版社 2012 年版，第 188 页。

三、驾驭金融资本以推进中国式现代化

中国式现代化对金融资本的合理驾驭,既要求从马克思主义经典作家关于金融资本本性和运动规律的一般原理出发,又有赖于对中国具体国情的洞察和体认,只有将上述两者相结合,才能真正把握社会主义金融资本的特性、规律和界限,才能探索出以社会主义生产方式规范和引导金融资本的具体路径。如果说资本在资本主义社会中表现为充分发展的典型形式,那么,资本在社会主义条件下则展现出十分不同的特征。马克思在谈论政治经济学批判的科学方法论原则时,特别强调了"普照的光"方法的重要意义。从这一方法论原则出发,社会主义资本之所以有其特殊性,根本上是因为社会主义社会中"普照的光"不再是资本而是公有制生产关系。换言之,"社会主义公有制决定并改变了资本的性质和存在形态"①。具体来说,资本的逐利性、对抗性及其对人与自然和谐的破坏效应都将在社会主义生产关系的制约和规范下得到有效抑制。

社会主义生产方式的突出特性在于,它将发展为了人民作为自身的根本原则。从这一原则出发,对金融资本的合理驾驭就要以是否有利于满足人民对美好生活的需要为基本准则。党的二十大报告指出:"中国式现代化是人口规模巨大的现代化,是全体人民共同富裕的现代化,是物质文明和精神文明相协调的现代化,是人与自然和谐共生的现代化,是走和平发展道路的现代化。"②中国式现代化的上述特征充分体现了现代化一般规律和中国具体国情的结合,同时,也反映出中国特色社会主义对以人民为中心的发展理念的坚守。无论是对人口规模巨大所蕴含的资源和环境约束的破解,还是对共同富裕、精神文明与物质文明协调发展、人与自然和谐共生乃至于和平发展道路的追寻,归根结底都是为了增强人民的获得感、幸福感、安全感。立足于中国式现代化的上述特征,驾驭金融资本也获得了其实践路径和现实指向。具体来说,包含以下几个方面:

第一,以金融回归实体经济的本源助力经济高质量发展,破解人口规模巨大的现代化面临的约束和挑战。一方面,人口规模巨大是中国式现代化道路上的客观约束和基本国情,如何处理好规模巨大人口的美好生活需要与有限的资源之间的矛盾是我们必须面对的现实难题。另一方面,随着劳

---

① 郗戈:《驾驭资本与中国式现代化的"理论思考"》,《中国社会科学》2023 年第 12 期,第 4—18 页。

② 习近平:《把握新发展阶段,贯彻新发展理念,构建新发展格局》,《求是》2021 年第 9 期。

动力成本的显著上升,经济增长面临较大的下行压力,如何实现产业的升级换代并持续向产业链的高端迈进,又构成中国式现代化的艰巨挑战。人口规模巨大的基本国情决定了,只有走高质量发展之路才能为十几亿人口的美好生活奠定坚实的物质基础。为此,必须发挥和改善金融对实体经济的支持功能。资金融通是金融最基本的功能,从需求端来说,它能够为企业的技术升级和创新发展提供必要的资金支持,从供给端来说,它能够为居民提供投资渠道、获取资产性收入,有助于扩大内需。

要实现高质量发展,首先必须确保宏观经济稳定健康增长,这既要求金融体系发挥好调节和稳定宏观经济的职能,又有赖于金融体系有效地化解和防范各类风险,从而避免金融风险向实体经济领域的传导。因此,一方面,要不断优化金融资源的配置,丰富货币政策工具,利用好货币政策施行跨周期调节。建设现代中央银行制度是实现金融高质量发展的必然要求,借助特定的货币政策工具,中央银行可以引导市场利率预期、调节流动性水平,从而更好地服务于实体经济的发展。另一方面,面对各种金融创新逐渐偏离传统监管框架的趋势,也必须增强金融监管的适应性和灵活性,将各类金融活动及其潜在风险纳入监管框架。商业银行可以充分利用现代数字技术,将融资决策及信用风险管理建立在对企业信息的充分收集之上,唯其如此,才能既提升金融服务效率又有效降低金融风险。

中国目前的金融体系表现出以商业银行为主导的基本特征,间接融资相比于直接融资占据较高比重。一般而言,商业银行主导的金融体系更适合支持粗放型经济增长,而资本市场主导的金融体系则更擅长支持技术创新和产业升级。这意味着,进入经济高质量发展阶段的中国必须大力发展资本市场,通过构建多层次的资本市场推动技术创新,解决中小微企业融资难、融资贵的问题。"以中小微企业为主体的民营企业已经举足轻重,它们贡献了超过 60%的 GDP 增长、超过 70%的企业创新和超过 80%的城镇就业。也就是说,中小微企业融资难的局面不改变,企业创新就举步维艰,城镇就业就很难得到保障,经济增长就无法持续。"[1]为了改善中小微企业的融资环境,需要多管齐下,既要改变既有的抑制性金融政策,也要鼓励金融创新,支持金融机构更好地服务中小微企业、创新型企业。大科技信贷就是通过金融创新服务中小微企业的成功案例,它利用数字技术克服了产权歧视、获客难、风控难、利率扭曲等诸多困扰中小微企业融资的现实难题。

第二,发展普惠金融,推动实现全体人民共同富裕。《资本论》指出,资

---

[1] 黄益平:《金融的价值:改革、创新、监管与我们的未来》,中信出版社 2021 年版,第 76 页。

本具有自发扩张趋势,资本优先流向资源禀赋良好、区位优势明显的地区以及利润率较高的行业,于是,这种自发扩张趋势必然会带来空间地理上及行业上的不平衡发展。金融占据了现代经济的中枢位置,在生产要素流动的调节机制中能够发挥重要作用。为了缩小行业间、区域间的发展差距,并提高发展的协调性、平衡性和包容性,就必须发挥我国以公有制为主体的金融体系的优势,通过金融政策和货币政策,将金融流通引导的生产要素流动引导至解决发展不平衡、优化资源配置的轨道上。

当前,我国的收入差距问题与金融结构存在着紧密关联。一般而言,过于侧重债务(尤其是银行信贷)的金融体系容易产生风险,并且风险分担的功能不足。经济周期波动加剧和风险分担不足两者结合,共同成为收入差距扩大的催化剂。一方面,在经济上行期,由于低收入群体掌握的抵押品(主要是房产)较少,所能获得的信用也较少,因此,从信用繁荣、资产价格上涨过程中所能获得的收益也较少。另一方面,在经济下行期,低收入人群将会比高收入人群承担更重的损失,甚至因为无力偿还债务而丧失资产的赎回权。与之形成鲜明对比的是,富人可以以低价接手廉价资产,从而在经济修复过程中获得巨大收益。为了改变上述局面,需要改变过去过分依赖抵押品的信贷模式,借助大数据技术对个人数据的综合分析,实现无抵押形式的贷款。这样一来,大量按照传统信贷模式无法获得贷款的个体及小微企业,将能够享受到来自金融体系的支持,对于个人创业致富及小微企业发展起到了十分重要的推动作用。

为了逆转"富者更富、穷者更穷"的分化趋势,必须大力发展普惠金融体系,使得金融具有更强的包容性、正义性以及正向激励功能,使得每个个体及企业都能够通过金融体系获得自身发展的手段。过去十年来,在技术进步的推动下,我国普惠金融发展成效显著。很多原本无法享受到金融服务的偏远农村地区,都获得了越来越充分的金融服务供给。但是,当前我国普惠金融发展面临的突出问题是,高质量的金融产品供给不足,大量民众无法通过投资理财实现财富的保值增值。在当前房地产价格已经不再具有快速上涨的基本态势之后,如何拓宽城市居民的理财渠道、增加优质金融产品的供给,已经成为十分突出的现实问题。罗伯特·希勒在《金融与好的社会》中将金融定义为一门关于目标构筑的学科,认为通过金融创新和对现有金融体系的完善,金融业将能够服务于人类社会的良性发展。通过发挥社会主义的制度优势,中国式金融现代化将能够探索出一条驾驭金融资本,促进发展成果全民共享的普惠金融之路。

第三,防范以短期套利为核心的金融逐利思维的蔓延,促进物质文明和精神文明协调发展。随着日常生活的金融化逐步成为现实，金融思维、金融理念如今成为大多数人日常意识中的重要组成部分。人们习惯于用以"G—G′"（投资—收益）为核心的金融思维来衡量生活中所遭遇的各种事物，从住房、教育到友情、亲情，当代世界见证了金融逐利思维对人的行为的全面影响。不仅个体及家庭受到金融思维的影响和支配，企业和政府如今也开始积极参与金融活动，力图借助金融市场及金融工具实现资金的高效利用及增值收益的最大化。显然，在金融化深度推进的条件下，企图不以生产过程为中介，而是以投机直接获取收益的行为方式已经不再是周期性的现象，而成为当代社会的结构性现象。

马克思在《资本论》中将金融资本的本质界定为资本拜物教，他指出："在 G—G′ 上，我们看到了资本没有概念的形式，看到了生产关系的最高度的颠倒和物化。"[1]作为资本拜物教，金融资本意味着人与人之间的社会关系被物与物的关系所掩盖，由此，增殖成为物自身的属性，资本的物化形态成为利润的独立源泉。既然在金融资本的条件下，物被认为具备了增殖属性，因而，"资本的物神形态和资本物神的观念已经完成"[2]，那么，金融资本的扩张和发展必将导致整个社会对资本的物化形态的追逐和崇拜。这种对物的追逐和崇拜的核心不在于占有其交换价值或使用价值，而是致力于占有及提升物自身所具有的"增殖"属性。正是在这一语境下，我们能够理解何以今天身处劳动力市场的每一个求职者或是潜在的求职者，都十分关心通过教育投资提升自己的"人力资本"，以便能够在未来获取更高的投资回报。归根结底，金融资本的拜物教性质决定了金融思维及金融观念对当代人的渗透和规训。

第四，发展绿色金融，推进人与自然的和谐共生的现代化。一部资本主义的发展史同时也是人类认识自然、征服自然的历史，在资本追求剩余价值绝对律令的支配下，自然界变成了任由人类改造和利用的质料。在资本主义无节制地榨取自然、破坏自然的过程中，人与自然的对抗性上升到新的高度。20 世纪 70 年代末期以来的资本主义金融化，表现在微观层面即是企业治理以股东价值最大化为导向。在这一原则的支配和影响下，企业的经营必须竭尽全力降低成本，以便用更好的财报数据赢得资本市场的青睐。由此，生态环境的破坏、资源的枯竭变得越发严峻。为了实现绿色发展，必须既限制金融资本对企业经营的负面导向作用，又引导资本力量服务于生

---

① 马克思：《资本论》第 3 卷，人民出版社 2004 年版，第 442 页。

② 同上。

态环境建设,消除经济发展与环境保护的二律背反。在这方面,绿色金融无疑能发挥十分重要的作用。

由于生态项目一般具有资金回收周期长、初始投入资金规模较大等特点,必须通过金融创新提供与之相适应的金融产品,服务生态环境的保护与企业效益的双赢。为了实现金融活动与环境保护的统一,中国要发挥社会主义制度对全社会进行统筹规划协调的强大功能,引导金融资本在金融活动中充分考虑潜在的环境影响,促进资源从高污染产业流向技术先进的部门,最终实现经济社会的可持续发展。除此之外,"金融机构应借助基础碳排放数据库,对企业进行碳足迹监测、碳计量核算、碳交易促进和碳减排鉴证,进一步完善绿色信贷、绿色债券、绿色基金、绿色保险等碳金融产品,并围绕客户需求进行产品创新,提供差异化、个性化的金融服务"。[1]

第五,走和平发展道路,自觉抵制跨国金融垄断资本霸权,参与构建共享、开放、包容的全球金融体系。中国现代化进程本身就是世界历史的一部分,中国只有走向世界才能实现自身的现代化。一方面,只有坚持对外开放,才能更好地利用世界范围的资金、技术及管理经验。通过在合理的范围内放宽外资金融机构的准入标准,将倒逼国内金融机构以改革促发展,实现管理水平及资源配置效率方面竞争力的双重提高。与此同时,金融开放也意味着中国的资本市场能够吸引更多的国外优质资金,有助于国内企业利用国外资金实现自身的发展壮大。但另一方面,开放也将带来新的风险和挑战。西方发达资本主义国家金融化的历史经验表明,跨国金融垄断资本擅长利用其霸权地位,通过在发展中国家周期性地制造危机,以极低的价格收购该国资产,从而掌控这些国家的重要的公共资源部门和核心企业。除此之外,随着全球金融高度融合、互联互通的深度推进,全球公共金融品武器化也成为中国不得不警惕和应对的新现象:"全球金融公共品武器化有两个特点:其一,从发展历程来看,它是一种新的现象,是全新的政策工具,是美国推出的一种全新的战争形态。它在过去二十多年中逐步成形。其二,从政治定位来看,全球金融公共品武器化将成为美国政府打压竞争对手和敌对国家的常规手段,成为军事战争的延伸和替代。"[2]

为了保障金融安全,既需要必须加强对跨国金融资本的监管,提升应对和防范金融风险的能力,也需要积极推动现有全球金融治理体系和格局的

---

① 魏建:《中国式现代化语境下金融现代化的基本框架》,《天津社会科学》2023 年第 3 期,第 15—22 页。

② 周宇:《全球金融公共品的武器化及其形成机制》,《国际关系研究》2022 年第 4 期,第 71—86 页。

改革,使得全球金融体系朝着更加公平、更加包容的方向发展。金融业无疑是全球化程度最高的行业之一,资本的流动在数字技术的推动下已经克服了传统的时空限制,在此背景下,必须与世界各国积极合作,共同应对金融风险的全球传导。中国作为负责任的大国,应积极参与国际金融治理框架改革,建立主要大国间的金融政策协调机制,特别是在应对潜在的全球金融风险时,只有各国之间携起手来,才能将风险及时遏制,避免造成重大损失。不仅如此,中国式金融现代化将跳出跨国金融垄断资本依靠全球金融掠夺实现自身积累的路径依赖,致力于为发展中国家提供高质量金融服务,以此来促进地区的和平稳定发展、实现互利共赢。在"一带一路"成功经验的基础上,借助于亚洲基础设施投资银行等多边金融机构,中国将继续提高金融供给水平,形成多元化、多层次的金融产品及服务体系,以便带动更多公共资金、私营资本参与发展中国家的经济发展。

中国式现代化的特征及其内在要求既决定了中国驾驭金融资本的实践指向,同时也明确了金融业实现高质量发展的基本路径。其中,既有对西方发达资本主义国家有益经验的借鉴,也体现出对中国特色和中国国情的考量。与西方发达国家的金融体系相比,中国在建设多层次资本市场、金融科技的应用、金融监管能力等方面尚存在着一定的发展空间。因此,必须坚定不移地推进金融高质量发展,提高直接融资的比例,通过构建更加完善的金融市场体系,满足实体经济领域各类融资主体的多元化金融需求,为推进中国式现代化贡献金融力量。总之,实现金融高质量发展是建设社会主义现代化强国的必由之路,通过牢牢坚持党的领导、普惠共享、推动构建人类命运共同体、绿色金融等基本原则,中国必将走出一条成功的中国式金融现代化之路。

图书在版编目(CIP)数据

唯物史观视域中的当代资本主义金融化 / 康翟著.
上海 : 上海人民出版社,2025. -- ISBN 978-7-208
-19369-7

Ⅰ. F03；F830

中国国家版本馆 CIP 数据核字第 2025UG7220 号

责任编辑 陈依婷 于力平
封面设计 夏 芳

唯物史观视域中的当代资本主义金融化
康 翟 著

出   版 上海人民出版社
          (201101 上海市闵行区号景路 159 弄 C 座)
发   行 上海人民出版社发行中心
印   刷 上海商务联西印刷有限公司
开   本 720×1000 1/16
印   张 13.25
插   页 4
字   数 226,000
版   次 2025 年 3 月第 1 版
印   次 2025 年 3 月第 1 次印刷
ISBN 978 - 7 - 208 - 19369 - 7/F · 2908

定   价 65.00 元